Über dieses Buch Österreich erzählt – von Träumen und Erinnerungen, von Einsamkeit und Tod, vom Lachen und Vergessen. 27 österreichische Autoren schreiben, bissig, böse, witzig oder wehmütig über ihr Land, über historische Ereignisse, über seine Bewohner, schreiben ihre Geschichten – jeder auf seine charakteristische Art und Weise.
Die Sammlung zeigt die Vielfalt und Spannweite der österreichischen Prosa dieses Jahrhunderts. Neben bekannten Erzählungen stehen andere, vergessen oder kaum gelesen. Die Autoren gehören unterschiedlichen literarischen Strömungen, verschiedenen Generationen an. Unverkennbar ist die Stimmung, die aus den Geschichten klingt, eine Mischung aus Heiterkeit und Melancholie, aus Schärfe und Spott. Literarische Facetten dieses Bildes Österreich einzufangen ist Ziel dieser Anthologie, sehr verschiedene Eindrücke und Themen aufzunehmen ihre Absicht.

Zu den Autoren findet sich eine ausführliche biographische Notiz im Anhang.

Die Herausgeberin Jutta Freund, geb. 1954, studierte in Wien Germanistik und promovierte mit einer Arbeit über die Wiener Literaturszene der siebziger Jahre; sie lebt als Publizistin in Frankfurt.

Österreich erzählt

27 Erzählungen

Ausgewählt und mit einer
Nachbemerkung von
Jutta Freund

Fischer Taschenbuch Verlag

Originalausgabe
Veröffentlicht im Fischer Taschenbuch Verlag GmbH,
Frankfurt am Main, Mai 1989

Alle Rechte an dieser Ausgabe liegen beim
Fischer Taschenbuch Verlag GmbH, Frankfurt am Main
Copyright für die Nachbemerkung von Jutta Freund:
© Fischer Taschenbuch Verlag GmbH, Frankfurt am Main 1989
Quellenhinweise am Schluß des Bandes
Umschlaggestaltung: Manfred Walch unter Verwendung einer Abbildung
von Moritz Jung, ›Café Heinrichhof‹
Satzherstellung: Fotosatz Otto Gutfreund, Darmstadt
Druck und Bindung: Clausen & Bosse, Leck
Printed in Germany
ISBN 3-596-29283-2

Inhalt

»Österreich ist ein Land, wo man sich zu Tode ärgert und wo man trotzdem sterben will.«

Sigmund Freud

Leporella

Sie hieß mit ihrem bürgerlichen Namen Crescentia Anna
Aloisia Finkenhuber, war neununddreißig Jahre alt, stammte
aus unehelicher Geburt und einem kleinen Gebirgsdorf im
Zillertal. In der Rubrik »Besondere Kennzeichen« ihres
Dienstbotenbuches stand ein querer, verneinender Strich;
wären aber Beamte zu charakterologischer Schilderung verpflichtet, so hätte ein bloß flüchtiger Aufblick an jener Stelle
unbedingt vermerken müssen: ähnlich einem abgetriebenen,
starkknochigen, dürren Gebirgspferd. Denn etwas unverkennbar Pferdhaftes lag in dem Ausdruck der schwerfallen-
den Unterlippe, dem zugleich länglichen und harten Oval
des gebräunten Gesichtes, dem dumpfen, wimperlosen Blick
und besonders dem filzigen, dicken, mit Fett an die Stirn an-
gesträhnten Haar. Auch aus ihrem Gang stieß die Stützigkeit,
die störrische Mauleselart eines älplerischen Paßgaules vor,
wie sie dort über steinige Saumpfade Sommer und Winter die
gleichen hölzernen Tragen mit dem gleichen holperigen
Trott mürrisch bergauf und talab schaffen. Vom Halfter der
Arbeit gelöst, pflegte Crescenz, die knochigen Hände lose
ineinander gefaltet, mit abgeschrägten Ellbogen dumpf vor
sich hinzudösen, wie Tiere im Stalle stehen, mit gleichsam
eingezogenen Sinnen. Alles an ihr war hart, hölzern und
schwer. Sie dachte mühselig und begriff langsam: jeder neue
Gedanke troff nur dumpf wie durch ein dickes Sieb in ihren
innern Sinn; hatte sie aber einmal etwas Neues endlich in sich
gezogen, so hielt sie es zäh und habgierig fest. Sie las nie,
weder Zeitungen noch im Gebetbuch, schreiben bereitete ihr
Mühe, und die ungelenken Buchstaben in ihrem Küchen-
buch erinnerten merkwürdig an ihre eigene klobige, überallhin spitz ausfahrende Gestalt, die aller handgreiflichen For-

men der Weiblichkeit sichtlich entbehrte. Ebenso hart wie Knochen, Stirn, Hüften und Hände war ihre Stimme, die trotz der dicken tirolischen Kehllaute immer eingerostet knarrte – dies eigentlich nicht verwunderlich, denn Crescenz sprach zu niemandem ein unnötiges Wort. Und niemand hatte sie jemals lachen sehen; auch darin war sie vollkommen tierhaft, denn, grausamer vielleicht als der Verlust der Sprache: den unbewußten Kreaturen Gottes ist das Lachen, dieser selig frei vorbrechende Ausdruck des Gefühls, nicht gegönnt.

Als uneheliches Kind zu Lasten der Gemeinde aufgezogen, mit zwölf Jahren bereits als Magd verdingt, späterhin Scheuerin in einer Gaststube, war sie endlich aus jener Fuhrwerkerkneipe, wo sie durch ihre zähe, stiernackige Arbeitswut auffiel, in ein angesehenes Touristengasthaus als Köchin vorgedrungen. Um fünf Uhr morgens stand die Crescenz dort tagtäglich auf, werkte, fegte, putzte, feuerte, bürstete, räumte, kochte, knetete, walkte, preßte, wusch und prasselte bis spät hinein in die Nacht. Niemals nahm sie Urlaub, nie betrat sie, außer für den Kirchgang, die Straße: das runde hitzende Stück Feuer im Herd war für sie Sonne, die Tausende und aber Tausende Holzscheite, die sie im Laufe der Jahre zerschlug, ihr Wald.

Die Männer ließen ihr Ruhe, sei es, weil dies Vierteljahrhundert verbissenen Robotens alles Weibliche von ihr weggeschunden, sei es, weil sie stockig und maulfaul jede Annäherung abwirschte. Ihre einzige Freude fand sie im baren Geld, das sie mit dem hamsterhaften Instinkt der Bäurischen und Einschichtigen zäh zusammenraffte, um nicht, alt geworden, im Armenhaus noch einmal das bittere Brot der Gemeinde würgen zu müssen.

Einzig des Geldes halber hatte auch dies dumpfe Geschöpf mit siebenunddreißig Jahren seine tirolische Heimat zum erstenmal verlassen. Eine berufsmäßige Vermittlerin, die sie während der Sommerfrische von früh bis nachts in Küche und Stube berserkern gesehen, lockte sie mit der Verheißung doppelter Löhnung nach Wien. Während der Eisenbahnfahrt sprach Crescenz keine Silbe zu keinem, hielt den schweren Strohkorb mit ihrer Habe trotz der freundlich angebotenen Hilfe der Mitreisenden, die ihn im Gepäcknetz verstauen wollten, waagrecht auf den schon schmerzenden Knien, denn Betrug und Diebstahl waren die einzigen Gedanken, die ihre klotzige Bauernstirn mit dem Begriff der Großstadt vermörtelten. In Wien mußte man sie dann während der ersten Tage auf den Markt begleiten, weil sie sich vor den Wagen fürchtete wie die Kuh vor dem Automobil. Sobald sie aber einmal die vier Straßen bis zum Markt hin kannte, brauchte sie niemanden mehr, trottete mit ihrem Korb, ohne den Blick zu heben, von der Haustüre zum Verkaufsstand und wieder heim, fegte, feuerte und räumte an dem neuen wie an dem früheren Herd, ohne eine Veränderung zu bemerken. Um neun Uhr, zur Stunde des Dorfes, ging sie zu Bett und schlief wie ein Tier mit offenem Mund, bis der Wecker sie morgens aufkrachte. Niemand wußte, ob sie sich wohl befinde, vielleicht sie selber nicht, denn sie ging keinem zu, antwortete auf Befehle bloß mit dumpfem »Woll, woll« oder, wenn sie andern Sinnes war, mit einem stützigen Aufbocken der Schultern. Nachbarn und Mägde im Hause beachtete sie nicht: die spöttelnden Blicke ihrer leichtlebigeren Gefährtinnen glitschten wie Wasser an dem ledernen Fell ihrer Gleichgültigkeit ab. Nur einmal, als ein Mädchen ihre tirolische Mundart nachspottete und nicht abließ, die Maulfaule zu hänseln, riß sie plötzlich ein brennendes Holzscheit aus dem Herd und fuhr damit auf die entsetzt Schreiende los. Von diesem Tage an wichen alle der Wütigen aus, und niemand wagte mehr, sie zu höhnen.

Jeden Sonntagmorgen aber ging Crescenz in ihrem gefälteten, weitgeplusterten Rock und der bäurischen Tellerhaube zur Kirche. Und ein einziges Mal, an ihrem ersten Wiener Ausgangstag, versuchte sie einen Spaziergang. Aber da sie die Trambahn nicht benutzen wollte und längs ihrer vorsichtigen Wanderung durch die wirblig sie umschütternden Straßen immer nur steinerne Wände sah, gelangte sie bloß bis zum Donaukanal; dort starrte sie das strömende Wasser an wie etwas Bekanntes, machte kehrt und stapfte auf demselben Wege, immer an den Häusern entlang und die Fahrstraße ängstlich vermeidend, wieder zurück. Dieser erste und einzige Erkundigungsgang mußte sie offenbar enttäuscht haben, denn seitdem verließ sie nie mehr das Haus, sondern saß sonntags lieber mit dem Nähzeug beschäftigt oder mit leeren Händen beim Fenster. So brachte die Großstadt keinerlei Veränderung in die alteingewerkelte Tretmühle ihrer Tage, außer daß sie nun an jedem Monatsende vier blaue Zettel statt vordem zwei in ihre verwitterten, zerkochten und zerstoßenen Hände bekam. Diese Banknoten prüfte sie jedesmal lange und mißtrauisch. Sie fältelte sie umständlich auseinander und glättete sie schließlich beinahe zärtlich flach, ehe sie die neuen Blätter zu den andern in das gelbe geschnitzte Holzkästchen legte, das sie vom Dorfe her mitgebracht. Diese ungefüge, klobige kleine Truhe war das ganze Geheimnis, der Sinn ihres Lebens. Nachts legte sie den Schlüssel unter ihr Kopfkissen. Wo sie ihn tagsüber verwahrte, erfuhr niemand im Hause.

So war dies sonderbare Menschenwesen beschaffen (wie sie genannt sein möge, obwohl eben das Menschliche nur in ganz abgedumpfter und verschütteter Weise aus ihrem Gehaben zutage trat) – aber vielleicht bedurfte es gerade eines Geschöpfes mit dermaßen scheuklappenhaft verschlossenen Sinnen, um den Dienst in dem gleichfalls höchst sonderbaren Haushalt des jungen Freiherrn von F... aushalten zu können. Denn im allgemeinen vermochten Dienstleute dort die zänkische Atmosphäre nicht länger zu ertragen als die gesetzlich bemessene Frist von Einstand und Kündigung. Der gereizte, bis zum Hysterischen hochgejagte Schreiton kam von der Hausfrau. Ältliche Tochter eines schwerreichen Essener Fabrikanten, hatte sie in einem Kurort den bedeutend jüngeren Freiherrn (von schlechtem Adel und noch schlechterer Geldsituation) kennengelernt und den bildhübschen, auf ari-

stokratischen Charme zugespitzten Windhund hastig geheiratet. Aber kaum waren die Flitterwochen abgeklungen, so
mußte die Neuvermählte schon die Berechtigung des Wider-
standes zugeben, den ihre mehr auf Solidität und Tüchtigkeit
drängenden Eltern der eiligen Eheschließung entgegenge-
setzt hatten. Denn nebst zahlreichen verschwiegenen Schul-
den trat bald zutage, daß der rasch lässig gewordene Ehemann seinen junggesellichen Schlendereien bedeutend mehr
Interesse zuwandte als den ehelichen Pflichten; nicht gerade
ungutmütig, im Innersten sogar jovial wie alle Leichtferti-
gen, aber durchaus lax und hemmungslos in seiner Weltein-
stellung, verachtete dieser hübsche Halbkavalier jede zins-
rechnende Kapitalisierung des Geldes als eine knauserische
Borniertheit plebejischer Herkunft. Er wollte ein leichtes Leben, sie eine solide ordentliche Häuslichkeit rheinisch-bür-
gerlicher Art: das stieg ihm in die Nerven. Und als er trotz
ihres Reichtums jede größere Summe erfeilschen mußte und
die rechnerische Gattin ihm sogar seine liebste Forderung,
einen Rennstall, verweigerte, sah er wenig Anlaß mehr, sich
weiterhin um die breitnackige massive Norddeutsche ehelich
zu bekümmern, deren lauter, herrischer Ton ihm unangenehm in die Ohren fiel. So legte er sie, wie man zu sagen
pflegt, still aufs Eis, schob ohne jede harte Gebärde, aber
darum nicht minder gründlich die Enttäuschte von sich ab.
Machte sie ihm Vorwürfe, so hörte er höflich und scheinbar
teilnehmend zu, blies aber, sobald ihr Sermon zu Ende war,
mit dem Dampf seiner Zigarette die leidenschaftlichen Er-
mahnungen weit von sich weg und tat ungehemmt, was ihm
beliebte. Diese glatte, beinahe amtliche Liebenswürdigkeit
erbitterte die enttäuschte Frau mehr als jeder Widerstand.
Und da sie gegen seine guterzogene, niemals auffällige, gegen seine geradezu penetrante Höflichkeit vollkommen ohnmächtig blieb, brach sich der gestaute Zorn in anderer Richtung gewaltsam Bahn: sie wetterte mit den Dienstboten, an
den Unschuldigen ihre im Grunde gerechte, hier aber unan-
gebrachte Empörung ungestüm entladend. Die Folgen blie-

ben nicht aus: innerhalb zweier Jahre mußte sie nicht weniger als sechzehnmal ihre Mädchen wechseln, einmal sogar nach einer vorausgegangenen Handgreiflichkeit, die nur durch eine namhafte Entschädigung geregelt werden konnte.

Einzig Crescenz stand, wie ein Droschkengaul im Regen, unerschütterlich inmitten dieses stürmischen Tumults. Sie nahm niemandes Partei, kümmerte sich um keine Veränderung, schien nicht zu bemerken, daß die ihr zugesellten fremden Wesen, mit denen sie die Mägdekammer teilte, fortwährend Rufnamen, Haarfarbe, Körperdunst und Benehmen wechselten. Denn sie selbst sprach mit keiner, kümmerte sich nicht um die krachend zufallenden Türen, die unterbrochenen Mittagsmahlzeiten, die ohnmächtigen und hysterischen Ausbrüche. Sie ging teilnahmslos geschäftig von ihrer Küche zum Markt, vom Markt wieder in ihre Küche; was jenseits dieses abgemauerten Kreises geschah, beschäftigte sie nicht. Wie ein Dreschflegel hart und fühllos werkend, schlug sie Tag um Tag entzwei, und derart flossen zwei Großstadtjahre ereignislos an ihr vorüber, keine Weiterung ihrer inneren Welt bewirkend, es sei denn, daß die gehäuften blauen Banknoten in ihrem Kästchen um einen Zoll breit sich hoben und, wenn sie mit feuchtem Finger Zettel um Zettel am Jahresende durchzählte, die magische Tausendzahl nicht mehr ferne war.

Doch der Zufall hat diamantene Bohrer, und das Schicksal, gefährlich listenreich, weiß oft von unvermutetster Stelle sich Zugang und vollkommene Erschütterung auch in die felsigste Natur zu sprengen. Bei Crescenz kleidete sich der äußere Anlaß beinahe so banal wie sie selbst: nach zehnjähriger Pause hatte es dem Staat wieder einmal beliebt, eine Volkszählung zu verordnen, und in alle Wohnhäuser wurden wegen genauer Ausfüllung der Personalien äußerst komplizierte Bogen gesandt. Mißtrauisch gegen die kraxigen und nur phonetisch richtigen Schreibkünste der Dienstpersonen, zog der Baron vor, eigenhändig die Rubriken auszufüllen, und hatte zu diesem Behufe auch Crescenz in sein Zimmer

16

beordert. Als er ihr nun Namen, Alter und Geburtsort abfragte, ergab sich, daß er, als passionierter Jäger und Freund des dortigen Revierbesitzers, gerade in ihrem älplerischen Winkel öfters Gemsen geschossen und ein Führer gerade aus ihrem Heimatdorf ihn zwei Wochen lang begleitet hatte. Und da kurioserweise ebendieser Führer sich noch als Oheim der Crescenz und der Baron lockerer Laune erwies, wickelte sich vom zufälligen Anlaß ein längeres Gespräch los, bei dem eine abermalige Überraschung zutage trat, nämlich daß er damals in ebendemselben Wirtshaus, wo sie kochte, einen ausgezeichneten Hirschbraten gegessen hatte – Lappalien dies alles, aber doch sonderbar durch Zufälligkeit, und für Crescenz, die hier zum erstenmal einen Menschen sah, der etwas von ihrer Heimat wußte, geradezu wunderhaft. Sie stand vor ihm mit rotem, interessiertem Gesicht, bog sich unbeholfen und geschmeichelt, als er zu Späßen überging und, die Tiroler Mundart nachahmend, sie ausfragte, ob sie jodeln könne und dergleichen knabenhaften Unfug mehr. Schließlich, von sich selbst amüsiert, klatschte er ihr nach allumgänglicher Bauernart eine mit der flachen Hand auf den harten Hintern und entließ sie lachend: »Jetzt geh, brave Cenzi, und da hast du noch zwei Kronen dafür, weil du aus dem Zillertal bist.«

Gewiß: das war an und für sich kein pathetischer und bedeutsamer Anlaß. Aber auf das fischhaft unterirdische Gefühl dieses dumpfen Wesens wirkte dies Fünfminutengespräch wie ein Stein in einem Sumpf: erst allmählich und träge bilden sich bewegte Kreise, die schwermassig weiterwellend ganz langsam den Rand des Bewußtseins erreichen. Zum erstenmal seit Jahren hatte die hartnäckige Maulfaule mit irgendeinem Menschen wieder ein persönliches Gespräch geführt und übernatürlich wollte ihr die Fügung erscheinen, daß gerade dieser erste Mensch, der zu ihr gesprochen, mitten hier im steinernen Gewirr von ihren Bergen wußte und sogar schon einmal einen von ihr zubereiteten Hirschbraten gegessen. Dazu kam noch jener burschikose Schlag auf den Hintern, der ja in der Bauernsprache eine Art lakonischer Anfrage und Werbung an das Weibsbild darstellt. Und wenn Crescenz auch nicht sich zu meinen erkühnte, dieser elegante, vornehme Herr habe damit tatsächlich ein derartiges Verlangen an sie gestellt – die körperliche Vertraulichkeit wirkte doch irgendwie aufrüttelnd in ihre schläfrigen Sinne.

So begann durch diesen zufälligen Anstoß nun Schicht um Schicht ein Ziehen und Bewegen in ihrem innern Erdreich, bis endlich, erst klotzhaft und dann immer deutlicher, ein neues Gefühl sich ablöste, jenem plötzlichen Erkennen gleich, mit dem ein Hund unter allen den zweibeinigen Gestalten, die ihn umgeben, eines unvermuteten Tages sich eine dieser Gestalten als Herrn zuerkennt: von dieser Stunde an läuft er ihm nach, grüßt schweifwedelnd oder mit Gebell den ihm vom Schicksal Übergeordneten, wird ihm freiwillig hörig und folgt seiner Spur gehorsam Schritt um Schritt. Genauso war in den abgestumpften Kreis der Crescenz, den bisher nur die fünf gewohnten Begriffe: Geld, Markt, Herd, Kirche und Bett restlos umgrenzten, ein neues Element gedrungen, das Raum forderte und mit brüsker Gewalt alles Frühere zur Seite drängte. Und mit jener bäuerischen Habgier, die das einmal Ergriffene nie mehr aus den harten Händen läßt, zog sie dieses neue Element tief hinein unter die Haut bis in die verworrene Triebwelt ihrer stumpfen Sinne. Es dauerte freilich einige Zeit, ehe die Verwandlung sichtlich zutage trat; auch diese ersten Zeichen waren durchaus unscheinbare, wie zum Beispiel diese: sie putzte die Kleider des Barons und seine Schuhe mit einer besonderen fanatischen Sorgfalt, während sie Kleider und Schuhwerk der Baronin weiterhin der Sorge des Stubenmädchens überließ. Oder sie war öfters in Gang und Zimmern zu sehen, hastete, kaum daß sie den Schlüssel an der äußeren Tür knacken hörte, beflissen entgegen, um ihm Mantel und Stock abzunehmen. Der Küche wandte sie verdoppelte Aufmerksamkeit zu, fragte sich sogar mühsam den fremden Weg zur Großmarkthalle durch, eigens um einen Hirschbraten zu erstehen. Und auch an ihrer äußeren Gewandung waren Anzeichen verstärkter Sorgfalt zu bemerken.

Eine oder zwei Wochen hatte es gedauert, bis diese ersten Schößlinge ihres neuen Gefühls aus ihrer inneren Welt sich durchrangen. Und es bedurfte noch Wochen und Wochen, bis ein zweiter Gedanke diesem ersten Trieb zuwuchs und aus unsicherem Wachstum klare Farbe und Gestalt bekam. Dieses zweite Gefühl war nichts anderes als ein Komplementärgefühl des ersten: ein vorerst dumpfer, allmählich aber unverhüllt und nackt vorspringender Haß gegen die Gattin des Barons, gegen die Frau, die mit ihm wohnen, schlafen, sprechen durfte und dennoch nicht die gleiche hingegebene Ehrfurcht vor ihm hatte wie sie selbst. Sei es, daß sie – unwillkürlich jetzt achtsamer – einer jener beschämenden Szenen beigewohnt hatte, wobei der vergötterte Herr von seiner gereizten Frau in widerwärtiger Weise gedemütigt wurde, sei es, daß der Gegensatz seiner jovialen Vertraulichkeit sie die hochmütige Reserve der norddeutsch gehemmten Frau doppelt fühlen ließ – jedenfalls setzte sie mit einemmal der Ahnungslosen eine gewisse Bockigkeit entgegen, eine stachelige, mit tausend kleinen Spitzen und Bosheiten widerstrebende Feindseligkeit. So mußte die Baronin zumindest immer zweimal klingeln, ehe Crescenz mit absichtlicher Langsamkeit und deutlich vorgeschobener Unwilligkeit dem Rufe Folge leistete, und ihre hochgestemmten Schultern drückten dann immer schon von vornherein entschlossene Gegenwehr aus. Aufträge und Befehle nahm sie wortlos mürrisch entgegen, so daß die Baronin niemals wußte, ob sie richtig verstanden sei; fragte sie aber zur Vorsicht noch einmal, so bekam sie nur ein verdrossenes Nicken oder ein verächtliches »Hob jo scho g'hört«, zur Antwort. Oder es erwies sich knapp vor dem Theaterbesuch, wenn die Frau schon nervös durch die Zimmer fuhr, ein wichtiger Schlüssel als unauffindbar, um eine halbe Stunde später unvermutet in einem Winkel entdeckt zu werden. Botschaften und Telefonanrufe an die Baronin beliebte sie regelmäßig zu vergessen: ausgefragt, warf sie ihr dann, ohne das geringste Zeichen eines Bedauerns, nur ein hartes »I hob holt vergess'n«, vor die Füße. In die Augen blickte sie ihr nie, vielleicht aus Furcht, den Haß nicht verhalten zu können.

Unterdessen führten die häuslichen Mißhelligkeiten zu immer unerfreulicheren Szenen zwischen den Eheleuten: möglicherweise hatte auch die unbewußt aufreizende Mürrischkeit der Crescenz ihren Anteil an der Erregtheit der von Woche zu Woche mehr exaltierten Frau. Durch allzulangen Mädchenstand in ihren Nerven schwank, dazu noch erbittert durch die Gleichgültigkeit ihres Gatten, die frechen Feindseligkeiten der Dienstboten, verlor die Gepeinigte immer mehr das Gleichgewicht. Vergeblich wurde ihre Erregtheit mit Brom und Veronal gefüttert; um so heftiger riß dann in Diskussionen der überspannte Strang ihrer Nerven durch, sie bekam Weinkrämpfe und hysterische Zustände, ohne damit aber bei irgend jemandem den geringsten Anteil oder auch nur den Anschein einer gutmütigen Hilfe zu erfahren. Schließlich empfahl der zugezogene Arzt einen zweimonatigen Aufenthalt in einem Sanatorium, ein Vorschlag, der von dem sonst höchst gleichgültigen Gatten mit so plötzlicher Besorgtheit gutgeheißen wurde, daß die Frau, von neuem mißtrauisch, sich zunächst dagegen wehrte. Aber zuletzt wurde die Reise dennoch beschlossen, die Kammerjungfer zur Begleitung bestimmt, indes Crescenz zur Bedienung des Herrn allein in der geräumigen Wohnung zurückbleiben sollte.

Diese Nachricht, daß ihr allein der gnädige Herr zur Behütung anvertraut sein solle, wirkte auf die schweren Sinne der Crescenz wie eine plötzliche Aufpulverung. Als hätte man all ihre Säfte und Kräfte, einer magischen Flasche gleich, wild durcheinandergeschüttelt, so kam jetzt vom Grunde ihres Wesens ein verborgener Bodensatz von Leidenschaft herauf und durchfärbte vollkommen ihr ganzes Gehaben. Das Benommene, Schwerfällige taute mit einemmal ab von ihren harten, eingefrorenen Gliedern; es schien, als hätte sie seit

dieser elektrisierenden Nachricht plötzlich leichte Gelenke,
einen raschen, geschwinden Gang bekommen. Sie lief durch
Zimmer hin und her, Treppen auf und ab, kaum daß es galt,
die Reisevorbereitungen zu treffen, packte unaufgefordert alle
Koffer und schleppte sie mit eigener Hand zum Wagen. Und
als dann spätabends der Baron von der Bahn zurückkam und
der diensteifrig ihm Entgegeneilenden Stock und Mantel in
die Hände gab und mit einem Seufzer der Erleichterung sagte:
»Glücklich expediert!«, da geschah etwas Merkwürdiges.
Denn mit einemmal setzte um die verkniffenen Lippen der
Crescenz, die sonst, wie alle Tiere, niemals lachte, ein gewalt-
sames Zerren und Dehnen ein. Der Mund wurde schief, schob
sich breit in die Quere, und plötzlich quoll mitten aus ihrem
idiotisch erhellten Gesicht ein Grinsen dermaßen offen und
tierisch hemmungslos hervor, daß der Baron, von diesem
Anblick peinlich überrascht, sich der übel angebrachten Vertraulichkeit schämte und wortlos in sein Zimmer trat.

Aber diese flüchtige Sekunde des Unbehagens ging rasch
vorüber, und schon in den nächsten Tagen verband die beiden, Herrn und Magd, das einhellige Aufatmen einer köstlich empfundenen Stille und wohltuenden Ungebundenheit.
Die Abwesenheit der Frau hatte die Atmosphäre gleichsam
von überhängendem Gewölk entlüftet: der befreite Ehemann, glücklich entledigt des unablässigen Rechenschaft-
erstattens, kam gleich am ersten Abend spät nach Hause, und
die schweigsame Beflissenheit der Crescenz bot ihm wohltuenden Kontrast zu den allzu beredten Empfängen seiner
Frau. Crescenz wieder stürzte sich mit begeisterter Leidenschaft in ihr Tagewerk, stand extra früh auf, putzte alles blitz-
blank, scheuerte Klinken und Schnallen wie eine Besessene,
zauberte besonders leckere Menüs hervor, und zu seiner
Überraschung bemerkte der Baron bei dem ersten Mittags-
tisch, daß für ihn allein das kostbare Service gewählt war, das
sonst nur zu besonderen Anlässen den Silberschrank verließ.
Im allgemeinen unachtsam, konnte er doch nicht umhin, die
wachsame, beinahe zartsinnige Sorge dieses sonderbaren Ge-

schöpfes zu bemerken; und gutmütig, wie er im Grunde war, sparte er nicht mit dem Ausdruck seiner Zufriedenheit. Er rühmte ihre Speisen, warf ihr hie und da ein paar freundliche Worte hin, und als er am nächsten Morgen, es war sein Namenstag, eine Torte mit seinen Initialen und überzuckertem Wappen kunstvoll bereitet fand, lachte er ihr übermütig zu: »Du wirst mich noch verwöhnen, Cenzi! Und was fange ich dann an, wenn, Gott behüte, meine Frau wieder zurückkommt?«

Immerhin: einen gewissen Zwang legte er sich noch einige Tage auf, ehe er die letzten Rücksichten von sich warf. Dann aber, aus mehrfachen Anzeichen ihrer Verschwiegenheit gewiß, begann er, wieder ganz Junggeselle, sich's in seiner eigenen Wohnung bequem zu machen. Ohne weitere Erklärung rief er Crescenz am vierten Tage seiner Strohwitwenschaft zu sich herein und ordnete in gleichmütigstem Tonfall an, sie möge abends ein kaltes Nachtmahl für zwei Personen bereitstellen und sich dann zu Bett legen; alles andere werde er selbst besorgen. Stumm nahm Crescenz den Auftrag entgegen. Kein Blick, kein Blinzeln ließ durchschimmern, ob der eigentliche Sinn dieser Worte bis hinter ihre niedrige Stirn gedrungen sei. Aber wie gut sie seine eigentliche Absicht verstanden, bemerkte ihr Herr baldigst mit amüsierter Überraschung, denn nicht nur, daß er, spätabends mit einer kleinen Opernelevin nach dem Theater heraufkommend, den Tisch erlesen gerichtet und mit Blumen geschmückt fand: auch im Schlafzimmer erwies sich neben seinem eigenen Bett frech einladend das nachbarliche aufgeschlagen, und der seidene Schlafrock sowie die Pantoffeln seiner Frau waren erwartungsvoll bereitgestellt. Unwillkürlich mußte der freigelassene Ehemann über die weitgehende Sorge dieses Geschöpfes lachen. Und damit fiel von selbst die letzte Hemmung vor ihrer helfenden Mitwisserschaft. Morgens schon schellte er, daß sie dem galanten Eindringling beim Ankleiden behilflich sei; damit war das schweigende Einvernehmen zwischen beiden völlig besiegelt.

In diesen Tagen erhielt Crescenz auch ihren neuen Namen. Jene muntere Opernelevin, die gerade die Donna Elvira studierte und scherzhaft ihren zärtlichen Freund zum Don Juan zu erheben beliebte, hatte einmal lachend zu ihm gesagt: »Ruf doch deine Leporella herein!« Dieser Name machte ihm Spaß, eben weil er so grotesk die dürre Tirolerin parodierte, und von nun an rief er sie niemals mehr anders als Leporella. Crescenz, das erste Mal verwundert aufstarrend, dann aber verlockt von dem vokalischen Wohlklang dieses ihr unverständlichen Namens, genoß die Umtaufe geradezu als Nobilitierung: jedesmal, wenn der Übermütige sie so anrief, schoben sich ihre dünnen Lippen auseinander, die braunen Pferdezähne breit entblößend, und unterwürfig, gleichsam schweifwedelnd drückte sie sich heran, um die Befehle des gnädigen Gebieters entgegenzunehmen.

Als eine Parodie war der Name gedacht: aber in ungewollter Treffsicherheit hatte die angehende Operndiva mit diesem Namen dem eigenartigen Geschöpf ein geradezu zauberhaft passendes Wortkleid umgeworfen: denn ähnlich Dapontes mitgenießerischem Spießgesellen empfand diese liebesfremde verknöcherte alte Jungfer eine eigentümlich stolze Freude an den Abenteuern ihres Herrn. War es bloß die Genugtuung, das Bett der brennend gehaßten Frau jeden Morgen bald von diesem, bald von jenem jungen Körper umgewühlt und entehrt zu finden, oder knisterte ein geheimes Mitgenießen in ihren Sinnen – jedenfalls legte das bigotte, strenge alte Mädchen eine geradezu leidenschaftliche Beflissenheit an den Tag, allen Abenteuern ihres Herrn dienstbar zu sein. In ihrem eigenen abgerackerten, durch jahrzehntelange Arbeit geschlechtslos gewordenen Körper längst nicht mehr bedrängt, wärmte sie sich wohlig an der kupplerischen Lust, nach ein paar Tagen schon einer zweiten und bald auch der dritten Frau in den Schlafraum nachblinzeln zu können: wie eine Beize wirkte diese Mitwisserschaft und das prickelnde Parfüm der erotischen Atmosphäre auf ihre verschlafenen Sinne. Crescenz wurde wahrhaftig Lepo-

23

rella und wie jener muntere Bursche beweglich, zuspringig und frisch; seltsame Eigenschaften kamen, gleichsam emporgetrieben von der flutenden Hitze dieser brennenden Anteilnahme, in ihrem Wesen zum Vorschein, allerhand kleine Listen, Verschmitztheiten und Spitzfindigkeiten, etwas Horcherisches, Neugieriges, Lauerndes und Umtummlerisches. Sie horchte an der Tür, spähte durch die Schlüssellöcher, durchstöberte Zimmer und Betten, flog, von einer merkwürdigen Erregtheit gestoßen, treppauf und treppab, kaum daß sie eine neue Beute jagdhaft witterte, und allmählich formte diese Wachheit, diese neugierige, schaulustige Anteilnahme eine Art lebendigen Menschen aus der hölzernen Hülle ihrer früheren Dösigkeit. Zum allgemeinen Erstaunen der Nachbarn wurde Crescenz mit einmal umgänglich, sie schwatzte mit den Mädchen, scherzte in plumper Weise mit dem Briefträger, begann sich mit den Verkäuferinnen in Tratsch und Gerede einzulassen; und einmal abends, als die Lichter im Hofe gelöscht waren, hörten die Dienstmädchen gegenüber ihrem Zimmer ein merkwürdiges Summen aus dem sonst längst verstummten Fenster: ungefüge, mit halblauter, knarrender Stimme sang Crescenz eines jener älplerischen Lieder, wie sie die Sennerinnen auf den Weiden am Abend singen. Mit ganz zerbrochenem Ton, verbogen von den ungeübten Lippen, holperte die eintönige Melodie mühsam heraus; aber doch: es tönte merkwürdig ergreifend und fremd. Zum erstenmal seit ihrer Kinderzeit versuchte Crescenz wieder zu singen, und es war etwas Rührendes in diesen stolpernden Tönen, die aus der Finsternis verschütteter Jahre mühsam aufstiegen ins Licht.

Von dieser merkwürdigen Verwandlung der ihm Verfallenen nahm ihr unbewußter Urheber, der Baron, am wenigsten wahr, denn wer wendet sich je um nach seinem Schatten? Man spürt ihn treu nachschleichend und stumm hinter den eigenen Schritten, manchmal voreilend wie einen noch nicht bewußten Wunsch, aber wie selten müht man sich, seine parodistischen Formen zu beobachten und sein Ich in dieser

Verzerrung zu erkennen! Der Baron bemerkte nichts anderes an Crescenz, als daß sie immer zum Dienst bereit war, vollkommen schweigsam, verläßlich und bis zur Aufopferung ergeben. Und gerade dieses Stummsein, diese selbstverständliche Distanz in allen diskreten Situationen wirkte auf ihn als besondere Wohltat; manchmal streifte er ihr lässig, wie man einen Hund streichelt, ein paar freundliche Worte über, ein oder das andere Mal scherzte er auch mit ihr, kniff sie großmütig ins Ohrläppchen, schenkte ihr eine Banknote oder ein Theaterbillett – Kleinigkeiten für ihn, die er gedankenlos aus der Westentasche griff, für sie aber Reliquien, die sie ehrfürchtig in ihrer Holzkassette aufbewahrte. Allmählich gewöhnte er sich daran, laut vor ihr zu denken und ihr sogar komplizierte Aufträge anzuvertrauen – und je höhere Zeichen seines Zutrauens er gab, desto dankbarer und beflissener spannte sie sich empor. Ein merkwürdig schnuppernder, suchender und spürender Instinkt trat allmählich bei ihr zutage, all seinen Wünschen jagdhaft nachspähend und ihnen sogar vorauslaufend; ihr ganzes Leben, Trachten und Wollen schien gleichsam heraus aus ihrem eigenen Leib in den seinen hinübergefahren; alles sah sie mit seinen Augen, horchte sie für seine Sinne, alle seine Freuden und Eroberungen genoß sie dank einer beinahe lasterhaften Begeisterung mit. Sie strahlte, wenn ein neues weibliches Wesen die Schwelle betrat, blickte enttäuscht und wie in einer Erwartung gekränkt, kehrte er abends ohne zärtliche Begleitung zurück – ihr früher so verschlafenes Denken arbeitete jetzt ebenso behende und ungestüm wie vordem nur ihre Hände, und aus ihren Augen funkelte und glänzte ein neues, wachsames Licht. Ein Mensch war erwacht in dem abgetriebenen, müden Arbeitstier – ein Mensch, dumpf, verschlossen, listig und gefährlich, nachsinnend und beschäftigt, unruhig und ränkevoll.

Einmal, als der Baron vorzeitig nach Hause kam, blieb er verwundert im Gange stehen: hatte da nicht hinter der Küchentür der sonst unweigerlich Stummen sonderbares Kichern und Lachen geknistert? Und schon schob sich, schief die Hände an der Schürze herumreibend, Leporella aus der halboffenen Tür, frech und verlegen zugleich. »Entschuldigen scho, gnä' Herr«, sagte sie, mit dem Blick auf dem Boden herumwischend. »Ober die Tochter von Khonditor is drin... ein hübsches Mäddel... die hätt' so gern den gnä' Herrn kenneng'lernt.« Der Baron sah überrascht auf, ungewiß, ob er an einer solchen unverschämten Vertraulichkeit sich erbittern oder über ihre kupplerische Dienstfertigkeit sich amüsieren sollte. Schließlich überwog seine männliche Neugier: »Laß sie einmal anschaun.«

Das Mädel, ein knuspriger, blonder sechzehnjähriger Fratz, den Leporella mit schmeichlerischem Zureden allmählich an sich herangelockt, kam errötend und mit verlegenem Kichern, von der Magd immer wieder dringlich vorgeschoben, aus der Tür und drehte sich ungeschickt vor dem eleganten Mann, den sie tatsächlich von dem gegenüberliegenden Geschäft oft mit halb kindhafter Bewunderung betrachtet hatte. Der Baron fand sie hübsch und schlug ihr vor, in seinem Zimmer mit ihm Tee zu trinken. Ungewiß, ob sie annehmen dürfe, wandte sich das Mädel nach Crescenz um. Die aber war mit auffälliger Hast bereits in der Küche verschwunden, und so blieb der ins Abenteuer Verlockten nichts übrig, als, errötend und neugierig erregt, der gefährlichen Einladung Folge zu leisten.

Aber die Natur macht keine Sprünge: war auch durch den Druck einer krausen und verkrümmten Leidenschaft aus diesem hartknochigen, verdumpften Wesen eine gewisse geistige Bewegung herausgetrieben worden, so reichte bei Crescenz dieses neuerlernte und engstirnige Denken doch nicht über den nächsten Anlaß hinaus, darin noch immer dem kurzfristigen Instinkt der Tiere verwandt. Ganz eingemauert in ihre Besessenheit, dem hündisch geliebten Herrn in allem zu dienen, vergaß Crescenz vollkommen die abwesende Frau. Um so furchtbarer wurde deshalb ihr Erwachen: wie Donner aus klarem Himmel fiel es über sie, als eines Morgens, unwirsch und verärgert, der Baron, einen Brief in der Hand, eintrat und ihr ankündigte, sie möge alles im Hause zurechtmachen, seine Frau komme morgen aus dem Sanatorium. Crescenz blieb fahl stehen, den Mund offen im Schreck: die Nachricht hatte in sie hineingestoßen wie ein Messer. Sie starrte und starrte nur, als ob sie nicht verstanden hätte. Und so maßlos, so erschreckend zerriß der Wetterschlag ihr Gesicht, daß der Baron meinte, sie mit einem lockern Wort ein wenig beruhigen zu müssen: »Mir scheint, dich freut's auch nicht, Cenzi. Aber da kann man halt nichts machen.«

Doch schon begann sich wieder etwas zu regen in dem steinstarren Gesicht. Es arbeitete sich von tief unten, gleichsam von den Eingeweiden, herauf, ein gewaltsamer Krampf, der allmählich die eben noch schlohweißen Wangen dunkelrot färbte. Ganz langsam, mit harten Herzstößen heraufgepumpt, quoll etwas empor: die Kehle zitterte unter der zwängenden Anstrengung. Und endlich war es oben und stieß dumpf aus den verknirschten Zähnen: »Da... da... khönnt... da khönnt ma scho was machen...«

Hart, wie ein tödlicher Schuß war das herausgefahren. Und so böse, so finster entschlossen verpreßte sich das verzerrte Gesicht nach dieser gewaltsamen Entladung, daß der Baron unwillkürlich aufschreckte und erstaunt zurückwich. Aber schon hatte Crescenz sich wieder abgewandt und begann mit derart krampfigem Eifer einen Kupfermörser zu scheuern, als wollte sie sich die Finger zerbrechen.

Mit der heimgekehrten Frau wetterte wieder Sturm ins Haus, schlug krachend die Türen, sauste unwirsch durch die Zimmer und fegte wie Zugluft die schwül-behagliche Atmosphäre aus der Wohnung weg. Mochte die Betrogene durch Zuträgereien der Nachbarschaft und anonyme Briefe erfahren haben, in wie unwürdiger Weise der Mann das Hausrecht mißbraucht hatte, oder verdroß sie sein nervöser, hemmungslos offenkundiger Mißmut beim Empfang – jedenfalls, die zwei Monate Sanatorium schienen ihren zum Reißen gespannten Nerven wenig gedient zu haben, denn

Weinkrämpfe wechselten strichweise mit Drohungen und hysterischen Szenen. Die Beziehungen wurden unleidlicher von Tag zu Tag. Einige Wochen lang trotzte der Baron noch mannhaft dem Ansturm der Vorwürfe mittels seiner bislang bewährten Höflichkeit und erwiderte ausweichend und vertröstend, sobald sie mit Scheidung oder Briefen an ihre Eltern drohte. Aber gerade diese seine lieblos-kühle Indifferenz trieb die freundlose, rings von geheimer Feindseligkeit umstellte Frau immer tiefer hinein in immer nervösere Erregung.

Crescenz hatte sich ganz in ihr altes Schweigen verpanzert. Aber dies Schweigen war aggressiv und gefährlich geworden. Bei der Ankunft ihrer Herrin blieb sie trotzig in der Küche und vermied, schließlich herausgerufen, die Heimgekehrte zu grüßen. Die Schultern bockig vorgestemmt, stand sie hölzern da und beantwortete dermaßen unwirsch alle Fragen, daß sich die Ungeduldige bald von ihr abwandte: in den Rücken der Ahnungslosen aber stieß Crescenz mit einem einzigen Blick den ganzen aufgespeicherten Haß. Ihr habgieriges Gefühl empfand sich durch diese Rückkehr widerrechtlich bestohlen, aus der Freude leidenschaftlich genossener Dienstbarkeit war sie wieder zurückgestoßen in die Küche und an den Herd, der vertrauliche Leporella-Name ihr genommen. Denn vorsichtig hütete sich der Baron vor seiner Frau, Crescenz irgendwelche Sympathie zu bezeigen. Aber manchmal, wenn er, erschöpft von den widerlichen Szenen und irgendeines Zuspruches bedürftig, sich Luft machen wollte, schlich er hinein in die Küche zu ihr, setzte sich auf einen der harten Holzsessel, nur um herausstöhnen zu können: »Ich halte es nicht mehr aus!«

Diese Augenblicke, da der vergötterte Herr aus übermäßiger Spannung bei ihr Zuflucht suchte, waren die seligsten Leporellas. Niemals wagte sie eine Antwort oder einen Trost; stumm in sich selbst gekehrt, saß sie da, blickte nur manchmal mit einem zuhörenden Blick mitleidig und gequält zu dem geknechteten Gotte auf, und diese wortlose Anteilnahme tat ihm wohl. Verließ er aber dann die Küche, so kroch jene rabiate Falte gleich wieder bis in die Stirn hinauf, und ihre schweren Hände schlugen den Zorn in wehrloses Fleisch hinein oder zerrieben ihn scheuernd an Schüsseln und Bestecken.

Endlich brach die dumpfgeballte Atmosphäre der Rückkehr in gewitterhafter Entladung los: bei einer der unwirtlichen Szenen hatte der Baron schließlich die Geduld verloren, war ruckhaft aus der demütig gleichgültigen Schuljungenstellung aufgesprungen und hatte knatternd die Tür hinter sich zugeschlagen. »Jetzt habe ich es satt«, schrie er dermaßen wütig, daß die Fenster bis in das letzte Zimmer klirrten. Und noch ganz zornheiß, mit blutrotem Gesicht, fuhr er hinaus in die Küche zu der wie ein gespannter Bogen zitternden Crescenz: »Sofort richt mir meinen Koffer her und mein Gewehr! Ich fahr' für eine Woche auf die Jagd. In dieser Hölle hält es selbst der Teufel nicht länger aus: da muß einmal ein Ende gemacht werden.«

Crescenz blickte ihn begeistert an: so war er wieder Herr! Und ein rauhes Lachen kollerte aus der Kehle herauf: »Recht hat der gnä' Herr, da muß ein End' gemacht werden.« Und zuckend vor Eifer, hinjagend von Zimmer zu Zimmer, raffte sie mit fliegender Hast aus Schränken und von Tischen alles zusammen, jeder Nerv des grobschlächtigen Geschöpfes zitterte vor Spannung und Gier. Eigenhändig trug sie dann den Koffer und das Gewehr zum Wagen hinab. Aber als er nun nach einem Wort suchte, um ihr für ihren Eifer zu danken, fuhr sein Blick erschreckt zurück. Denn über die verkniffenen Lippen war wieder dieses tückische Lachen breit aufgekrochen, das ihn immer von neuem erschreckte. Unwillkürlich mußte er an die zusammengekrallte Geste eines Tieres im Ansprung denken, als er sie so lauern sah. Aber da duckte sie sich schon wieder zusammen und flüsterte nur heiser, mit einer fast beleidigenden Vertraulichkeit: »Fahrn der gnä' Herr nur guet, i wer scho alles mochn.«

Drei Tage später wurde der Baron durch ein dringendes Telegramm von der Jagd zurückgerufen. Am Bahnhof erwartete ihn sein Vetter. Und mit dem ersten Blick erkannte der Beunruhigte, daß irgend etwas Peinliches sich ereignet haben müsse, denn der Vetter blickte nervös und fahrig. Nach einigen Worten schonender Vorbereitung erfuhr er: seine Frau sei morgens tot in ihrem Bett aufgefunden worden, das ganze Zimmer mit Leuchtgas erfüllt. Ein unachtsamer Zufall sei leider ausgeschlossen, berichtete der Vetter, denn der Gasofen sei jetzt im Mai längst außer Gebrauch und die selbstmörderische Absicht schon daran erkenntlich, daß die Unglückliche abends Veronal zu sich genommen. Dazu käme noch die Aussage der Köchin Crescenz, die allein an diesem Abend daheimgeblieben sei und gehört habe, wie die Unglückliche noch nachts in das Vorzimmer gegangen sei, anscheinend um den sorgfältig geschlossenen Gasometer absichtlich zu öffnen. Auf diese Mitteilung hin habe auch der beigezogene Polizeiarzt jeden Zufall für ausgeschlossen erklärt und den Selbstmord zu Protokoll genommen.

Der Baron begann zu zittern. Als sein Vetter das Zeugnis der Crescenz erwähnte, spürte er mit einemmal das Blut in den Händen kalt werden: ein unangenehmer, widerlicher Gedanke wogte wie eine Übelkeit in ihm auf. Aber er drückte dieses gärende, quälende Gefühl gewaltsam hinab und ließ sich willenlos von seinem Vetter in die Wohnung führen. Die Leiche war bereits fortgeschafft, im Empfangszimmer warteten seine Verwandten mit düster feindseligen Mienen: ihre Kondolenz war kalt wie ein Messer. Mit einer gewissen anklägerischen Nachdrücklichkeit meinten sie erwähnen zu müssen, bedauerlicherweise sei es nicht mehr möglich gewesen, den »Skandal« zu vertuschen, weil das Mädchen des Morgens grell schreiend auf die Stiege hinausgestürzt sei: »Die gnädige Frau hat sich umgebracht!« Und sie hätten ein stilles Begräbnis angeordnet, da – wieder kehrte sich die messerscharfe Schneide kalt gegen ihn – ja leider schon vordem durch allerhand Gerede die Neugier der Gesellschaft unangenehm gereizt worden sei. Der Verdüsterte hörte verworren zu, hob einmal unwillkürlich den Blick gegen die verschlossene Tür zum Schlafzimmer und duckte ihn feige wieder zurück. Er wollte irgend etwas zu Ende denken, das unablässig in ihm quälend wogte, aber diese leeren und gehässigen Reden verwirrten ihn. Noch eine halbe Stunde standen die Verwandten schwarz und schwatzend um ihn herum, dann empfahlen sie sich einer nach dem anderen. Er blieb allein zurück in dem leeren halbdunklen Zimmer, zitternd wie unter einem dumpfen Schlag, mit schmerzender Stirn und müden Gelenken.

Da pochte es an die Tür. »Herein«, schrak er auf. Und schon kam von hinten ein zögernder Schritt, ein harter, schleichender, schlurfender Schritt, den er kannte. Plötzlich überfiel ihn ein Grauen: er fühlte seinen Halswirbel wie festgeschraubt und gleichzeitig die Haut von den Schläfen herab bis in die Knie überrieselt von eiskalten Schauern. Er wollte sich umwenden, aber die Muskeln versagten. So blieb er mitten im Zimmer stehen, zitternd und ohne Laut, mit herabgefallenen steinstarren Händen, und fühlte dabei ganz genau, wie feige dieses schuldbewußte Dastehen wirken müsse. Aber vergebens, daß er alle Kraft aufbot: die Muskeln gehorchten ihm nicht. Da sagte ganz gleichmütig, in unbewegtester, trockenster Sachlichkeit die Stimme hinter ihm: »Ich wollt' nur fragen, ob der gnä' Herr zu Hause speist oder außer Haus.« Der Baron bebte immer heftiger, nun fuhr das Eiskalte schon bis in die Brust hinab. Und dreimal setzte er vergeblich an, ehe es ihm endlich gelang, herauszustoßen: »Nein, ich esse jetzt nichts.« Dann schlurfte der Schritt hinaus: er hatte nicht den Mut, sich umzuwenden. Und plötzlich brach die Starre: es schüttelte ihn durch und durch, ein Ekel oder ein Krampf. Mit einem Ruck sprang er hin gegen die Tür, drehte zuckend den Schlüssel um, damit dieser Schritt, dieser ihm gespenstisch nachfolgende verhaßte Schritt nicht noch einmal an ihn heraukäme. Dann warf er sich in den Sessel, um einen Gedanken niederzuwürgen, den er nicht denken wollte und der doch immer wieder kalt und klebrig wie eine Schnecke in ihm aufkroch. Und dieser zwanghafte Gedanke, den anzufassen er sich ekelte, füllte sein ganzes Gefühl, unabwehrbar, schleimig und widerlich, und blieb bei ihm die ganze schlaflose Nacht und alle folgenden Stunden, selbst, da er schwarz gekleidet und schweigend während des Begräbnisses zu Häupten des Sarges stand.

Am Tag nach dem Begräbnis verließ der Baron hastig die Stadt: zu unerträglich waren ihm jetzt alle Gesichter; mitten in ihrer Teilnahme hatten sie (oder dünkte es ihn nur so?) einen merkwürdig beobachtenden, einen quälend inquisitorischen Blick. Und selbst die toten Dinge sprachen böse und anklägerisch: jedes Möbelstück in der Wohnung, insbesondere aber des Schlafzimmers, wo noch der süßliche Geruch von Gas an allen Gegenständen zu haften schien, stieß ihn fort, wenn er unwillkürlich nur die Türe aufklinkte. Aber der unerträgliche Alp seines Schlafes und Wachens war die unbekümmerte, kalte Gleichgültigkeit seiner ehemaligen Vertrauten, die, als wäre nicht das mindeste vorgefallen, im leeren Hause umherging. Seit jener Sekunde auf dem Bahnhof, da der Vetter ihren Namen genannt, zitterte er vor jeder Begegnung mit ihr. Kaum daß er ihren Schritt hörte, bemächtigte sich seiner eine fluchthaft nervöse Unruhe: er konnte es nicht mehr sehen, nicht mehr ertragen, dieses schlürfende, gleichgültige Gehen, diese kalte, stumme Gelassenheit. Ekel faßte ihn schon, wenn er nur an sie dachte, an ihre knarrige Stimme, das fettige Haar, das dumpfe, tierische, unbarmherzige Fühllossein, und in seinem Zorn war Zorn gegen sich selbst, daß ihm die Kraft fehlte, dies Band, das ihn an der Kehle würgte, wie einen Strick gewaltsam zu zerreißen. So sah er nur einen Ausweg: die Flucht. Er packte heimlich, ohne ihr ein Wort zu sagen, die Koffer, nichts als einen hastigen Zettel hinterlassend, daß er zu Freunden nach Kärnten gefahren sei.

Der Baron blieb den ganzen Sommer weg. Einmal zur Regelung der Verlassenschaft dringend nach Wien gerufen, zog er

vor, heimlich zu kommen, im Hotel zu wohnen und den To-
tenvogel, der da harrend im Hause saß, gar nicht zu verständigen. Crescenz erfuhr nichts von seiner Anwesenheit, weil
sie mit niemandem sprach. Unbeschäftigt, finster wie eine
Eule, saß sie den ganzen Tag starr in der Küche, ging zweimal, statt wie vordem einmal, in die Kirche, empfing durch
den Anwalt des Barons Aufträge und Geld zur Verrechnung:
von ihm selbst hörte sie nichts. Er schrieb nicht und ließ ihr
nichts sagen. So saß sie stumm und wartete: ihr Gesicht
wurde härter und hagerer, ihre Bewegungen verholzten
wieder, und so, wartend und wartend, verbrachte sie viele
Wochen hindurch in einem geheimnisvollen Zustand von
Starre.

Im Herbst aber erlaubten dringende Erledigungen dem Baron nicht länger, seinen Urlaub hinauszuziehen, er mußte in
seine Wohnung zurück. An der Hausschwelle blieb er stehen
und zögerte. Zwei Monate im Kreise vertrauter Freunde hatten ihn vieles beinahe vergessen lassen – aber nun, da er seinem Alp, seiner vielleicht Mitschuldigen körperlich wieder
entgegentreten sollte, fühlte er genau denselben drückenden,
Brechreiz verursachenden Krampf. Mit jeder Stufe, die er,
immer langsamer, die Treppe hinaufstieg, griff auch die unsichtbare Hand höher hinauf an die Kehle. Schließlich benö-
tigte er eine gewaltsame Zusammenfassung aller Willens-
kräfte, um die starren Finger zu zwingen, den Schlüssel im
Schloß umzudrehen.

Überrascht fuhr Crescenz aus der Küche heraus, kaum daß
sie den Schlüssel im Schloß knacken hörte. Als sie ihn sah,
stand sie einen Augenblick bleich, griff dann, gleichsam, um
sich zu ducken, nieder zur Handtasche, die er hingestellt
hatte. Aber sie vergaß ein Wort des Grußes. Auch er sagte
kein Wort. Stumm trug sie die Handtasche in sein Zimmer,
stumm folgte er ihr nach. Stumm wartete er, zum Fenster
hinausblickend, bis sie den Raum verlassen hatte. Dann
drehte er hastig den Schlüssel der Zimmertür um.

Das war ihre erste Begrüßung nach Monaten.

Crescenz wartete. Und ebenso wartete der Baron, ob dieser gräßliche Krampf von Grauen bei ihrem Anblick weichen würde. Aber es wurde nicht besser. Noch ehe er sie sah, wenn er nur ihren Schritt vom Gang draußen hörte, fuhr schon das Unbehagen flattrig in ihm auf. Er rührte das Frühstück nicht an, entwich, ohne ein Wort an sie zu richten, allmorgendlich hastig dem Haus und blieb bis spät nachts fort, nur um ihre Gegenwart zu vermeiden. Die zwei, drei Aufträge, die er ihr zu erteilen genötigt war, gab er abgewandten Gesichts. Es würgte ihm die Kehle, die Luft desselben Raumes mit diesem Gespenst zu atmen.

Crescenz saß indes stumm den ganzen Tag auf ihrem Holzschemel. Für sich selber kochte sie nicht mehr. Jede Speise widerte sie, jedem Menschen wich sie aus. Sie saß nur und wartete mit scheuen Augen auf den ersten Pfiff ihres Herrn wie ein verprügelter Hund, der weiß, daß er Schlechtes getan hat. Ihr dumpfer Sinn verstand nicht genau, was geschehen war; nur daß ihr Gott und Herr ihr auswich und sie nicht mehr wollte, nur dies drang wuchtig in sie ein.

Am dritten Tage der Rückkehr des Barons ging die Klingel. Ein grauhaariger, ruhiger Mann mit gut rasiertem Gesicht, einen Koffer in der Hand, stand vor der Tür. Crescenz wollte ihn wegweisen. Aber der Eindringling beharrte darauf, er sei der neue Diener, der Herr habe ihn für zehn Uhr bestellt, sie solle ihn anmelden. Crescenz wurde kalkweiß, einen Augenblick lang blieb sie stehen, die weggespreizten Finger starr in der Luft. Dann fiel die Hand wie ein durchschossener Vogel herab. »Gehn S' selbst hinein«, wirschte sie den Erstaunten an, drehte sich der Küche zu und schlug die Tür klirrend ins Schloß.

Der Diener blieb. Von diesem Tage an brauchte der Herr kein Wort mehr an sie zu richten, alle Botschaften an sie gingen durch den ruhigen, alten Herrschaftsdiener. Was im Hause geschah, erfuhr sie nicht, alles floß wie die Welle über einen Stein kalt über sie hinweg.

Dieser drückende Zustand dauerte zwei Wochen und zehrte

an Crescenz wie eine Krankheit. Ihr Gesicht war spitz und kantig geworden, das Haar an den Schläfen plötzlich grau. Ihre Bewegungen versteinerten vollkommen. Fast immer saß sie wie ein hölzerner Klotz stumm auf ihrem Holzschemel und starrte leer gegen das leere Fenster; arbeitete sie aber, so geschah es in einer wütigen, einem Zornausbruch ähnlichen gewalttätigen Art.

Nach diesen zwei Wochen trat einmal der Diener eigens in das Zimmer seines Herrn, und an seinem bescheidenen Warten erkannte der Baron, daß er ihm besondere Mitteilung zu machen wünsche. Schon einmal hatte der Diener Klage geführt über das mürrische Wesen des »Tiroler Trampels«, wie er sie verächtlich nannte, und vorgeschlagen, ihr zu kündigen. Aber irgendwie peinlich berührt, schien der Baron seinen Vorschlag zunächst zu überhören. Doch während damals sich der Diener mit einer Verbeugung entfernte, blieb er diesmal hartnäckig bei seiner Meinung, zog ein merkwürdiges, beinahe verlegenes Gesicht und stammelte dann schließlich heraus, der gnädige Herr möge ihn nicht lächerlich finden, aber ... er könne ... ja, er könne es nicht anders sagen ... er *fürchte* sich vor ihr. Dieses verschlossene, bösartige Ding sei unerträglich, und der Herr Baron wisse gar nicht, eine wie gefährliche Person er da im Hause habe.

Unwillkürlich schrak der Gewarnte auf. Wie er das meine und was er damit sagen wolle? Da schwächte der Diener nun allerdings seine Behauptung ab, etwas Bestimmtes könne er ja nicht sagen, aber er habe so das Gefühl, diese Person sei ein wütiges Tier – die könne einem leicht irgendwas antun. Gestern, als er sich umwandte, um ihr eine Weisung zu geben, da habe er unvermutet einen Blick aufgefangen – nun, man könne ja nichts sagen über einen Blick, aber es sei so gewesen, als ob sie ihm an den Hals springen wolle. Und seitdem fürchte er sich vor ihr, ja er habe Angst, die Speisen anzurühren, die sie zubereite. »Herr Baron wissen gar nicht«, schloß er seinen Bericht, »was für eine gefährliche Person das ist. Sie redt nichts, sie deut' nichts, aber ich mein' halt, die wär einen

35

Mord imstande. « Aufschreckend warf der Baron einen jähen Blick auf den Ankläger. Hatte er etwas Bestimmtes gehört? War ihm ein Verdacht zugetragen worden? Er spürte, wie seine Finger zu zittern begannen, und hastig legte er die Zigarre weg, damit sie die Erregung seiner Hände nicht in der Luft nachzeichne. Aber das Gesicht des alten Mannes war vollkommen arglos – nein, er konnte nichts wissen. Der Baron zögerte. Dann plötzlich raffte er seinen eigenen Wunsch zusammen und entschloß sich: »Wart noch ab. Aber wenn sie dir noch einmal unfreundlich begegnet, dann kündige ihr einfach in meinem Auftrag. «

Der Diener verbeugte sich, und erlöst wich der Baron zurück. Jede Erinnerung an dieses geheimnisvoll gefährliche Geschöpf verdüsterte ihm den Tag. Am besten, es geschah, überlegte er, während er weg war, zu Weihnachten vielleicht – schon der Gedanke an die erhoffte Befreiung tat ihm innerlich wohl. Ja, so ist es am besten, zu Weihnachten, bekräftigte er sich, wenn ich fort bin.

Aber am nächsten Tage schon, kaum daß er nach Tisch in sein Zimmer getreten war, klopfte es an die Tür. Gedankenlos von der Zeitung aufblickend, murrte er »Herein!« Und da schlurfte schon dieser verhaßte, harte Schritt, der immer in seinen Träumen umging, herzu. Er schrak auf: wie ein Totenschädel, bleich und käsig, schlotterte das verknöcherte Gesicht über der hagern, schwarzen Gestalt. Etwas von Mitleid mengte sich in sein Grauen, als er sah, wie der geängstigte Schritt dieses ganz in sich zertretenen Wesens am Rande des Teppichs demütig stehen blieb. Und um diese Benommenheit zu verbergen, bemühte er sich, arglos zu erscheinen. »Nun, was ist denn, Crescenz?« fragte er. Aber es kam nicht, wie beabsichtigt, jovial und herzlich heraus; wider seinen Willen klang die Frage wegstoßend und böse.

Crescenz rührte sich nicht. Sie starrte in den Teppich hinein. Endlich stieß sie, wie man mit dem Fuß etwas wegpoltert, heraus: »Der Diener hot mir aufgsogt. Er hat gsogt, daß der gnä' Herr mir khündigt. «

Peinlich berührt stand der Baron auf. Daß es so rasch kommen würde, hatte er nicht erwartet. So begann er stotterig herumzureden, es werde nicht so scharf gemeint sein, sie solle doch trachten, sich mit dem andern Personal zu verständigen, und derlei zufällige Dinge mehr, wie sie ihm gerade vom Munde fielen.

Aber Crescenz blieb stehen, unbeweglich den Blick in den Teppich gebohrt, die Schultern hochgezogen. Mit erbitterter Beharrlichkeit hielt sie stierhaft den Kopf gesenkt, hörte an allen seinen verbindlichen Reden vorbei, einzig ein Wort erwartend, das nicht kam. Und als er endlich, leicht angewidert von der verächtlichen Rolle des Beschwätzers, die er hier vor einem Dienstboten spielen mußte, ermüdet schwieg, blieb sie bockig und stumm. Dann rang sie ungefügt heraus: »Nur das wollt' ich wissen, ob der Herr Baron selber dem Anton Auftrag 'gebn hat, er soll mir khündigen?«

Sie stieß es heraus, hart, unwillig, gewalttätig. Und wie einen Stoß empfand es der in seinen Nerven schon Gereizte. War das eine Drohung? Forderte sie ihn heraus? Und mit einemmal verflog alle Feigheit, alles Mitleid in ihm. Der ganze, in Wochen aufgestaute Haß und Ekel schoß brennend zusammen mit dem Wunsch, endlich ein Ende zu machen. Und plötzlich, völlig umschlagend im Ton, mit jener im Ministerium erlernten kühlen Sachlichkeit, bestätigte er gleichgültig, ja, ja, es sei richtig, er habe in der Tat dem Diener freie Hand gelassen, in allen Dingen des Haushalts zu verfügen. Er persönlich wolle ja ihr Bestes und sich auch bemühen, die Kündigung rückgängig zu machen. Wenn sie aber weiterhin darauf bestehe, sich mit dem Diener nicht freundschaftlich zu stellen, ja, dann müsse er allerdings auf ihre Dienste verzichten.

Und stark den ganzen Willen zusammenfassend, fest entschlossen, nicht zurückzuschrecken vor irgendeiner heimlichen Andeutung oder Vertraulichkeit, stemmte er bei den letzten Worten den Blick gegen die vermeintlich Drohende und sah sie entschlossen an.

Aber der Blick, den Crescenz jetzt scheu vom Boden hob, war nur der eines weidwunden Tieres, das knapp vor sich aus dem Gebüsch die Meute herausbrechen sieht. »Ich dankhe...«, rang sie noch ganz schwach hervor. »Ich geh' schon... ich will dem gnä' Herrn nicht mehr lästig sein...«

Und langsam, ohne sich umzuwenden, schlurfte sie mit sinkenden Schultern und steifen, hölzernen Schritten zur Türe hinaus.

Abends, als der Baron aus der Oper kam und auf dem Schreibtisch nach den eingelangten Briefen griff, bemerkte er dort etwas Fremdes und Viereckiges. Im aufgeflammten Licht erkannte er eine holzgeschnittene Kassette bäurischer Arbeit. Sie war nicht verschlossen: in säuberlicher Ordnung lagen darin alle Kleinigkeiten, die Crescenz jemals von ihm erhalten, ein paar Karten von der Jagd, zwei Theaterbillette, ein Silberring, das ganze gehäufte Rechteck ihrer Banknoten und zwischendurch noch eine Momentfotografie, vor zwanzig Jahren in Tirol aufgenommen, auf der ihre Augen, offenbar vom Blitzlicht erschreckt, mit demselben getroffenen und verprügelten Ausdruck starrten wie vor wenigen Stunden bei ihrem Abschied.

Etwas ratlos schob der Baron die Kassette beiseite und ging hinaus, den Diener zu fragen, was denn diese Sachen der Crescenz auf seinem Schreibtisch zu schaffen hätten. Der Diener erbot sich sofort, seine Feindin zur Rechenschaftslegung hereinzuholen. Aber Crescenz war weder in der Küche noch in irgendeinem der anderen Zimmer zu finden. Und erst als der Polizeibericht am nächsten Tage den selbstmörderischen Sturz einer etwa vierzigjährigen Frau von der Brücke des Donaukanals meldete, mußten die beiden nicht länger fragen, wohin Leporella geflohen sei.

Einsamkeit

Die Einsamkeit Tobias Klemms, ja das war Einsamkeit!
Er lebte in einer Stadt von zwei Millionen Menschen; aber es
war so gar keine Beziehung zwischen ihm und ihnen, daß er
sich diese zwei Millionen nicht als eine Summe von Einzel-
wesen denken konnte, sondern nur als eine formlose Masse,
gehüllt in einen ungeheuren Nebel von Atem und Ausdünstung.
Er war Schreiber in einem kleinen Amt, verabscheute heimlich seine Kollegen und wurde von ihnen nicht beachtet. Keiner sprach ein überflüssiges Wort zu ihm. Bei einer alten
Frau, die in Häuser waschen ging, logierte er. In dem trübse-
ligen Zimmerchen standen Möbel, die aussahen wie die Lei-
chen von Möbeln. Jedenfalls hatte Klemm auch zu ihnen
keine Beziehung. Wenn sein Bett unter ihm knarrte, empfand er das als einen feindseligen Akt. Die Kerze, die ihm des
Abends leuchtete, brannte verdrießlich und unwirsch, als ob
es sie ärgere, ihm zu dienen. Der Spiegel erblindete absichtlich, um Klemms Gesicht nicht deutlich wahrnehmen zu
müssen.
Klemm war fast fünfzig alt. Seit etwa zwanzig Jahren lebte er
so, ohne Freund, ohne Frau. Niemand kümmerte sich um
ihn. Einmal wurde er als Zeuge eines Tramwayunfalls vor
Gericht geladen, und an diesen Tag dachte er noch lange.
Denn da fragte man ihn, wie er heiße, und wo er wohne, und
wann er geboren sei, kurz, seine Existenz hatte für irgend
jemand Bedeutung an diesem Tage. Im Wirtshaus, wo er seit
zwanzig Jahren speiste, war er der Niemand. Kein Mensch
setzte sich an seinen Tisch, kein Kellner tat vertraulich. Er
hing dort in seiner Ecke wie die Spinnenfäden, die ziemlich
zur selben Zeit mit ihm in die Wirtsstube eingezogen waren,

in der ihren: ein grauer Fleck mit etlichem Leben mittendrin. Etwas, das bestand, nur weil die Umwelt zu faul oder zu gleichgültig war, es wegzuputzen.

Eines Tages las er in der Zeitung, die Frau des Ingenieurs Robinson, Maria, habe sich erschossen, und der verzweifelte Gatte wisse nicht, warum. Robinson war Klemms Schulkamerad gewesen, und Klemm hatte um seine Liebe geworben. Aber vergeblich. Und als in späteren Jahren doch etwas wie eine Freundschaft zwischen den beiden zustande kommen wollte, da war Frau Maria dazwischengetreten und hatte den Freund für sich genommen. In der Nacht, die der Selbstmordnachricht folgte, träumte Klemm absonderliche Dinge. Er sah sich als Ursache von Frau Robinsons Selbstmord, und in der verworrenen Logik des Traumes spannen sich Fäden zwischen diesem Vorfall und Klemms einstigem Werben um den Jugendgefährten. Das war ein schöner Traum! Der Träumer sah sich am offenen Grabe Marias stehen, und über die klaffende Erde hinüber, in die die Tote hinabgesenkt worden war, reichte ihm der Freund die Hand, ihre Stirnen berührten einander, und ihre Tränen flossen in die Gruft. So standen Chingachgock und Lederstrumpf über Inkas, des letzten Mohikaners, frischem Grabe! Und dann hob Robinson das Haupt und sah Klemm mit Augen an, in denen das Naß einer zwiefachen Rührung schimmerte: der Trauer und der Freundschaft. Und da erwachte er. Er lag in seiner feindseligen Stube, und es war das Auge des winterlichen Morgens, das ihn anstarrte, kalt und böse.

An diesem Tage schrieb er Robinson einen Brief, in dem er sich der Schuld an Marias Selbstmord bezichtigte. Er hatte sich hierzu eine komplizierte, romanhafte Erzählung ausgedacht, redete von Klemm in der dritten Person und ließ den Brief ohne Unterschrift, so, als ob ihn ein Fremder geschrieben hätte. Der Einsame, den keiner mochte, warb um ein Stückchen Haß. Er trug den Brief zur Post und wartete, was nun kommen würde. Oh, jetzt dachte wohl jemand seiner! Jetzt war er nicht mehr einsam, war das Ziel von jemandes

Neugier und Zorn! Er wärmte seine Seele an diesem Zorn. Er fühlte sich von ihm bestrahlt und überallhin verfolgt, wie die Gespenster auf der Bühne von ihrem Lichtkegel. Er patrouillierte vor Robinsons Haus und freute sich auf die Begegnung, auf die schreckliche Zwiesprache, auf den Faustschlag ins Gesicht und den warmen Regen der Schimpfworte. Aber Robinson ging, am Arm eines wachsamen Herrn, stumm vorbei, mit leerem Blick und einem schiefen Lächeln. Andern Tags las man in der Zeitung, der Ingenieur sei über den Verlust seiner Frau wahnsinnig geworden.

Das war ein harter Schlag für Klemm! Nun stand er wieder da und hatte nichts. Nun gerannen Tage und Nächte wieder zu einer breiigen Masse, die schweigend vor ihm auseinanderwich und hinter ihm sich schweigend wieder schloß. Er selbst war nur ein Klümpchen verhärteter Zeit, bestimmt, sich allmählich und spurlos in die Unendlichkeit aufzulösen.

Er sah Gedränge auf der Straße und mischte sich unter die Leute. Eine Frau klammerte sich an seinen Arm, und ein Mann stützte sich auf seine Schulter, um besser zu sehen, was vorgehe. Klemm hatte einen guten Augenblick. Er fühlte mit Behagen die Hände, die ihn als Stütze gebrauchten. Die Leute schrien aufgeregt, und er schrie mit, ohne zu wissen, weshalb man schrie. Dann sah er berittene Polizei herankommen. Das Geschrei schwoll zu einem Heulen an, und Klemm heulte, daß ihn Kehle und Lunge schmerzten. Jetzt fielen Schüsse. Der Menschenknäuel, von Angst erfaßt, wurde um und um gewirbelt, in Stücke zerfetzt und die Fetzen nach allen Windrichtungen auseinandergeblasen.

Klemm landete in einer Nebengasse, keuchend, ohne Hut und Stock. Er hinkte in ein kleines Wirtshaus, das voll gepfropft war von Aufgeregten. Alle sprachen von dem Vorgefallenen. Klemm hörte zu, sprach dazwischen, trank und schlug mit der Faust auf den Tisch und trank. Es war ihm, als hätte er hier auf seiner langen Wanderung durch Öde und Dunkel eine sichere Zuflucht gefunden. Die ganze Nacht blieb er, schreiend und trinkend. Dann verzogen sich die Gäste, und draußen schlich schon das Tageslicht um das Haus, feindselig durch die Fenster lugend, ein Scherge der Einsamkeit, die ihren Gefangenen wiederhaben wollte.

Als Klemm heimwärts ging, sah er am Fenster eines Zeitungsladens die »Illustrierte Tageszeitung« hängen. Ein großes Bild schmückte ihre erste Seite . . . War er betrunken oder verwirrt? Das konnte doch nur Trug und Täuschung sein! Von der ersten Seite der »Illustrierten« herab lächelte sein eigenes Bild die Vorübergehenden an. Sein Jugendbild mit dem kurzen, runden Vollbart, wie er es daheim über dem Bett festgenagelt hatte. Und unter dem Bild stand mit fetten Buchstaben: Tobias Klemm.

Fünfzehn Jahre lang wohnte Klemm in seiner Stube, und während dieser ganzen fünfzehn Jahre war er nicht ein einziges Mal über die Zehnuhrabendstunde ausgeblieben. Als es in jener ereignisreichen Nacht elf und zwölf geworden, lief die besorgte Wirtin zur Polizei und meldete den Abgang ihres Mieters. Man sagte ihr, bei den Straßenkrawallen sei ein Mann erschossen worden, auf den ihre Schilderung des Vermißten so ziemlich zutreffe. Dann setzte man sie in einen Wagen, und der Detektiv fuhr mit ihr in die Totenkammer. Die gute Frau zitterte vor gruseligem Behagen beim Gedanken an die Möglichkeit, daß ihr Zimmerherr der Tote sein könne, und, alle Wonnen der nachbarlichen Neugier und des Aufsehens und der vielen erregten Debatten vorschmeckend, waren in ihrem Bewußtsein der Tote und Klemm längst eins geworden, als der Wagen vor der Totenkammer haltmachte. Sie sah auch kaum auf die Leiche hin, fiel in einen Stuhl, band mit zitternden Fingern das Kopftuch locker, schluckte vor Aufregung und rief einmal um das andere Mal: »Freili is er's . . .« und: »Na so was!« und noch viele Male: »Na so was!« Und diese Nacht würde die Gute ohnedies nicht mehr geschlafen haben, auch wenn nicht der unerbittliche Reporter der »Illustrierten Zeitung« bei ihr erschienen wäre und sich ein Bild des toten Klemm ausgebeten hätte.

Solcherart also erfuhr Klemm aus der »Illustrierten«, daß er gestern totgeschossen worden war, als Opfer im Kampfe um Freiheit und Recht. Er kaufte noch andere Zeitungen. Klemm, überall Klemm! Dem Vorkämpfer für Freiheit und Recht wurde schwach zumute; er mußte in eine Branntweinstube treten und Schnaps trinken. Wovon sprach man in der Schenke? Von Klemm, dem Opfer im Klassenkampfe. Und wie man von ihm sprach! Mit Ehrerbietung, mit Wärme, mit Rührung. Und bei den Zeitungskiosken, um sein Bild mit dem kurzen Vollbart geschart, standen die Leute und sagten: »Ja, ja.« Gestern noch ein Nichts, eine Bakterie im Kot der Großstadt, heute ihr Held, der Gegenstand des Interesses von Hunderttausenden. Als ob eine unsichtbare Riesenglocke ›Klemm‹ schmetternd durch alle Straßen läute, so dröhnte die Stadt von diesem Namen. Und Klemm, wonnig betäubt von dem Gedröhne, beschloß, die Seligkeit noch ein Weilchen auszukosten, vorderhand nicht nach Hause zurückzukehren und tot zu bleiben.

In den folgenden Tagen, da er sich, ohne Geld, als Vagabund und Bettler, fortbrachte und in Asylen nächtigte, in diesen Tagen sah er seinen Ruhm gewaltig anschwellen. Die Kollegen im Amt hatten den Zeitungen viel von ihm erzählt, und Klemm war sehr ergriffen, wie nett sie sich über ihn äußerten. Die Wirtin war unermüdlich in der Beibringung kleiner Züge seines großen Charakters. Er selbst, Klemm, hockte in der Branntweinstube und erzählte gerührt von Klemm, den er so gut gekannt hätte wie kein anderer. Die Augen gingen ihm über, und die vielen Falten und Fältchen seines alten Gesichtes waren wie ein System von Kanälen, das dem Bartgestrüpp Bewässerung zuführte. Als er bestattet wurde, stand er in der vordersten Reihe der Leidtragenden. Viele Menschen füllten die breiten Wege zwischen den Gräbern. Auf einer schwarzbehängten Kiste stand ein Mann und schrie: »Denn er war unser!« Alle weinten, und Klemm schluchzte so laut, daß die Umstehenden ihn ansahen und sich zuflüsterten: »Der muß ein naher Verwandter von ihm gewesen sein.« Ja, das war er nun allerdings.

43

Den Höhepunkt erreichte Klemms Karriere, als im Parlament der Abgeordnete aufstand und sagte: »Wir rufen dem Herrn Minister nur ein Wort zu, ein Donnerwort: Tobias Klemm!« Damit war Klemms Schicksal entschieden. Er beschloß, die Stellung eines Donnerwortes dauernd zu behalten, seine frühere Stellung als leerer Schall nie mehr wieder einzunehmen. Ins Leben zurückkehren, das hieße ja für ihn sterben, und tot sein, das hieß für ihn leben.

Eigentlich war Tobias, dem erbarmungslosen, innersten Gesetze seiner Existenz zufolge, jetzt noch einsamer als zuvor. Früher hatte er doch sich selbst gehabt, sein trübes Ich. Das hatte er jetzt auch nicht mehr. Früher hatte er einen Namen gehabt. Jetzt war der Name verloren. Er war von ihm gefallen, in Glorie zwar und Herrlichkeit, aber immerhin, er war fort. Und was blieb übrig? Ein entklemmter Klemm, ein geschundener Bettler, ein leeres Gerüst armer Menschlichkeiten. Und allmählich geschah es, daß in Klemms namenloser Vagabundenseele Neid und Groll gegen den ermordeten Tobias aufkeimten. Er fing an, wie früher großartige, so jetzt bösartige Geschichten von dem Toten zu erzählen. Da ging's ihm aber schlecht. Prügel und Hinauswürfe und böse Worte lohnten die Lästerung. Solches Unglück nährte seinen Haß, wie der Haß sein Unglück nährte. Er fühlte sich betrogen und bestohlen von dem anderen, dem großen Klemm, und schmähte sein Andenken, wo er nur konnte. Als man ihn am Friedhof erwischte, wie er das Reliefbild auf Klemms Grabstein – es stellte einen idealisierten Männerkopf mit kurzgeschorenem Vollbart dar – unflätig bespülte, wollte man ihn einsperren. Er behauptete aber so hartnäckig, mit dem Grabstein könne er machen, was er wolle, denn er sei ja der, der drunter liege, daß man ihn ins Irrenhaus brachte.

Wen traf er dort? Robinson, den trauernden Witwer. Er kniete vor einem Stuhl, das Haupt in den Rohrsitz gepreßt, die Arme zärtlich um die Stuhlbeine geschlungen. Klemm wurde feuerrot vor Eifersucht, wollte den Stuhl zertrümmern. Die Wärter sperrten ihn ins Isolierzimmer.

Als die Epidemie durch die Stadt ging, kam sie auch zu den Irren und holte sich einige, unter ihnen Klemm. Er wurde mit Genossen auf einen Tisch in die Totenkammer gelegt, und tags darauf sollten sie in ein gemeinsames Grab versenkt werden. Vorher aber erschien der Arzt und suchte sich Klemm für sein Seziermesser. Man brachte den Toten in die Anatomie, klappte ihn auf, stöberte ein Weilchen neugierig in seinem Bauch herum wie in einer aufgesprengten Geheimtruhe, erkannte neuerdings den hohen Wert der Autopsie als diagnostisches Hilfsmittel, klappte Tobias wieder zu und schaffte ihn dorthin zurück, von wo man ihn hergenommen hatte. Seine Genossen waren inzwischen schon begraben worden, und den Leichenträgern hatte es gleich so geschienen, als fehle einer. Wie sie nun Klemm dort liegen sahen, mokierten sie sich über seine zeitweilige Abwesenheit.

»Hoho«, sagte der eine Spitalmensch, »der hat sich unsichtbar gemacht!«

»Die Gesellschaft war ihm halt zuwider.«

Und sie begruben ihn allein.

ROBERT MUSIL

Der bedrohte Oedipus

> Obwohl boshaft und einsei-
> tig, erhebt diese Kritik keinen
> Anspruch auf wissenschaft-
> liche Objektivität.

Hatte der antike Mensch seine Szylla und seine Charybdis, so hat der moderne Mensch den Wassermann und den Oedipus; denn wenn es ihm gelungen ist, ersteren zu vermeiden und mit Erfolg einen Nachkommen auf die Beine zu stellen, kann er desto sicherer damit rechnen, daß diesen der zweite holt. Man darf wohl sagen, daß ohne Oedipus heute so gut wie nichts möglich ist, nicht das Familienleben und nicht die Baukunst.

Da ich selbst noch ohne Oedipus aufgewachsen bin, kann ich mich natürlich nur mit großer Vorsicht über diese Fragen äußern, aber ich bewundere die Methoden der Psychoanalyse. Ich erinnere mich aus meiner Jugendzeit an das Folgende: Wenn einer von uns Knaben von einem anderen mit Beschimpfungen so überhäuft wurde, daß ihm beim besten Willen nichts einfiel, den Angriff mit gleicher Kraft zu erwidern, so gebrauchte er einfach das Wörtchen »selbst«, das, in die Atempausen des anderen eingeschaltet, auf kurzem Wege alle Beleidigungen umkehrte und zurückschickte. Und ich habe mich sehr gefreut, als ich beim Studium der psychoanalytischen Literatur wahrnehmen konnte, daß man allen Personen, die vorgeben, daß sie nicht an die Unfehlbarkeit der Psychoanalyse glauben, sofort nachweist, daß sie ihre Ursachen dazu hätten, die natürlich wieder nur psychoanalytischer Natur seien. Es ist das ein schöner Beweis dafür, daß auch die wissenschaftlichen Methoden schon vor der Pubertät erworben werden.

Erinnert die Heilkunde aber durch diesen Gebrauch der »Retourkutsche« an die herrliche alte Zeit der Postreisen, so tut sie das zwar unbewußt, doch beileibe nicht ohne tiefenpsychologischen Zusammenhang. Denn es ist eine ihrer größten Leistungen, daß sie inmitten des Zeitmangels der Gegenwart zu einer gemächlichen Verwendung der Zeit erzieht, geradezu einer sanften Verschwendung dieses flüchtigen Naturprodukts. Man weiß, sobald man sich in die Hände des Seelenverbesserers begeben hat, bloß, daß die Behandlung sicher einmal ein Ende haben wird, begnügt sich aber ganz und gar mit den Fortschritten. Ungeduldige Patienten lassen sich zwar schnell von ihrer Neurose befreien und beginnen dann sofort mit einer neuen, doch wer auf den rechten Genuß der Psychoanalyse gekommen ist, der hat es nicht so eilig. Aus der Hast des Tages tritt er in das Zimmer seines Freundes, und möge außen die Welt an ihren mechanischen Energien zerplatzen, hier gibt es noch gute alte Zeit. Teilnahmsvoll wird man gefragt, wie man geschlafen und was man geträumt habe. Dem Familiensinn, den das heutige Leben sonst schon arg vernachlässigt, wird seine natürliche Bedeutung wieder zurückgegeben, und man erfährt, daß es gar nicht lächerlich erscheint, was Tante Guste gesagt hat, als das Dienstmädchen den Teller zerbrach, sondern, richtig betrachtet, aufschlußreicher ist als ein Ausspruch von Goethe. Und wir können ganz davon absehn, daß es auch nicht unangenehm sein soll, von dem Vogel, den man im Kopf hat, zu sprechen, namentlich wenn dieser ein Vogel Storch ist. Denn wichtiger als alles einzelne und schlechthin das Wichtigste ist es, daß sich der Mensch, sanft magnetisch gestreichelt, bei solcher Behandlung wieder als das Maß aller Dinge fühlen lernt. Man hat ihm durch Jahrhunderte erzählt, daß er sein Verhalten einer Kultur schuldig sei, die viel mehr bedeute als er selbst; und als wir die Kultur im letzten Menschenalter zum größten Teil doch endlich losgeworden sind, war es wieder das Überhandnehmen der Neuerungen und Erfindungen, neben dem sich der Einzelne als ein Nichts vorkam:

Nun aber faßt die Psychoanalyse diesen verkümmerten Einzelnen bei der Hand und beweist ihm, daß er nur Mut haben müsse und Keimdrüsen. Möge sie nie ein Ende finden! Das ist mein Wunsch als Laie; aber ich glaube, er deckt sich mit dem der Sachverständigen.

Ich werde darum von einer Vermutung beunruhigt, die ja möglicherweise nur meiner Laienhaftigkeit entspringt, vielleicht aber doch richtig ist. Denn soviel ich weiß, steht heute der vorhin erwähnte Oedipuskomplex mehr denn je im Mittelpunkt der Theorie; fast alle Erscheinungen werden auf ihn zurückgeführt, und ich befürchte, daß es nach ein bis zwei Menschenfolgen keinen Oedipus mehr geben wird! Man mache sich klar, daß er der Natur des kleinen Menschen entspringt, der im Schoß der Mutter sein Vergnügen finden und auf den Vater, der ihn von dort verdrängt, eifersüchtig sein soll. Was nun, wenn die Mutter keinen Schoß mehr hat?! Schon versteht man, wohin das zielt: Schoß ist ja nicht nur jene Körpergegend, für die das Wort im engsten Sinne geschaffen ist; sondern dieses bedeutet psychologisch das ganze brütend Mütterliche der Frau, den Busen, das wärmende Fett, die beruhigende und hegende Weichheit, ja es bedeutet nicht mit Unrecht sogar auch den Rock, dessen breite Falten ein geheimnisvolles Nest bilden. In diesem Sinn stammen die grundlegenden Erlebnisse der Psychoanalyse bestimmt von der Kleidung der siebziger und achtziger Jahre ab, und nicht vom Skikostüm. Und nun gar bei Betrachtung im Badetrikot: wo ist heute der Schoß? Wenn ich mir die psychoanalytische Sehnsucht, embryonal zu ihm zurückzufinden, an den laufenden und crawlenden Mädchen- und Frauenkörpern vorzustellen versuche, die heute an der Reihe sind, so sehe ich, bei aller Anerkennung ihrer eigenartigen Schönheit, nicht ein, warum die nächste Generation nicht ebensogern in den Schoß des Vaters wird zurückwollen.

Was aber dann?

Werden wir statt des Oedipus einen Orestes bekommen? Oder wird die Psychoanalyse ihre segensreiche Wirkung aufgeben müssen?

ARTHUR SCHNITZLER

Die Toten schweigen

Er ertrug es nicht länger, ruhig im Wagen zu sitzen; er stieg
aus und ging auf und ab. Es war schon dunkel; die wenigen
Laternenlichter in dieser stillen, abseits liegenden Straße flak-
kerten, vom Winde bewegt, hin und her. Es hatte aufgehört
zu regnen; die Trottoirs waren beinahe trocken; aber die un-
gepflasterten Fahrstraßen waren noch feucht, und an einzelnen Stellen hatten sich kleine Tümpel gebildet.
Es ist sonderbar, dachte Franz, wie man sich hier, hundert
Schritt von der Praterstraße, in irgendeine ungarische Klein-
stadt versetzt glauben kann. Immerhin – sicher dürfte man
hier wenigstens sein; hier wird sie keinen ihrer gefürchteten
Bekannten treffen.
Er sah auf die Uhr . . . Sieben – und schon völlige Nacht. Der
Herbst ist diesmal früh da. Und der verdammte Sturm.
Er stellte den Kragen in die Höhe und ging rascher auf und
ab. Die Laternenfenster klirrten. »Noch eine halbe Stunde«,
sagte er zu sich, »dann kann ich gehen. Ah – ich wollte beinahe, es wäre soweit.« Er blieb an der Ecke stehen; hier hatte
er einen Ausblick auf beide Straßen, von denen aus sie kommen könnte.
Ja, heute wird sie kommen, dachte er, während er seinen Hut
festhielt, der wegzufliegen drohte. – Freitag – Sitzung des
Professorenkollegiums – da wagt sie sich fort und kann sogar
länger ausbleiben . . . Er hörte das Geklingel der Pferdebahn;
jetzt begann auch die Glocke von der nahen Nepomukkirche
zu läuten. Die Straße wurde belebter. Es kamen mehr Menschen an ihm vorüber: meist, wie ihm schien, Bedienstete aus
den Geschäften, die um sieben geschlossen wurden. Alle gingen rasch und waren mit dem Sturm, der das Gehen er-
schwerte, in einer Art von Kampf begriffen. Niemand be-

achtete ihn; nur ein paar Ladenmädel blickten mit leichter Neugier zu ihm auf. – Plötzlich sah er eine bekannte Gestalt rasch herankommen. Er eilte ihr entgegen. Ohne Wagen? dachte er. Ist sie's?

Sie war es; als sie seiner gewahr wurde, beschleunigte sie ihre Schritte.

»Du kommst zu Fuß?« sagte er.

»Ich hab' den Wagen schon beim Karltheater fortgeschickt. Ich glaube, ich bin schon einmal mit demselben Kutscher gefahren.«

Ein Herr ging an ihnen vorüber und betrachtete die Dame flüchtig. Der junge Mann fixierte ihn scharf, beinahe drohend; der Herr ging rasch weiter. Die Dame sah ihm nach.

»Wer war's?« fragte sie ängstlich.

»Ich kenne ihn nicht. Hier gibt es keine Bekannten, sei ganz ruhig. – Aber jetzt komm rasch; wir wollen einsteigen.«

»Ist das dein Wagen?«

»Ja.«

»Ein offener?«

»Vor einer Stunde war es noch so schön.«

Sie eilten hin; die junge Frau stieg ein.

»Kutscher«, rief der junge Mann.

»Wo ist er denn?« fragte die junge Frau.

Franz schaute rings umher. »Das ist unglaublich«, rief er, »der Kerl ist nicht zu sehen.«

»Um Gottes willen!« rief sie leise.

»Wart' einen Augenblick, Kind; er ist sicher da.«

Der junge Mann öffnete die Tür zu dem kleinen Wirtshause; an einem Tisch mit ein paar anderen Leuten saß der Kutscher; jetzt stand er rasch auf.

»Gleich, gnä' Herr«, sagte er und trank stehend sein Glas Wein aus.

»Was fällt Ihnen denn ein?«

»Bitt schön, Euer Gnaden; i bin schon wieder da.«

Er eilte ein wenig schwankend zu den Pferden. »Wohin fahr'n mer denn, Euer Gnaden?«

»Prater – Lusthaus.«

Der junge Mann stieg ein. Die junge Frau lehnte ganz versteckt, beinahe zusammengekauert, in der Ecke unter dem aufgestellten Dach.

Franz faßte ihre beiden Hände. Sie blieb regungslos. – »Willst du mir nicht wenigstens guten Abend sagen?«

»Ich bitt dich; laß mich nur einen Moment, ich bin noch ganz atemlos.«

Der junge Mann lehnte sich in seine Ecke. Beide schwiegen eine Weile. Der Wagen war in die Praterstraße eingebogen, fuhr an dem Tegethoff-Monument vorüber, und nach wenigen Sekunden flog er die breite, dunkle Prateralle hin. Jetzt umschlang Emma plötzlich mit beiden Armen den Geliebten. Er schob leise den Schleier zurück, der ihn noch von ihren Lippen trennte, und küßte sie.

»Bin ich endlich bei dir!« sagte sie.

»Weißt du denn, wie lang wir uns nicht gesehen haben?« rief er aus.

»Seit Sonntag.«

»Ja, und da auch nur von weitem.«

»Wieso? Du warst ja bei uns.«

»Nun ja... bei euch. Ah, das geht so nicht fort. Zu euch komm' ich überhaupt nie wieder. Aber was hast du denn?«

»Es ist ein Wagen an uns vorbeigefahren.«

»Liebes Kind, die Leute, die heute im Prater spazierenfahren, kümmern sich wahrhaftig nicht um uns.«

»Das glaub' ich schon. Aber zufällig kann einer hereinschaun.«

»Es ist unmöglich, jemanden zu erkennen.«

»Ich bitt dich, fahren wir woanders hin.«

»Wie du willst.«

Er rief dem Kutscher, der aber nicht zu hören schien. Da beugte er sich vor und berührte ihn mit der Hand. Der Kutscher wandte sich um.

»Sie sollen umkehren. Und warum hauen Sie denn so auf die Pferde ein? Wir haben ja gar keine Eile, hören Sie! Wir fahren in die... wissen Sie, die Allee, die zur Reichsbrücke führt.«

»Auf die Reichsstraßen?«

»Ja, aber rasen Sie nicht so, das hat ja gar keinen Sinn.«

»Bitt schön, gnä' Herr, der Sturm, der macht die Rösser so wild.«

»Ah freilich, der Sturm.« Franz setzte sich wieder.

Der Kutscher wandte die Pferde. Sie fuhren zurück.

»Warum habe ich dich gestern nicht gesehen?« fragte sie.

»Wie hätt' ich denn können?«

»Ich dachte, du warst auch bei meiner Schwester geladen.«

»Ach so.«

»Warum warst du nicht dort?«

»Weil ich es nicht vertragen kann, mit dir unter anderen Leuten zusammenzusein. Nein, nie wieder.«

Sie zuckte die Achseln.

»Wo sind wir denn?« fragte sie dann.

Sie fuhren unter der Eisenbahnbrücke in die Reichsstraße ein.

»Da geht's zur großen Donau«, sagte Franz, »wir sind auf dem Weg zur Reichsbrücke. Hier gibt es keine Bekannten!« setzte er spöttisch hinzu.

»Der Wagen schüttelt entsetzlich.«

»Ja, jetzt sind wir wieder auf Pflaster.«

»Warum fährt er so im Zickzack?«

»Es scheint dir so.«

Aber er fand selbst, daß der Wagen sie heftiger als nötig hin und her warf. Er wollte nichts davon sagen, um sie nicht noch ängstlicher zu machen.

»Ich habe heute viel und ernst mit dir zu reden, Emma.«

»Da mußt du bald anfangen, denn um neun muß ich zu Hause sein.«

»In zwei Worten kann alles entschieden sein.«

»Gott, was ist denn das?«... schrie sie auf. Der Wagen war in ein Pferdebahngeleise geraten und machte jetzt, als der Kutscher herauswenden wollte, eine so scharfe Biegung, daß er fast zu stürzen drohte. Franz packte den Kutscher beim Mantel. »Halten Sie«, rief er ihm zu. »Sie sind ja betrunken.«

Der Kutscher brachte die Pferde mühsam zum Stehen. »Aber gnä' Herr . . .«

»Komm, Emma, steigen wir hier aus.«

»Wo sind wir?«

»Schon an der Brücke. Es ist auch jetzt nicht mehr gar so stürmisch. Gehen wir ein Stückchen. Man kann während des Fahrens nicht ordentlich reden.«

Emma zog den Schleier herunter und folgte.

»Nicht stürmisch nennst du das?« rief sie aus, als ihr gleich beim Aussteigen ein Windstoß entgegenfuhr.

Er nahm ihren Arm. »Nachfahren«, rief er dem Kutscher zu.

Sie spazierten vorwärts. So lang die Brücke allmählich anstieg, sprachen sie nichts; und als sie beide das Wasser unter sich rauschen hörten, blieben sie eine Weile stehen. Tiefes Dunkel war um sie. Der breite Strom dehnte sich grau und in unbestimmten Grenzen hin, in der Ferne sahen sie rote Lichter, die über dem Wasser zu schweben schienen und sich darin spiegelten. Von dem Ufer her, das die beiden eben verlassen hatten, senkten sich zitternde Lichtstreifen ins Wasser; jenseits war es, als verlöre sich der Strom in die schwarzen Auen. Jetzt schien ein ferneres Donnern zu ertönen, das immer näher kam; unwillkürlich sahen sie beide nach der Stelle, wo die roten Lichter schimmerten; Bahnzüge mit hellen Fenstern rollten zwischen eisernen Bogen hin, die plötzlich aus der Nacht hervorzuwachsen und gleich wieder zu versinken schienen. Der Donner verlor sich allmählich, es wurde still; nur der Wind kam in plötzlichen Stößen.

Nach langem Schweigen sagte Franz: »Wir sollten fort.«

»Freilich«, erwiderte Emma leise.

»Wir sollten fort«, sagte Franz lebhaft, »ganz fort, mein' ich . . .«

»Es geht ja nicht.«

»Weil wir feig sind, Emma; darum geht es nicht.«

»Und mein Kind?«

»Er würde es dir lassen, ich bin fest überzeugt.«

»Und wie?« fragte sie leise... »Davonlaufen bei Nacht und Nebel?«

»Nein, durchaus nicht. Du hast nichts zu tun, als ihm einfach zu sagen, daß du nicht länger bei ihm leben kannst, weil du einem andern gehörst.«

»Bist du bei Sinnen, Franz?«

»Wenn du willst, erspar' ich dir auch das – ich sag' es ihm selber.«

»Das wirst du nicht tun, Franz.«

Er versuchte, sie anzusehen; aber in der Dunkelheit konnte er nicht mehr bemerken, als daß sie den Kopf erhoben und zu ihm gewandt hatte.

Er schwieg eine Weile. Dann sagte er ruhig: »Hab' keine Angst, ich werde es nicht tun.«

Sie näherten sich dem anderen Ufer.

»Hörst du nichts?« sagte sie. »Was ist das?«

»Es kommt von drüben«, sagte er.

Langsam rasselte es aus dem Dunkel hervor; ein kleines rotes Licht schwebte ihnen entgegen; bald sahen sie, daß es von einer kleinen Laterne kam, die an der vorderen Deichsel eines Landwagens befestigt war; aber sie konnten nicht sehen, ob der Wagen beladen war und ob Menschen mitfuhren. Gleich dahinter kamen noch zwei gleiche Wagen. Auf dem letzten konnten sie einen Mann in Bauerntracht gewahren, der eben seine Pfeife anzündete. Die Wagen fuhren vorbei. Dann hörten sie wieder nichts als das dumpfe Geräusch des Fiakers, der zwanzig Schritte hinter ihnen langsam weiterrollte. Jetzt senkte sich die Brücke leicht gegen das andere Ufer. Sie sahen, wie die Straße vor ihnen zwischen Bäumen ins Finstere weiterlief. Rechts und links von ihnen lagen in der Tiefe die Auen; sie sahen wie in Abgründe hinein.

Nach langem Schweigen sagte Franz plötzlich: »Also das letztemal...«

»Was?« fragte Emma in besorgtem Ton.

»– Daß wir zusammen sind. Bleib' bei ihm. Ich sag' dir Adieu.«

»Sprichst du im Ernst?«

»Vollkommen.«

»Siehst du, daß du es bist, der uns immer die paar Stunden verdirbt, die wir haben; nicht ich!«

»Ja, ja, du hast recht«, sagte Franz. »Komm, fahren wir zurück.«

Sie nahm seinen Arm fester. »Nein«, sagte sie zärtlich, »jetzt will ich nicht. Ich laß' mich nicht so fortschicken.«

Sie zog ihn zu sich herab und küßte ihn lang. »Wohin kämen wir«, fragte sie dann, »wenn wir hier immer weiterführen?«

»Da geht's direkt nach Prag, mein Kind.«

»So weit nicht«, sagte sie lächelnd, »aber noch ein bißchen weiter da hinaus, wenn du willst.« Sie wies ins Dunkle.

»He, Kutscher!« rief Franz. Der hörte nichts.

Franz schrie: »Halten Sie doch!«

Der Wagen fuhr immer weiter. Franz lief ihm nach. Jetzt sah er, daß der Kutscher schlief. Durch heftiges Anschreien weckte ihn Franz auf. »Wir fahren noch ein kleines Stück weiter – die gerade Straße – verstehen Sie mich?«

»Is' schon gut, gnä' Herr . . .«

Emma stieg ein; nach ihr Franz. Der Kutscher hieb mit der Peitsche drein; wie rasend flogen die Pferde über die aufgeweichte Straße hin. Aber die beiden im Wagen hielten einander fest umarmt, während der Wagen sie hin- und herwarf.

»Ist das nicht auch ganz schön«, flüsterte Emma ganz nahe an seinem Munde.

In diesem Augenblick war ihr, als flöge der Wagen plötzlich in die Höhe – sie fühlte sich fortgeschleudert, wollte sich an etwas klammern, griff ins Leere; es schien ihr, als drehe sie sich mit rasender Geschwindigkeit im Kreise herum, so daß sie die Augen schließen mußte – und plötzlich fühlte sie sich auf dem Boden liegen, und eine ungeheure schwere Stille brach herein, als wenn sie fern von aller Welt und völlig ein-

sam wäre. Dann hörte sie verschiedenes durcheinander: Geräusch von Pferdehufen, die ganz in ihrer Nähe auf den Boden schlugen, ein leises Wimmern; aber sehen konnte sie nichts. Jetzt faßte sie eine tolle Angst; sie schrie; ihre Angst ward noch größer, denn sie hörte ihr Schreien nicht. Sie wußte plötzlich ganz genau, was geschehen war: der Wagen war an irgend etwas gestoßen, wohl an einen der Meilensteine, hatte umgeworfen, und sie waren herausgestürzt. Wo ist er? war ihr nächster Gedanke. Sie rief seinen Namen. Und sie hörte sich rufen, ganz leise zwar, aber sie hörte sich. Es kam keine Antwort. Sie versuchte, sich zu erheben. Es gelang ihr so weit, daß sie auf den Boden zu sitzen kam, und als sie mit den Händen ausgriff, fühlte sie einen menschlichen Körper neben sich. Und nun konnte sie auch die Dunkelheit mit ihrem Auge durchdringen. Franz lag neben ihr, völlig regungslos. Sie berührte mit der ausgestreckten Hand sein Gesicht; sie fühlte etwas Feuchtes und Warmes darüberfließen. Ihr Atem stockte. Blut...? Was war da geschehen? Franz war verwundet und bewußtlos. Und der Kutscher – wo war er denn? Sie rief nach ihm. Keine Antwort. Noch immer saß sie auf dem Boden. Mir ist nichts geschehen, dachte sie, obwohl sie Schmerzen in allen Gliedern fühlte. Was tu' ich nur, was tu' ich nur ... es ist doch nicht möglich, daß mir gar nichts geschehen ist. »Franz!« rief sie. Eine Stimme antwortete ganz in der Nähe: »Wo sind S' denn, gnä' Fräul'n, wo ist der gnä' Herr? Es ist doch nix g'schehn? Warten S' Fräulein – i zünd' nur die Latern' an, daß wir was sehn; i weiß net, was die Krampen heut hab'n. Ich bin net Schuld, meiner Seel' ... in ein' Schoderhaufen sein s' hinein, die verflixten Rösser.«
Emma hatte sich, trotzdem ihr alle Glieder weh taten, vollkommen aufgerichtet, und daß dem Kutscher nichts geschehen war, machte sie ein wenig ruhiger. Sie hörte, wie der Mann die Laternenklappe öffnete und Streichhölzchen anrieb. Angstvoll wartete sie auf das Licht. Sie wagte es nicht, Franz noch einmal zu berühren, der vor ihr auf dem Boden lag; sie

dachte: wenn man nichts sieht, scheint alles furchtbarer; er hat gewiß die Augen offen . . . es wird nichts sein.

Ein Lichtschimmer kam von der Seite. Sie sah plötzlich den Wagen, der aber zu ihrer Verwunderung nicht auf dem Boden lag, sondern nur schief gegen den Straßengraben zu gestellt war, als wäre ein Rad gebrochen. Die Pferde standen vollkommen still. Das Licht näherte sich; sie sah den Schein allmählich über einen Meilenstein, über den Schotterhaufen in den Graben gleiten; dann kroch er auf die Füße Franzens, glitt über seinen Körper, beleuchtete sein Gesicht und blieb darauf ruhen. Der Kutscher hatte die Laterne auf den Boden gestellt; gerade neben den Kopf des Liegenden. Emma ließ sich auf die Knie nieder, und es war ihr, als hörte ihr Herz zu schlagen auf, wie sie das Gesicht erblickte. Es war blaß; die Augen halb offen, so daß sie nur das Weiße von ihnen sah. Von der rechten Schläfe rieselte langsam ein Streifen Blut über die Wange und verlor sich unter dem Kragen am Halse. In die Unterlippe waren die Zähne gebissen. »Es ist ja nicht möglich!« sagte Emma vor sich hin.

Auch der Kutscher war niedergekniet und starrte das Gesicht an. Dann packte er mit beiden Händen den Kopf und hob ihn in die Höhe. »Was machen Sie?« schrie Emma mit erstickter Stimme, und erschrak vor diesem Kopf, der sich selbständig aufzurichten schien.

»Gnä' Fräul'n, mir scheint, da ist ein großes Malheur gescheh'n.«

»Es ist nicht wahr«, sagte Emma. »Es kann nicht sein. Ist denn Ihnen was geschehen? Und mir . . .«

Der Kutscher ließ den Kopf des Regungslosen wieder langsam sinken – in den Schoß Emmas, die zitterte. »Wenn nur wer käm' . . . wenn nur die Bauersleut' eine Viertelstund' später daher'kommen wären . . .«

»Was sollen wir denn machen?« sagte Emma mit bebenden Lippen.

»Ja, Fräul'n wenn der Wagen net brochen wär' . . . aber so, wie er jetzt zug'richt ist . . . Wir müssen halt warten, bis wer kommt.« Er redete noch weiter, ohne daß Emma seine Worte auffaßte; aber während dem war es ihr, als käme sie zur Besinnung, und sie wußte, was zu tun war.

»Wie weit ist's bis zu den nächsten Häusern?« fragte sie.

»Das ist nimmer weit, Fräul'n, da ist ja gleich das Franz Josefsland... Wir müßten die Häuser sehen, wenn's licht wär', in fünf Minuten müßte man dort sein.«

»Gehen Sie hin. Ich bleibe da, holen Sie Leute.«

»Ja, Fräul'n, ich glaub' schier, es ist g'scheiter, ich bleib' mit Ihnen da – es kann ja nicht so lang dauern, bis wer kommt, es ist ja schließlich die Reichsstraße, und –«

»Da wird's zu spät, da kann's zu spät werden. Wir brauchen einen Doktor.«

Der Kutscher sah auf das Gesicht des Regungslosen, dann schaute er kopfschüttelnd Emma an.

»Das können Sie nicht wissen«, – rief Emma, »und ich auch nicht.«

»Ja, Fräul'n... aber wo find'i denn ein' Doktor im Franz Josefsland?«

»So soll von dort jemand in die Stadt und –«

»Fräul'n, wissen's was! I denk' mir, die werden dort vielleicht ein Telephon haben. Da könnten wir um die Rettungsgesellschaft telephonieren.«

»Ja, das ist das Beste! Gehen Sie nur, laufen Sie, um Himmels willen! Und Leute bringen Sie mit... Und... bitt' Sie, gehen Sie nur, was tun Sie denn noch da?«

Der Kutscher schaute in das blasse Gesicht, das nun auf Emmas Schoß ruhte. »Rettungsgesellschaft, Doktor, wird nimmer viel nützen.«

»Gehen Sie! Um Gottes willen! Gehen Sie!«

»I geh' schon – daß S' nur nicht Angst kriegen, Fräul'n, da in der Finstern.« Und er eilte rasch über die Straße fort. »I kann nix dafür, meiner Seel«, murmelte er vor sich hin. »Ist auch eine Idee, mitten in der Nacht auf die Reichsstraßen...«

Emma war mit dem Regungslosen allein auf der dunklen Straße. »Was jetzt?« dachte sie. Es ist doch nicht möglich... das

ging ihr immer wieder durch den Kopf ... es ist ja nicht möglich. – Es war ihr plötzlich, als hörte sie neben sich atmen. Sie beugte sich herab zu den blassen Lippen. Nein, von da kam kein Hauch. Das Blut an Schläfe und Wangen schien getrocknet zu sein. Sie starrte die Augen an; die gebrochenen Augen, und bebte zusammen. Ja, warum glaube ich es denn nicht – es ist ja gewiß ... das ist der Tod! Und es durchschauerte sie. Sie fühlte nurmehr: ein Toter. Ich und ein Toter, der Tote auf meinem Schoß. Und mit zitternden Händen rückte sie den Kopf weg, so daß er wieder auf den Boden zu liegen kam. Und jetzt erst kam ein Gefühl entsetzlicher Verlassenheit über sie. Warum hatte sie den Kutscher weggeschickt? Was für ein Unsinn! Was soll sie denn da auf der Landstraße mit dem toten Manne allein anfangen? Wenn Leute kommen ... Ja, was soll sie denn tun, wenn Leute kommen? Wie lang wird sie hier warten müssen? Und sie sah wieder den Toten an. Ich bin nicht allein mit ihm, fiel ihr ein. Das Licht ist ja da. Und es kam ihr vor, als wäre dieses Licht etwas Liebes und Freundliches, dem sie danken müßte. Es war mehr Leben in dieser kleinen Flamme, als in der ganzen weiten Nacht um sie; ja, es war ihr fast, als sei ihr dieses Licht ein Schutz gegen den blassen fürchterlichen Mann, der neben ihr auf dem Boden lag ... Und sie sah in das Licht so lang, bis ihr die Augen flimmerten, bis es zu tanzen begann. Und plötzlich hatte sie das Gefühl, als wenn sie erwachte. Sie sprang auf! Das geht ja nicht, das ist ja unmöglich, man darf mich doch nicht hier mit ihm finden ... Es war ihr, als sähe sie sich jetzt selbst auf der Straße stehen, zu ihren Füßen den Toten und das Licht; und sie sah sich, als ragte sie in sonderbarer Größe in die Dunkelheit hinein. Worauf wart' ich, dachte sie, und ihre Gedanken jagten ... Worauf wart' ich? Auf die Leute? – Was brauchen mich denn die? Die Leute werden kommen und fragen ... und ich ... was tu' ich denn hier? Alle werden fragen, wer ich bin. Was soll ich ihnen antworten? Nichts. Kein Wort werd' ich reden, wenn sie kommen, schweigen werd' ich. Kein Wort ... sie können mich ja nicht zwingen.
Stimmen kamen von weitem.

Schon? dachte sie. Sie lauschte angstvoll. Die Stimmen kamen von der Brücke her. Das konnten also nicht die Leute sein, die der Kutscher geholt hatte. Aber wer immer sie waren – jedenfalls werden sie das Licht bemerken – und das durfte nicht sein, dann war sie entdeckt.

Und sie stieß mit dem Fuß die Laterne um. Die verlöschte. Nun stand sie in tiefer Finsternis. Nichts sah sie. Auch ihn sah sie nicht mehr. Nur der weiße Schotterhaufen glänzte ein wenig. Die Stimmen kamen näher. Sie begann am ganzen Körper zu zittern. Nur hier nicht entdeckt werden. Um Himmels willen, das ist ja das einzige Wichtige, nur auf das und auf gar nichts anderes kommt es an – sie ist ja verloren, wenn ein Mensch erfährt, daß sie die Geliebte von... Sie faltet die Hände krampfhaft. Sie betet, daß die Leute auf der anderen Seite der Straße vorübergehen mögen, ohne sie zu bemerken. Sie lauscht. Ja von drüben... Was reden Sie doch?... Es sind zwei Frauen oder drei. Sie haben den Wagen bemerkt, denn sie reden etwas davon, sie kann Worte unterscheiden. Ein Wagen... umgefallen... was sagen sie sonst? Sie kann es nicht verstehen. Sie gehen weiter... sie sind vorüber... Gott sei Dank! Und jetzt, was jetzt? Oh, warum ist sie nicht tot wie er? Er ist zu beneiden, für ihn ist alles vorüber... für ihn gibt es keine Gefahr mehr und keine Furcht. Sie aber zittert vor vielem. Sie fürchtet, daß man sie hier finden, daß man sie fragen wird: wer sind Sie?... Daß sie mit auf die Polizei muß, daß alle Menschen es erfahren werden, daß ihr Mann – daß ihr Kind –

Und sie begreift nicht, daß sie so lange schon dagestanden ist wie angewurzelt... Sie kann ja fort, sie nützt ja keinem hier, und sich selbst bringt sie ins Unglück. Und sie macht einen Schritt... Vorsichtig... sie muß durch den Straßengraben... hinüber... einen Schritt hinauf – oh, er ist so seicht! – und noch zwei Schritte, bis sie in der Mitte der Straße ist... und dann steht sie einen Augenblick still, sieht vor sich hin und kann den grauen Weg ins Dunkle hinein verfolgen. Dort – dort ist die Stadt. Sie kann nichts von ihr sehen... aber die

60

Richtung ist ihr klar. Noch einmal wendet sie sich um. Es ist ja gar nicht so dunkel. Sie kann den Wagen ganz gut sehn; auch die Pferde... und wenn sie sich sehr anstrengt, merkt sie auch etwas wie die Umrisse eines menschlichen Körpers, der auf dem Boden liegt. Sie reißt die Augen weit auf, es ist ihr, als hielte sie etwas hier zurück... der Tote ist es, der sie hier behalten will, und es graut sie vor seiner Macht... Aber gewaltsam macht sie sich frei, und jetzt merkt sie: der Boden ist zu feucht; sie steht auf der glitschigen Straße, und der nasse Staub hat sie nicht fortgelassen. Nun aber geht sie... geht rascher... läuft... und fort von da... zurück... in das Licht, in den Lärm, zu den Menschen! Die Straße läuft sie entlang, hält das Kleid hoch, um nicht zu fallen. Der Wind ist ihr im Rücken, es ist, als wenn er sie vorwärts triebe. Sie weiß nicht mehr recht, wovor sie flieht. Es ist ihr, als ob sie vor dem bleichen Manne fliehen müßte, der dort, weit hinter ihr, neben dem Straßengraben liegt... dann fällt ihr ein, daß sie ja den Lebendigen entkommen will, die gleich dort sein und sie suchen werden. Was werden die denken? Wird man ihr nicht nach? Aber man kann sie nicht mehr einholen, sie ist ja gleich bei der Brücke, sie hat einen großen Vorsprung, und dann ist die Gefahr vorbei. Man kann ja nicht ahnen, wer sie ist, keine Seele kann ahnen, wer die Frau war, die mit jenem Mann über die Reichsstraße gefahren ist. Der Kutscher kennt sie nicht, er wird sie auch nicht erkennen, wenn er sie später einmal sieht. Man wird sich auch nicht darum kümmern, wer sie war. Wen geht es an? – Es ist sehr klug, daß sie nicht dort geblieben ist, es ist auch nicht gemein. Franz selbst hätte ihr recht gegeben. Sie muß ja nach Haus, sie hat ein Kind, sie hat einen Mann, sie wäre ja verloren, wenn man sie dort bei ihrem toten Geliebten gefunden hätte. Da ist die Brücke, die Straße scheint heller... ja, schon hört sie das Wasser rauschen wie früher; sie ist da, wo sie mit ihm Arm in Arm gegangen – wann – wann? Vor wieviel Stunden? Es kann noch nicht lange sein. Nicht lang? Vielleicht doch! Vielleicht war sie lange bewußtlos, vielleicht ist es längst Mitternacht, vielleicht ist der Morgen schon nahe, und sie wird daheim schon vermißt. Nein, nein, das ist ja nicht möglich, sie weiß, daß sie gar nicht bewußtlos war; sie erinnert sich jetzt genauer als im ersten Augenblick, wie sie aus dem Wagen gestürzt und gleich über alles im klaren gewesen ist. Sie läuft über die Brücke und hört ihre Schritte hallen. Sie sieht nicht nach rechts und links. Jetzt bemerkt sie, wie eine Gestalt ihr entgegenkommt. Sie mäßigt ihre Schritte. Wer kann das sein, der ihr entgegenkommt? Es ist jemand in Uniform. Sie geht ganz langsam. Sie darf nicht auffallen. Sie glaubt zu merken, daß der Mann den Blick fest auf sie gerichtet hält. Wenn er sie fragt? Sie ist neben ihm, erkennt die Uniform; es ist ein Sicherheitswachmann; sie geht an ihm vorüber. Sie hört, daß er hinter ihr stehengeblieben ist. Mit Mühe hält sie sich davon zurück, wieder zu laufen; es wäre verdächtig. Sie geht noch immer so langsam wie früher. Sie hört das Geklingel der Pferdeeisenbahn. Es kann noch lang nicht Mitternacht sein. Jetzt geht sie wieder schneller; sie eilt der Stadt entgegen, deren Lichter sie schon unter dem Eisenbahnviadukt am Ausgang der Straße entgegenschimmern sieht, deren gedämpften Lärm sie schon zu vernehmen glaubt. Noch diese einsame Straße, und dann ist die Erlösung da. Jetzt hört sie von weitem schrille Pfiffe, immer schriller, immer näher; ein Wagen saust an ihr vorüber. Unwillkürlich bleibt sie stehen und sieht ihm nach. Es ist der Wagen der Rettungsgesellschaft. Sie weiß, wohin er fährt. Wie schnell! denkt sie . . . Es ist wie Zauberei. Einen Moment lang ist ihr, als müßte sie den Leuten nachrufen, als müßte sie mit, als müßte sie wieder dahin zurück, woher sie gekommen – einen Moment lang packt sie eine ungeheure Scham, wie sie sie nie empfunden; und sie weiß, daß sie feig und schlecht gewesen ist. Aber wie sie das Rollen und Pfeifen immer ferner verklingen hört, kommt eine wilde Freude über sie, und wie eine Gerettete eilt sie vorwärts. Leute kommen ihr entgegen; sie hat keine Angst mehr vor ihnen – das Schwerste ist überstanden. Der Lärm der Stadt wird deutlich, immer lichter wird es vor ihr;

schon sieht sie die Häuserzeile der Praterstraße, und es ist ihr, als werde sie dort von einer Flut von Menschen erwartet, in der sie spurlos verschwinden darf. Wie sie jetzt zu einer Straßenlaterne kommt, hat sie schon die Ruhe, auf ihre Uhr zu sehen. Es ist zehn Minuten vor Neun. Sie hält die Uhr ans Ohr – sie ist nicht stehengeblieben. Und sie denkt: ich bin lebendig, gesund... sogar meine Uhr geht... und er... er... tot... Schicksal... Es ist ihr, als wäre ihr alles verziehen... als wäre nie irgendeine Schuld auf ihrer Seite gewesen. Es hat sich erwiesen, ja es hat sich erwiesen. Sie hört, wie sie diese Worte laut spricht. Und wenn es das Schicksal anders bestimmt hätte? – Und wenn sie jetzt dort im Graben läge und er am Leben geblieben wäre? Er wäre nicht geflohen, nein... er nicht. Nun ja, er ist ein Mann. Sie ist ein Weib – und sie hat ein Kind und einen Gatten. – Sie hat recht gehabt, – es ist ihre Pflicht – ja ihre Pflicht. Sie weiß ganz gut, daß sie nicht aus Pflichtgefühl so gehandelt... Aber sie hat doch das Rechte getan. Unwillkürlich... wie... gute Menschen immer. Jetzt wäre sie schon entdeckt. Jetzt würden die Ärzte sie fragen. Und Ihr Mann, gnädige Frau? O Gott!... Und die Zeitungen morgen – und die Familie – sie wäre für alle Zeit vernichtet gewesen und hätte ihn doch nicht zum Leben erwecken können. Ja, das war die Hauptsache; für nichts hätte sie sich zu Grunde gerichtet. – Sie ist unter der Eisenbahnbrücke. – Weiter... weiter... Hier ist die Tegethoffsäule, wo die vielen Straßen ineinander laufen. Es sind heute, an dem regnerischen, windigen Herbstabend wenig Leute mehr im Freien, aber ihr ist es, als brause das Leben der Stadt mächtig um sie; denn woher sie kommt, dort war die fürchterlichste Stille. Sie hat Zeit. Sie weiß, daß ihr Mann heute erst gegen zehn nach Hause kommen wird – sie kann sich sogar noch umkleiden. Jetzt fällt es ihr ein, ihr Kleid zu betrachten. Mit Schrecken merkt sie, daß es über und über beschmutzt ist. Was wird sie dem Stubenmädchen sagen? Es fährt ihr durch den Kopf, daß morgen die Geschichte von dem Unglücksfall in allen Zeitungen zu lesen sein wird.

Auch von einer Frau, die mit im Wagen war, und die dann nicht mehr zu finden war, wird überall zu lesen stehen, und bei diesem Gedanken bebt sie von neuem – *eine* Unvorsichtigkeit, und all ihre Feigheit war umsonst. Aber sie hat den Wohnungsschlüssel bei sich; sie kann ja selbst aufsperren; – sie wird sich nicht hören lassen. Sie steigt rasch in einen Fiaker. Schon will sie ihm ihre Adresse angeben, da fällt ihr ein, daß das vielleicht unklug wäre, und sie ruft ihm irgendeinen Straßennamen zu, der ihr eben einfällt. Wie sie durch die Praterstraße fährt, möchte sie gern irgend etwas empfinden, aber sie kann es nicht; sie fühlt, daß sie nur einen Wunsch hat: zu Hause, in Sicherheit sein. Alles andere ist ihr gleichgültig. Im Augenblick, da sie sich entschlossen hat, den Toten allein auf der Straße liegen zu lassen, hat alles in ihr verstummen müssen, was um ihn klagen und jammern wollte. Sie kann jetzt nichts mehr empfinden als Sorge um sich. Sie ist ja nicht herzlos... o nein!... sie weiß ganz gewiß, es werden Tage kommen, wo sie verzweifeln wird; vielleicht wird sie daran zu Grunde gehen; aber jetzt ist nichts in ihr als die Sehnsucht, mit trockenen Augen und ruhig zu Hause am selben Tisch mit ihrem Gatten und ihrem Kinde zu sitzen. Sie sieht durchs Fenster hinaus. Der Wagen fährt durch die innere Stadt; hier ist es hell erleuchtet, und ziemlich viele Menschen eilen vorbei. Da ist ihr plötzlich, als könne alles, was sie in den letzten Stunden durchlebt, gar nicht wahr sein. Wie ein böser Traum erscheint es ihr... unfaßbar als Wirkliches, Unabänderliches. In einer Seitengasse nach dem Ring läßt sie den Wagen halten, steigt aus, biegt rasch um die Ecke und nimmt dort einen andern Wagen, dem sie ihre richtige Adresse angibt. Es kommt ihr vor, als wäre sie jetzt überhaupt nicht mehr fähig, einen Gedanken zu fassen. Wo ist er jetzt, fährt es ihr durch den Sinn. Sie schließt die Augen, und sie sieht ihn vor sich auf einer Bahre liegen, im Krankenwagen – und plötzlich ist ihr, als sitze sie neben ihm und fahre mit ihm. Und der Wagen beginnt zu schwanken, und sie hat Angst, daß sie herausgeschleudert werde, wie damals – und sie schreit auf. Da hält

der Wagen. Sie fährt zusammen; sie ist vor ihrem Haustor. –
Rasch steigt sie aus, eilt durch den Flur, mit leisen Schritten,
so daß der Portier hinter seinem Fenster gar nicht aufschaut,
die Treppen hinauf, sperrt leise die Tür auf, um nicht gehört
zu werden... durchs Vorzimmer in ihr Zimmer – es ist gelungen! Sie macht Licht, wirft eilig ihre Kleider ab und ver-
birgt sie wohl im Schrank. Über Nacht sollen sie trocknen –
morgen will sie sie selber bürsten und reinigen. Dann wäscht
sie sich Gesicht und Hände und nimmt einen Schlafrock
um.
Jetzt klingelt es draußen. Sie hört das Stubenmädchen an die
Wohnungstür kommen und öffnen. Sie hört die Stimme ihres Mannes; sie hört, wie er den Stock hinstellt. Sie fühlt, daß
sie jetzt stark sein müsse, sonst kann noch immer alles vergeblich gewesen sein. Sie eilt ins Speisezimmer, so daß sie im
selben Augenblick eintritt wie ihr Gatte.
»Ah, du bist schon zu Hause?« sagte er.
»Gewiß«, antwortete sie, »schon lang.«
»Man hat dich offenbar nicht kommen gesehn.« Sie lächelt,
ohne sich dazu zwingen zu müssen. Es macht sie nur sehr
müde, daß sie auch lächeln muß. Er küßt sie auf die Stirn.
Der Kleine sitzt schon bei Tisch; er hat lang warten müssen,
ist eingeschlafen. Auf dem Teller hat er sein Buch liegen, auf
dem offenen Buch ruht sein Gesicht. Sie setzt sich neben ihn,
der Gatte ihr gegenüber, nimmt eine Zeitung und wirft einen
flüchtigen Blick hinein. Dann legt er sie weg und sagt: »Die
anderen sitzen noch zusammen und beraten weiter.«
»Worüber?« fragt sie.
Und er beginnt zu erzählen, von der heutigen Sitzung, sehr
lang, sehr viel. Emma tut, als höre sie zu, nickt zuweilen.
Aber sie hört nichts, sie weiß nicht, was er spricht, es ist ihr
zu Mute, wie einem, der furchtbaren Gefahren auf wunderbare Weise entronnen... sie fühlt nichts als: Ich bin gerettet,
ich bin daheim. Und während ihr Mann immer weiter erzählt, rückt sie ihren Sessel näher zu ihrem Jungen, nimmt
seinen Kopf und drückt ihn an ihre Brust. Eine unsägliche

Müdigkeit überkommt sie – sie kann sich nicht beherrschen, sie fühlt, daß der Schlummer über sie kommt; sie schließt die Augen.

Plötzlich fährt ihr eine Möglichkeit durch den Sinn, an die sie seit dem Augenblick, da sie sich aus dem Graben erhoben hat, nicht mehr gedacht. Wenn er nicht tot wäre! Wenn er... Ach nein, es war kein Zweifel möglich... Diese Augen... dieser Mund – und dann... kein Hauch von seinen Lippen. – Aber es gibt ja den Scheintod. Es gibt Fälle, wo sich geübte Blicke irren. Und sie hat gewiß keinen geübten Blick. Wenn er lebt, wenn er schon wieder zu Bewußtsein gekommen ist, wenn er sich plötzlich mitten in der Nacht auf der Landstraße allein gefunden... wenn er nach ihr ruft... ihren Namen... wenn er am Ende fürchtet, sie sei verletzt... wenn er den Ärzten sagt, hier war eine Frau, sie muß weiter weggeschleudert worden sein. Und... und... ja, was dann? Man wird sie suchen. Der Kutscher wird zurückkommen vom Franz Josefsland mit Leuten... er wird erzählen... die Frau war ja da, wie ich fortgegangen bin – und Franz wird ahnen. Franz wird wissen... er kennt sie ja so gut... er wird wissen, daß sie davongelaufen ist, und ein gräßlicher Zorn wird ihn erfassen, und er wird ihren Namen nennen, um sich zu rächen. Denn er ist ja verloren... und es wird ihn so tief erschüttern, daß sie ihn in seiner letzten Stunde allein gelassen, daß er rücksichtslos sagen wird: Es war Frau Emma, meine Geliebte... feig und dumm zugleich, denn nicht wahr, meine Herren Ärzte, Sie hätten sie gewiß nicht um ihren Namen gefragt, wenn man Sie um Diskretion ersucht hätte. Sie hätten sie ruhig gehen lassen, und ich auch, o ja – nur hätte sie dableiben müssen, bis Sie gekommen sind. Aber da sie so schlecht gewesen ist, sag' ich Ihnen, wer sie ist... es ist... Ah!

»Was hast du?« sagt der Professor sehr ernst, indem er aufsteht.

»Was... wie?... Was ist?«

»Ja, was ist dir denn?«

»Nichts.« Sie drückte den Jungen fester an sich.

66

Der Professor sieht sie lang an. »Weißt du, daß du begonnen hast, einzuschlummern und –«

»Und?«

»Dann hast du plötzlich aufgeschrien.«

». . . So?«

»Wie man im Traum schreit, wenn man Alpdrücken hat. Hast du geträumt?«

»Ich weiß nicht. Ich weiß gar nichts.«

Und sich selbst gegenüber im Wandspiegel sieht sie ein Gesicht, das lächelt, grausam, und mit verzerrten Zügen. Sie weiß, daß es ihr eigenes ist, und doch schaudert ihr davor . . . Und sie merkt, daß es starr wird, sie kann den Mund nicht bewegen, sie weiß es: dieses Lächeln wird, solange sie lebt, um ihre Lippen spielen. Und sie versucht zu schreien. Da fühlt sie, wie sich zwei Hände auf ihre Schultern legen, und sie sieht, wie sich zwischen ihr eigenes Gesicht und das im Spiegel das Antlitz ihres Gatten drängt; seine Augen, fragend und drohend, senken sich in die ihren. Sie weiß: übersteht sie diese letzte Prüfung nicht, so ist alles verloren. Und sie fühlt, wie sie wieder stark wird, sie hat ihre Züge, ihre Glieder in der Gewalt; sie kann in diesem Augenblick mit ihnen anfangen, was sie will; aber sie muß ihn benützen, sonst ist es vorbei, und sie greift mit ihren beiden Händen nach denen ihres Gatten, die noch auf ihren Schultern liegen, zieht ihn zu sich; sieht ihn heiter und zärtlich an.

Und während sie die Lippen ihres Mannes auf ihrer Stirn fühlt, denkt sie: freilich . . . ein böser Traum. Er wird es niemandem sagen, wird sich nie rächen, nie . . . er ist tot . . . er ist ganz gewiß tot . . . und die Toten schweigen.

»Warum sagst du das?« hörte sie plötzlich die Stimme ihres Mannes. Sie erschrickt tief. »Was hab' ich denn gesagt?« Und es ist ihr, als habe sie plötzlich alles ganz laut erzählt . . . als habe sie die ganze Geschichte dieses Abends hier bei Tisch mitgeteilt . . . und noch einmal fragt sie, während sie vor seinem entsetzten Blick zusammenbricht: »Was hab' ich denn gesagt?«

»Die Toten schweigen«, wiederholt ihr Mann sehr langsam.

»Ja . . .«, sagt sie, »ja . . .«

Und in seinen Augen liest sie, daß sie ihm nichts mehr verbergen kann, und lange seh'n die beiden einander an. »Bring' den Buben zu Bett«, sagte er dann zu ihr; »ich glaube, du hast mir noch etwas zu erzählen . . .«

»Ja«, sagte sie.

Und sie weiß, daß sie diesem Manne, den sie durch Jahre betrogen hat, im nächsten Augenblick die ganze Wahrheit sagen wird.

Und während sie mit ihrem Jungen langsam durch die Tür schreitet, immer die Augen ihres Gatten auf sich gerichtet fühlend, kommt eine große Ruhe über sie, als würde vieles wieder gut ....

PETER ALTENBERG

Plauderei

Ich glaube, daß der »Steinhof« eine Oase ist für einige wenige Glückliche. Auserlesene der Menschheit, die irgendeinen sicheren, leicht zu durchschauenden, sogenannt »typischen« Irrsinn besitzen. Das weiß man doch ungefähr, wie und wo. Aber diese anderen vagieren in der Welt herum, erzeugen Unruhe, und man kann, man darf ihnen nicht beikommen. Zum Beispiel: Einer hat die fixe Idee, Gott habe die Welt erschaffen ausschließlich zu dem Zwecke, damit er Häuser baue ohne ornamentalen Schmuck. Ich bin auch für Häuser ohne ornamentalen Schmuck, da derselbe das Lebensglück nicht zu vermehren imstande ist; aber ich bin natürlich viel mehr für Häuser mit bequemen, billigen, abgeschlossenen Zimmern. Draußen an der Mauer mögen meinetwegen dann Karyatiden angepickt sein!
Wichtig ist doch nur das im Leben, was wirklich wichtig ist! Wichtig ist also ein Zimmer, in dem ich, von den Menschen ungestört, licht und luftig vegetieren kann; früher sagte man: »meinen Gedanken nachhängen kann«! Aber das war die blödromantische Periode. Ein Zimmer sei wie ein Feldmausloch, ein Grillenloch, ein Maulwurfsloch, husch, ich bin den Trotteln entronnen!
Ein Haus von außen ist vielleicht ein »erhebender Anblick«. Mir imponiert aber der graziöse leichtfüßige Gang eines unbekannten Mädchens mehr. Und da braucht man keine Architektenhonorare zu bezahlen und ihren schändlichen Größenwahn. »Kunst« ist etwas, was überwunden werden muß durch Natürlichkeit, durch Zweckmäßigkeit! Da stimme ich mit den modernen Schreihälsen überein. Kunst ist, nicht künstlich zu sein!
Die »moderne Photographie« besiegt den Maler, das »Kino«

besiegt den Dichter, »Simonsbrot« besiegt die Semmel und das »Grammophon« das Opernhaus! Die »Künstler« wehren sich gegen diese Störung ihres Broterwerbes, wollte sagen: Kaviar-Erwerbes. Sie sagen, das seien alles nur Aushilfsmittel für den Unbemittelten. Bravo, das soll es ja eben sein, ihr Hinaufgestapelten!

Mein lieber Caruso, ich habe dich im »Grammophon« genossen für fünfzig Heller. Und Asta Nielsen hat mir etwas vortragiert im »Kino«, für eine Krone, die Herr Dr. B. bezahlt hat für mich, und ich habe geweint wie ein Kind. Mehr kann man für eine nicht bezahlte Krone nicht verlangen! »Wer kein Geld hat, der bleibt z'Haus«, gilt heute nicht mehr.

Eier sind nahrhafter als Fleisch. Das ist heute der ganze Zug der Welt! Die Teuerung kann uns – – – nicht trübselig machen. Simonsbrot mit Butter und Emmentaler ersetzen jede Fleischnahrung. Uns kann man nicht drohen, daß Beefsteak unerschwinglich geworden sei. Wir – verzichten auf Beefsteak. Die Hygiene bringt uns »Hafermehl«.

Wenn man bedenkt, wieviel die Pferde mit einfacher Haferkost zustande bringen, ich meine, ausgenommen die Roßknödel!? Aber auch diese werden wieder von den herzigen, zutraulich-frechen Sperlingen als Delikatesse verzehrt. Es ist ein großer Wirrwarr in der Welt, und dennoch haspelt sich alles für den Weisen, das heißt, den allergrößten Idioten, in heiligen Gesetzen ab. Er sieht mit seinem, durch die Wissenschaft verblödeten Auge alles als naturgemäß, zweckdienlich und unvermeidlich an. Ich selbst aber halte die »Kunst« für unnötig, sobald es genug gescheite Menschen gibt, die dieselbe für ihr Lebensglück nicht dringend benötigen. Die »Kunstbedürfnisse« sind ein Irrsinn der Gesamtmenschheit. Man braucht Brot, Brot, Brot; einmal in der Woche ein laues Bad und frische Luft bei Tag und bei Nacht! »Kunst« ist, auf Kunst verzichten zu können! Aber das eben können die wenigsten! Diogenes konnte es, aber wie steht er da in der Geschichte?! Als Faß-Sitzer!

FRANZ WERFEL

Weißenstein, der Weltverbesserer

Europa 1911! Goldene Abendröte eines Zeitalters, dessen
schwerste Sorgen uns heute paradiesisch erscheinen. Aus den
Headlines der Zeitungen wehte kein Haß, sickerte kein Blut.
Die Welt ereiferte sich über eine neue Oper, ein kühnes Buch,
eine radikale Kunstanschauung. Die Sensationen rochen
noch nicht nach Vernichtung und Entrechtung von Millionen. Jene düsteren Psychosen, die man heute ›politische Ideologien‹ nennt, erfüllten vorerst die zerrauften Charakter-
köpfe einzelner Träumer, Narren und dilettierender Apostel.
Noch bewohnten die sozialen und nationalen Heilande, im
ungestörten Vollbesitz ihrer Defekte nicht die Reichskanz-
leien, sondern die Nachtasyle. Man begegnete ihnen in den
muffigen Stammlokalen politisierender Kleinbürger oder
bestenfalls in den Literatur-Cafés. Diese Cafés in Paris,
Wien, Berlin – sie trugen den Spottnamen Café Größenwahn
– waren nicht nur die Pflanzstätten der wechselnden
künstlerischen Moden, sondern mehr als das, sie gehörten zu
den geistigen Hexenküchen eines zukünftigen Grauens, das
nun Gegenwart geworden ist.
Unsere Geschichte beginnt in einem dieser Cafés. Es lag an
einer Straßenecke des geheimnisvollen Prag, dieser Stadt der
großen Türme, der schweren Schatten und ausgesuchten
Sonderlage. In meiner Jugend habe ich dieses Café sehr geliebt. Einen magnetischen Zauber übten auf mich die endlo-
sen Diskussionen im Zigarettendunst aus, jene äußerst gefährliche Atmosphäre aus Kameradschaft und Gehässigkeit
gemischt, aus rührender Hilfsbereitschaft und giftigstem kritischen Hochmut. Für jeden jungen Künstler war solch ein
›Café Größenwahn‹ die unerläßliche Feuerprobe, die er zu
bestehen hatte. Sie entschied über seine Zulassung zu dem

auserwählten Kreis derjenigen, die den ›Bourgeois‹ in sich
überwunden hatten. In ganz seltenen Fällen wurde das Café
zu einer amüsanten Vorhölle des Ruhmes, wobei freilich in
den Augen der Insassen der Ruhm als ein unverzeihlicher
Rückfall in das Bürgertum galt.

Damals, an einem nebligen Dezemberabend, saß ich mit
meinen Freunden in diesem Café, obwohl ich Soldat war. Ich
diente gerade als Korporal eines ›Kaiserlich-Königlichen Ar-
tillerieregimentes‹ mein Militärjahr ab. Vor wenigen Wochen
war mein erstes Buch im Druck erschienen, ein Band Gedichte unter dem Titel ›Der Weltfreund‹. Das Büchlein hatte
ein gewisses Aufsehen gemacht. (In meiner Vaterstadt Prag
war's ein ausgesprochen unliebsames Aufsehen.) Immerhin
besaß ich vor meinen gleichaltrigen Freunden den Vorsprung, ein ›gedruckter Autor‹ zu sein, von den Zeitungen
teils wohlwollend abgeklopft, teils höhnisch gemaßregelt.
Als einer, dem es bereits gelungen war, die bürgerliche Kritik
herauszufordern, bildete ich den Mittelpunkt unserer ju-
gendlichen Tafelrunde. Ich erinnere mich, daß wir an jenem
Dezemberabend über Dostojewski sprachen. An welchem
Abend, welcher Jahreszeit sprachen wir *nicht* über Dostojewski? Er war der Schutzheilige unserer Generation. Vielleicht war's gerade der ›Idiot‹, über den wir diskutierten, als
sich unserm Tisch eine Gestalt näherte, die diesem Buche
entsprungen zu sein schien. Ein sehr kleiner Mann war's, ein
Gnom, ein Heinzelmännchen von welker Haltung, jedoch
unzweifelhaft noch jung. Die Hände hielt er in sonderbarer
Art über den Bauch gekreuzt. Sie hingen schlaff herab wie
noch nicht ganz entwickelte Blätter. Den Kopf trug das
Heinzelmännchen gegen die rechte Schulter geneigt. Es war
ein Wasserkopf, so riesig, daß man ihn, um gerecht zu sein,
schon mit dem klinischen Ausdruck ›Hydrocephalus‹ bezeichnen mußte. Auf dem Gipfel der ungeheuer vorgewölb-
ten Stirn wuchs ein wenig krauses und zausiges Schwarzhaar.
Unter ganz dünnen Brauen schauten uns schöne dunkle
Augen erschrocken an. Ich habe nie wieder einen Blick ge-

sehen, in dem Angst, Begehrlichkeit und Melancholie so durchdringend zu einer Einheit legiert waren, nicht einmal bei Tieren. Den Gegensatz zu dem Riesenschädel und den traurigen Augen bildete der Mund, man muß schon sagen das Mündchen, mit kirschroten, herzförmig modellierten Kinderlippen. Freilich, wenn das Mündchen sich öffnete, wurden mehr Zahnlücken als Zähne sichtbar. Der Gnom umkreiste zweimal unseren Tisch. Immer schiefer sank der Kopf gegen die rechte Schulter. Offenbar war er viel zu schwer für den allzu dünnen Hals. Mir fiel der ebenso feierliche wie abgeschabte Cutaway auf, in dem die kleine Gestalt steckte wie in einem formlosen Sack. Das Gewand schien aus dem Besitz eines Riesen in den des Zwerges übergegangen zu sein. Plötzlich fühlte ich, wie das Wesen dicht hinter mich trat. Eine Flüsterstimme traf mein Ohr, in dem sich das Vibrato des Entsetzens mit dem Singsang mischte, in welchem Kinder Gedichte aufzusagen pflegen:

»Retten Sie mich, Herr W.«, flehte das Männchen, »der Anarchist Wohrizek trachtet mir nach dem Leben. Er will sich rächen. Sehen Sie, dort . . .«

»Setzen Sie sich vorerst«, sagte ich und rückte zur Seite. Das Wesen sank neben mir auf den Sitz, am ganzen Leibe zitternd.

»Wer ist Herr Wohrizek, der Anarchist, und was für eine Affäre haben Sie mit ihm?« fragte einer von uns, ohne sein Lachen unterdrücken zu können. Der Verfolgte starrte geduckt in den Raum: »Er hat eine Versammlung abgehalten heut' im Redoutensaal«, tremolierte er. »Viele hundert Arbeiter waren dort, lauter arme brave Menschen. Er hat gesprochen über die Befreiung des Weibes. Aber er ist ein Lügner, ein Schwindler, ein Gewalttäter, ein Alkoholiker, der Anarchist Wohrizek. Da bin ich aufgestanden und hab mich zum Wort gemeldet und hab gesagt: ›Wenn Sie für die Befreiung des Weibes sind, Herr Wohrizek, warum prügeln Sie dann täglich Ihre eigene Frau?‹ Es war ein schrecklicher Skandal, und er hat geschworen, mich umzubringen. Sehen Sie nur, sehen

Sie nur . . .« An einem der Nebentische hatte sich ein Mann erhoben. Es war in der Tat ein Anarchist wie er im Buche steht. Ein rabenschwarzer Lockenkopf mit einer flatternden Lavallière-Krawatte und einem Knotenstock in der Hand. In Neapel, auf der Via Partenope, sehen die Verkäufer unanständiger Photographien ähnlich aus. Der Mann stierte feindselig zu uns hinüber. Wenn ich auch keine besonders martialische Erscheinung war, so trug ich doch immerhin Uniform und war im Besitze eines breiten Kavalleriesäbels. Ich stand auf und erwiderte den feindseligen Blick. Der Anarchist Wohrizek spuckte aus, nahm seinen Schlapphut und verduftete. Der Gnom stöhnte vor Erleichterung auf.

»Sie haben mich gerettet. Darf ich Ihr Diener sein?« – »Wer sind Sie eigentlich?« – »Ich bin der Weißenstein.« – »Und was sind Sie außerdem noch?«

Der Riesenkopf unseres Gastes sank beinahe auf die schmutzige Marmorplatte des Tisches: »Ich bin das dreizehnte Kind meiner Eltern«, sagte er. In jenem Singsang, der lyrisches Pathos, falsche Aussprache und eine Spur vertrackter Selbstironie zu einem sonderbaren Ganzen verband, begann Weißenstein nun die Geschichte seines bisherigen Lebens zu erzählen. So tragisch sie auch war, angesichts des grotesken Erzählens und der grotesken Situation brachen wir immer wieder in grausames Lachen aus. Weißenstein nahm unsere Heiterkeit durchaus nicht krumm. Sie befriedigte ihn als eine Art von Beifall. Wahrhaftig ein dreizehntes Kind war dies Heinzelmännchen wie aus einem Märchen. Seine Eltern besaßen eine Schnapsbrennerei und einen Ausschank irgendwo im südböhmischen Land. In einer Schenke aufgewachsen, wegen seiner Ungestalt viel verspottet von den Geschwistern, von betrunkenen Bauern, Händlern und Marktfahrern, hatte er sehr früh die teuflische Natur des Alkohols kennengelernt. Er haßte den Schnaps, wie er seinen Vater haßte, den Schnapsbrenner. Eines Tages – es war gerade Wochenmarkt – sprang der Halbwüchsige auf den Schanktisch und hielt vor der versammelten Kundschaft eine Brandrede gegen das Feuerwasser, das seine Familie ernährte. In begreiflicher Wut über diese Geschäftsstörung prügelte ihn der Vater halbtot. Trotzdem wiederholte sich am nächsten Markttage dasselbe. Daraufhin packte der Alte die Sachen seines Dreizehnten in einen kleinen Rucksack, steckte ihm eine schmale Barschaft zu und schmiß ihn hinaus. Nie wieder dürfe er sich in seinem Vaterhause blicken lassen. Nach kurzer Wanderschaft fand Weißenstein in der benachbarten Kreisstadt eine Anstellung als Pikkolo, als Kellnerjunge. Das Gesetz seines Lebens aber wollte es, daß er aus dem Regen in die Traufe kam. Das Wirtshaus, in dem er wohnte, war zugleich das größte Versammlungslokal des Bezirks. Hier spielte der Alkohol eine weniger gefährliche Rolle als die Politik. Diese Politik aber war nichts anderes als der geistige Fusel des Zeitalters. Sehr bald erkannte das wache Auge des wasserköpfigen Kellnerjungen, welcher Art all diese Politiker waren, die sich auf der Rednertribüne spreizten. Sie taten nicht, was sie sagten, und sie sagten nicht, was sie taten. Die Sozialisten pokerten mit den Fabrikanten im Hinterstübchen. Der Agrarier bezahlte seine Rechnungen aus dem Wohltätigkeits-Fonds für Flur- und Feuerschaden. Und der Vorsitzende des klerikalen Tugendvereins vergewaltigte das hübsche Küchenmädchen auf der Toilette. Der Pikkolo war Augenzeuge all dieser Widersprüche. Er bezwang sich um seiner Armut willen längere Zeit und sah dieser Lügenhölle schweigend zu. Dann aber geschah in dem großen Versammlungssaal dasselbe, was in der väterlichen Schankstube geschehen war. Der Kellnerjunge, das Biertablett in der Hand, unterbrach einen der Prachtredner und erhob seine Stimme zur Anklage. Aus dem herzförmigen Kindermündchen drangen die Schlangen und Skorpione der Wahrheit. Er wurde verprügelt und flog hinaus. Er wurde noch hundertmal geprügelt und flog noch hundertmal hinaus. Aus den unglaublichsten Stellungen und Berufen. Durch das Herz des Dreizehnten floß nach dem schönen Dichterwort ›ein brennendes Recht‹. (Dieser Lava war freilich beizender Rauch beigemischt, der

immer wieder zum Lachen zwang.) So klein und elend Weißenstein war, sein Mut, mit dem er der Lüge, dem Unrecht,
der Menschenschinderei entgegentrat, schien unbändig zu
sein. Er zeigte uns die Narben, die seinen Kopf und Körper
bedeckten, Spuren eines erstaunlichen Krieges.

Von dieser Stunde schloß sich der Dreizehnte unserm Kreis
an. Frühmorgens schon pflegte er in meiner Wohnung zu erscheinen, die Zeitung in seiner zitternden Hand. Er war die
reinste Wünschelrute für alle Abscheulichkeiten, die sich be-
gaben. Sein scharfes Auge pflückte aus dem kleingedruckten
Lokalbericht die erstaunlichsten Teufeleien. »Man muß etwas tun für die unehelichen Mütter«, jammerte er z. B. oder
»Wissen Sie, Herr W., daß man in der städtischen Irrenanstalt
die Patienten schlägt? Sie sollten darüber ein Gedicht
machen...« Wir versuchten, dem Dreizehnten eine regel-
mäßige Beschäftigung zu verschaffen. Er hatte das Gold-
schmied-Handwerk erlernt. »Gold ist Gold«, sagte er, »da
gibt's keinen Schmutz.« Nach langem Zureden nahm ihn
zum Gehilfen ein Goldschmied, der Goldschmied hieß.
Weißenstein verschwand für mehrere Wochen. Als er wieder
im Café auftauchte, wackelte sein schwarzer Kopf und seine
Augen waren gerötet: »Die Menschen sind so schlecht«, jammerte er, »der Herr Goldschmied will mich auf Verleum-
dung klagen.« – »Was haben Sie da wieder angestellt, Sie
Dreizehnter?!« – »Nichts! Ich hab nur gesagt, Herr Goldschmied, die Frau Goldschmied ist eine Madame Potiphar.«
– »Oh, Sie sind ein unverbesserlicher Frechling, Weißenstein!«
– »Aber es ist doch wahr, daß die Frau Goldschmied eine
Madame Potiphar ist. Sie ist täglich, wenn der Alte nicht da
war, im Negligé gekommen und hat mir Anträge gemacht.
Ich hab sie streng abgewiesen. Da hat sie sich gerächt und
mich aufs Blut gepeinigt. Und jetzt will mich der Chef ver-
klagen. Helfen Sie mir, ich muß diese böse Stadt verlassen.
Ich will nach Wien...« Weißenstein war blaß vor Angst. Wir
steuerten das Reisegeld zusammen. Wir schickten ihn nach
Wien in der Hoffnung, die leichtlebige Hauptstadt werde

dem Weltverbesserer ein Plätzchen bieten. Nach drei Monaten etwa stand er wieder vor uns. Er begrüßte uns mit sonderbaren Zischlauten. Als er den Mund öffnete, sahen wir, daß ihm die letzten Zähne waren ausgeschlagen worden. Er erwiderte wehmütig unsere fragenden Blicke: »Ja, es ist wieder schiefgegangen, meine Herren. Ich hab Unglück gehabt, diesmal mit der Religion . . .« Nun folgte die Sache mit Huhn und Lamm. Sie spielte sich im Männerheim der Wurlitzergasse ab, einem Nachtasyl, das durch die Biographie des gegenwärtigen deutschen Reichsführers weltbekannt geworden ist. (Er hat sich zur selben Zeit dort aufgehalten wie der Dreizehnte.) Huhn war ein protestantischer Theologiestudent, Lamm ein Rabbinatskandidat. Diese beiden herabgekommenen Anwärter des Seelsorgerstandes hatten den Vorzug, die Bettnachbarn unseres Weltverbesserers zu sein. Es kam, wie es kommen mußte. Der Dreizehnte sagte dem Theologen auf den Kopf zu, er lüge bewußt und geflissentlich, wenn er zu glauben vorgebe, Gott der Herr habe in Gestalt des Heiligen Geistes ein irdisches Weib geschwängert. Den Rabbinatskandidaten Lamm hingegen traf er auf frischer Tat beim Verzehren einer Schinkensemmel an. Er entlarvte auch ihn als einen ungläubigen Leutebetrüger. Darauf schlossen die beiden Konfessionen einen Bund, überfielen nächtlicherweise den Dreizehnten und bearbeiteten ihn unter dem zustimmenden Halloh des halben Männerheims. Es kam zu einer allgemeinen Schlacht. Die Polizei mußte einschreiten. Weißenstein wurde als lästiger Zuzügler per Schub in seine Heimat gebracht.

Die Geschichte des Dreizehnten sind Legionen. Ich lasse es genug sein. Selbst die Angelegenheit mit der Blinden will ich nur flüchtig erwähnen. Der Dreizehnte hatte ein blindes Mädchen kennengelernt. Er wollte es heiraten. »Sie sieht nicht, daß ich ein häßliches Scheusal bin. Sie wird mich nicht betrügen. Oh, wie schön ist es, ein armes Geschöpf zärtlich durch die Welt zu führen, das ganz von einem abhängt . . .« Nach einiger Zeit aber stellt es sich heraus, daß die Blinde gelogen hatte, daß sie nicht besonders blind war, sondern mit einem Auge die auffälligen Umrisse ihres sonderbaren Bräutigams ganz gut erkennen konnte. Der Enttäuschte verließ sie sofort.

Ich habe in meinem Leben ein paar unvergeßliche Charaktere kennengelernt. Unter ihnen ist Weißenstein, der Weltverbesserer, gewiß nicht der wertvollste. Ich betrachte ihn als eine Charge, eine Nebenrolle in Gottes großer Tragikomödie. Ich würde ihn nicht aus dem Totenreich beschwören, hätte das Leben selbst seiner Geschichte nicht eine Pointe geschenkt, brüsker und kühner als ein Autor sie erfinden kann.

Der August 1914 war da. Der große Krieg brach aus. Die Insassen des Cafés und unser Kreis zerstreuten sich in alle Winde. Ich verbrachte mehrere Jahre an der Ostfront der österreichischen Armee. Später wurde ich zum Kriegspressequartier nach Wien kommandiert. Inzwischen hatte der Krieg das Menschenreservoir bis auf die Neige geleert. Man mobilisierte den Bodensatz; alte Männer, Invaliden, Kranke, halbe und ganze Krüppel. All das trottete nun in schmutzigen Uniformen durch die Straßen der hungernden Städte. Im letzten Kriegswinter wurde ich mit einem dienstlichen Auftrag nach Bodenbach gesandt, der Grenzstadt zwischen Deutschland und dem damaligen österreichischen Kaiserstaat. Zu früher Morgenstunde verließ ich mein armseliges Hotel, um über die Elbebrücke nach Teschen zu gehen. Diese schöne Eisenbrücke war noch beinahe leer. Nur ein schwanker Haufen bewegte sich vor mir. Voran schleppten sich zwei abgemagerte Ochsen. Hinter ihnen zottelten als Treiber drei greise Soldaten, weißhaarig und frierend, slowakische Bauern vermutlich. Zuletzt kam ein uniformiertes Etwas, dem eine lächerlich kleine Militärkappe auf dem Wasserkopf tanzte. Dieses Etwas schwang einen Knüppelstock und krähte: »Soldaten wollt ihr sein? Ungeziefer seid ihr! Die Prügelstrafe sollte man wieder einführen für euch...« Ich packte ihn von hinten bei den Schultern: »Weißenstein, Sie, der Menschheitskämpfer, sind unter die Menschenschinder gegangen?« – »Ich bin der Kommandant dieses Schlachtviehtransports«, erwiderte er stolz, »und die da, das sind keine Menschen, das sind ewige Sklaven. *Die gehören unterdrückt!*«

Ich blieb stehen. Mir war nicht nur zum Lachen. Noch verstand ich den Geist der Zeit nicht, der aus den sozialen Idealisten Tolstois und Dostojewskijs die neuen erbarmungslosen Herren des Kremls gemacht hatte. Ich blickte dem ›Schlachtvieh-Transport‹ nach. Unter Vorantritt der beiden Ochsen, gefolgt von den drei ewigen Sklaven, stapfte Weißenstein, der Weltverbesserer, jeder Zoll ein Diktator.

Wo kommen die Wassertrompeter her?

Vor vielen Jahren bestieg ich an einem träumerischen Spät-
sommerabend einen lässig dahinrollenden Personenzug der
böhmischen Westbahn, der – wohl zu seiner eigenen Unterhaltung – viel und melodisch pfiff. Der Zug warf lange
Schatten auf smaragdene Waldwiesen, und im letzten Waggon sang eine füllige Frauenstimme ein böhmisches Lied-
chen, vielleicht das vom gestohlenen Lebkuchenherzen oder
sonst was mit verdächtigem Einschlag.
Hörnerklang antwortete. Es waren Jäger mit Fanfaren. Auf
etwas zu hohen und dabei zu kurzen Rossen tauchten sie alsbald aus einem Wäldchen auf. Die Lokomotive, die sich nicht
spotten lassen wollte, versuchte schneller zu fahren, als der
Hirsch lief. Das gelang ihr aber nicht, obgleich die Räder wie
toll klapperten und »Křivoprd, Křivoprd« machten, was mir
später ein approbierter Linguist getreu übersetzte (es eignet
sich nicht für den Druck).
Dann nieste das Dampfroß und verkutzte sich ein paarmal,
ehe ihm endlich ein klarer Pfiff glückte. Wir fuhren in eine
Station ein, wo eine grünbeschirmte Harfenistin und ein
Tambour, der auf einer Trommel mit schlaffem Kalbsfell
wütete, den Zug empfingen. Dazu bimmelte unaufhörlich
ein elektrisches Glöckchen. Zwei mittelgroße Greise in sehr
sauber gebürsteten Anzügen stiegen gemessen grüßend in
mein Coupé. Der Zug fuhr wieder los.
Die beiden Greise brüteten still vor sich hin, und zwar – wie
ich zur Steuer der Wahrheit versichern kann – resultatlos. Der
eine von ihnen schien mit der Zunge links oben im Mund
nach einem Brösel zu suchen. Im übrigen benahmen sie sich
ganz einwandfrei nach Art gelangweilter Provinzreisen-
der.

Da sprang, als der Zug einen Ruck machte, dem Zungenge-
schäftigen der etwas zu kleine *chapeau melon* vom Kopf und
mir auf die Zeitung, von wo er mit leisem Knall zu Boden
fiel.

Der nunmehr hutlos Gewordene sah mich einen Moment
verstört an. Dann sagte er mit milder Stimme: »Kratoch-
vil.«

Ebenso mild und ebenso klar antwortete ich: »Nováček.«

»Ježišmarja«, ließ daraufhin der andre reisende Greis sich vernehmen. »Nováček? Sind S' am End' aus Kladrup der Herr
k.k. Gestütsfotograf? Was die scheenen Bilder von die kaiserlichen Sprunghengste macht?«

Ich mußte beschämt verneinen, und da uns allen nichts mehr
einfiel, stockte das Gespräch.

Gewissensbisse folterten mich wegen meines usurpierten
Namens. Um die Falschmeldung auszugleichen, bemerkte
ich schließlich, daß ich mit dem genannten Sprunghengst-
fotografen schon deshalb nicht identisch sein könne, weil ich
Wiener sei. »Und was sind die Herren?« fragte ich aufmun-
ternd.

Die beiden wurden sichtlich verlegen und gestanden erst,
nach einigem Räuspern, sie seien Wassertrompeter.

»Aha«, erwiderte ich artig. »Also beim Zirkus. Ein schöner,
aber anstrengender Beruf. Wassertrompeter, hm. Machen
Sie das beim Schwimmen?«

»Herr!« brauste mein Gegenüber auf. »Für was halten S'
mich? Für einen Klowen? Ich bin k.k. Notar! Ham S' schon
amal an Notar g'sehn, was blast? No bitte ... Wie geföllt dir
das, Vančura?« wandte er sich formsteif an seinen Gefährten.
»Der Hörr glaubt, wir schwümmen! Als möhrfache Fami-
lienväter!«

»Ježišmarja, schwimmen ...«, lautete die Antwort.

Ich kannte mich nicht mehr aus und fragte, ob die Herren sich
in einem Konservatorium zu Wassertrompetern ausgebildet
hätten.

»Konservatorium? Wer braucht Konservatorium? A Wassertrompeter is man doch von Geburt! Schon als Seigling! Ja schon im Mutterleibe!«

Jetzt war ich völlig verwirrt. Welch quälende Vorstellung: ein Embryo, vielleicht sogar mit einer (sei's auch noch so kleinen) Zugposaune... Ich mußte mir Klarheit verschaffen.

»Gibt es außer Ihnen noch mehr Wassertrompeter?«

»Gottlob, daß ja. Wir sind im ganzen deren 1651, momentan. Darunter auch hochgewachsene Perseenlichkeiten, wie zum Exempel ein Domherr, sechs Kapuziner, ein Gemeindearzt, vier Selcher, verschiedene Nonnen... no und schließlich... die Welt is schon amal so... den Bedirfnissen entsprechend... drei gefallene Mädchen, was bei uns die Mode angeben und über die feinen Manieren wachen. Ja. Und leider ham wir auch einen Kretin... Weißt, Vančura: den teppeten Alois.«

»Ježišmarja«, bestätigte der andre Greis.

»Und kann der auch blasen?« erkundigte ich mich.

»Was ham S' denn immer mit'n Blasen?!« empörte sich mein Gesprächspartner. »Das wär ja noch scheener, wann a jeder Wassertrompeter blasen mecht! Glauben S', wir sind zum Blasen auf der Welt?«

»Ja, aber... wieso... warum nennen Sie sich dann Wassertrompeter?«

»Nennen? Was meinen S' schon wieder mit nennen? Wir *sind's,* gefälligst!«

»*Was* sind Sie, um Himmels willen?«

»Einwohner von Wassertrompeten! Gebirtige Wassertrompeter! Domizilierend und polizeilich gemeldet in Ortschaft Wassertrompeten! Verstehn S' jetzt endlich oder sind S' schwerheerig auch noch, Sie Klachel? Ich bitt dich, Vančura: was sagst zu so was von Begriffsstitzigkeit...«

»Ježišmarja«, sagte Vančura.

Entgeistert sank ich zurück. Ich verstand. Aber geglaubt habe ich's erst, nachdem ich mich bei nächster Gelegenheit in einem landesamtlich befugten Ortsverzeichnis für das

Kronland Böhmen überzeugt hatte: Wassertrompeten, Gerichtsbezirk Bischofteinitz, Gemeinde mit eigenem Statut in Westböhmen.
Von dort kommen die Wassertrompeter her.

Lucidor

Figuren zu einer ungeschriebenen Komödie

Frau von Murska bewohnte zu Ende der siebziger Jahre in einem Hotel der inneren Stadt ein kleines Appartement. Sie führte einen nicht sehr bekannten, aber auch nicht ganz obskuren Adelsnamen; aus ihren Angaben war zu entnehmen, daß ein Familiengut im russischen Teil Polens, das von Rechts wegen ihr und ihren Kindern gehörte, im Augenblick sequestriert oder sonst den rechtmäßigen Besitzern vorenthalten war. Ihre Lage schien geniert, aber wirklich nur für den Augenblick. Mit einer erwachsenen Tochter Arabella, einem halb erwachsenen Sohn Lucidor und einer alten Kammerfrau bewohnten sie drei Schlafzimmer und einen Salon, dessen Fenster nach der Kärntnerstraße gingen. Hier hatte sie einige Familienporträts, Kupfer und Miniaturen an den Wänden befestigt, auf einem Guéridon ein Stück alten Samts mit einem gestickten Wappen ausgebreitet und darauf ein paar silberne Kannen und Körbchen, gute französische Arbeit des achtzehnten Jahrhunderts, aufgestellt, und hier empfing sie. Sie hatte Briefe abgegeben, Besuche gemacht, und da sie eine unwahrscheinliche Menge von »Attachen« nach allen Richtungen hatte, so entstand ziemlich rasch eine Art von Salon. Es war einer jener etwas vagen Salons, die je nach der Strenge des Beurteilenden »möglich« oder »unmöglich« gefunden werden. Immerhin, Frau von Murska war alles, nur nicht vulgär und nicht langweilig, und die Tochter von einer noch viel ausgeprägteren Distinktion in Wesen und Haltung und außerordentlich schön. Wenn man zwischen vier und sechs hinkam, war man sicher, die Mutter zu finden, und fast nie ohne Gesellschaft; die Tochter sah man nicht immer, und den dreizehn- oder vierzehnjährigen Lucidor kannten nur die Intimen.

Frau von Murska war eine wirklich gebildete Frau, und ihre Bildung hatte nichts Banales. In der Wiener großen Welt, zu der sie sich vaguement rechnete, ohne mit ihr in andere als eine sehr peripherische Berührung zu kommen, hätte sie als »Blaustrumpf« einen schweren Stand gehabt. Aber in ihrem Kopf war ein solches Durcheinander von Erlebnissen, Kombinationen, Ahnungen, Irrtümern, Enthusiasmen, Erfahrungen, Apprehensionen, daß es nicht der Mühe wert war, sich bei dem aufzuhalten, was sie aus Büchern hatte. Ihr Gespräch galoppierte von einem Gegenstand zum andern und fand die unwahrscheinlichsten Übergänge; ihre Ruhelosigkeit konnte Mitleid erregen – wenn man sie reden hörte, wußte man, ohne daß sie es zu erwähnen brauchte, daß sie bis zum Wahnsinn an Schlaflosigkeit litt und sich in Sorgen, Kombinationen und fehlgeschlagenen Hoffnungen verzehrte – aber es war durchaus amüsant und wirklich merkwürdig, ihr zuzuhören, und ohne daß sie indiskret sein wollte, war sie es gelegentlich in der fürchterlichsten Weise. Kurz, sie war eine Närrin, aber von der angenehmeren Sorte. Sie war eine seelengute und im Grunde eine charmante und gar nicht gewöhnliche Frau. Aber ihr schwieriges Leben, dem sie nicht gewachsen war, hatte sie in einer Weise in Verwirrung gebracht, daß sie in ihrem zweiundvierzigsten Jahre bereits eine phantastische Figur geworden war. Die meisten ihrer Urteile, ihrer Begriffe waren eigenartig und von einer großen seelischen Feinheit; aber sie hatten so ziemlich immer den falschesten Bezug und paßten durchaus nicht auf den Menschen oder auf das Verhältnis, worauf es gerade ankam. Je näher ein Mensch ihr stand, desto weniger übersah sie ihn; und es wäre gegen alle Ordnung gewesen, wenn sie nicht von ihren beiden Kindern das verkehrteste Bild in sich getragen und blindlings danach gehandelt hätte. Arabella war in ihren Augen ein Engel, Lucidor ein hartes kleines Ding ohne viel Herz. Arabella war tausendmal zu gut für diese Welt, und Lucidor paßte ganz vorzüglich in diese Welt hinein. In Wirklichkeit war Arabella das Ebenbild ihres verstorbenen Vaters: eines stolzen, unzufriedenen und ungeduldigen, sehr schönen Menschen, der leicht verachtete, aber seine Verachtung in einer ausgezeichneten Form verhüllte, von Männern respektiert oder beneidet und von vielen Frauen geliebt wurde und eines trockenen Gemütes war. Der kleine Lucidor dagegen hatte nichts als Herz. Aber ich will lieber gleich an dieser Stelle sagen, daß Lucidor kein junger Herr, sondern ein Mädchen war und Lucile hieß. Der Einfall, die jüngere Tochter für die Zeit des Wiener Aufenthaltes als »travesti« auftreten zu lassen, war, wie alle Einfälle der Frau von Murska, blitzartig gekommen und hatte doch zugleich die kompliziertesten Hintergründe und Verkettungen. Hier war vor allem der Gedanke im Spiel, einen ganz merkwürdigen Schachzug gegen einen alten, mysteriösen, aber glücklicherweise wirklich vorhandenen Onkel zu führen, der in Wien lebte und um dessentwillen – alle diese Hoffnungen und Kombinationen waren äußerst vage – sie vielleicht im Grunde gerade diese Stadt zum Aufenthalt gewählt hatte. Zugleich hatte aber die Verkleidung auch noch andere, ganz reale, ganz im Vordergrund liegende Vorteile. Es lebte sich leichter mit *einer* Tochter als mit zweien von nicht ganz gleichem Alter; denn die Mädchen waren immerhin fast vier Jahre auseinander; man kam so mit einem kleineren Aufwand durch. Dann war es eine noch bessere, noch richtigere Position für Arabella, die einzige Tochter zu sein als die ältere; und der recht hübsche kleine »Bruder«, eine Art von Groom, gab dem schönen Wesen noch ein Relief.

Ein paar zufällige Umstände kamen zustatten: die Einfälle der Frau von Murska fußten nie ganz im Unrealen, sie verknüpften nur in sonderbarer Weise das Wirkliche, Gegebene mit dem, was ihrer Phantasie möglich oder erreichbar schien. Man hatte Lucile vor fünf Jahren – sie machte damals, als elfjähriges Kind, den Typhus durch – ihre schönen Haare kurz schneiden müssen. Ferner war es Luciles Vorliebe, im Herrensitz zu reiten; es war eine Gewohnheit von der Zeit her, wo sie mit den kleinrussischen Bauernbuben die Gutspferde ungesattelt in die Schwemme geritten hatte. Lucile nahm die Verkleidung hin, wie sie manches andere hingenommen hätte. Ihr Gemüt war geduldig, und auch das Absurdeste wird ganz leicht zur Gewohnheit. Zudem, da sie qualvoll schüchtern war, entzückte sie der Gedanke, niemals im Salon auftauchen und das heranwachsende Mädchen spielen zu müssen. Die alte Kammerfrau war als einzige im Geheimnis; den fremden Menschen fiel nichts auf. Niemand findet leicht als erster etwas Auffälliges: denn es ist den Menschen im allgemeinen nicht gegeben zu sehen, was ist. Auch hatte Lucile wirklich knabenhaft schmale Hüften und auch sonst nichts, was zu sehr das Mädchen verraten hätte. In der Tat blieb die Sache unenthüllt, ja unverdächtigt, und als jene Wendung kam, die aus dem kleinen Lucidor eine Braut oder sogar noch etwas Weiblicheres machte, war alle Welt sehr erstaunt.

Natürlich blieb eine so schöne und in jedem Sinne gut aussehende junge Person wie Arabella nicht lange ohne einige mehr oder weniger erklärte Verehrer. Unter diesen war Wladimir weitaus der bedeutendste. Er sah vorzüglich aus, hatte ganz besonders schöne Hände. Er war mehr als wohlhabend und völlig unabhängig, ohne Eltern, ohne Geschwister. Sein Vater war ein bürgerlicher österreichischer Offizier gewesen, seine Mutter eine Gräfin aus einer sehr bekannten baltischen Familie. Er war unter allen, die sich mit Arabella beschäftigten, die einzige wirkliche »Partie«. Dazu kam dann noch ein ganz besonderer Umstand, der Frau von Murska wirklich bezauberte. Gerade er war durch irgendwelche Familienbeziehungen mit dem so schwer zu behandelnden, so unzugänglichen und so äußerst wichtigen Onkel liiert, jenem Onkel, um dessentwillen man eigentlich in Wien lebte und um dessentwillen Lucile Lucidor geworden war. Dieser Onkel, der ein ganzes Stockwerk des Buquoyschen Palais in der Wallnerstraße bewohnte und früher ein sehr vielbesprochener Herr gewesen war, hatte Frau von Murska sehr schlecht aufgenommen. Obwohl sie doch wirklich die Witwe seines

Neffen (genauer: seines Vaters-Bruders-Enkel) war, hatte sie ihn doch erst bei ihrem dritten Besuch zu sehen bekommen und war darauf niemals auch nur zum Frühstück oder zu einer Tasse Tee eingeladen worden. Dagegen hatte er, ziemlich de mauvaise grâce, gestattet, daß man ihm Lucidor einmal schicke. Es war die Eigenart des interessanten alten Herrn, daß er Frauen nicht leiden konnte, weder alte noch junge. Dagegen bestand die unsichere Hoffnung, daß er sich für einen jungen Herrn, der immerhin sein Blutsverwandter war, wenn er auch nicht denselben Namen führte, irgendeinmal in ausgiebiger Weise interessieren könnte. Und selbst diese ganz unsichere Hoffnung war in einer höchst prekären Lage unendlich viel wert. Nun war Lucidor tatsächlich einmal auf Befehl der Mutter allein hingefahren, aber nicht angenommen worden, worüber Lucidor sehr glücklich war, die Mutter aber aus der Fassung kam, besonders als dann auch weiterhin nichts erfolgte und der kostbare Faden abgerissen schien. Diesen wieder anzuknüpfen, war nun Wladimir durch seine doppelte Beziehung wirklich der providentielle Mann. Um die Sache richtig in Gang zu bringen, wurde in unauffälliger Weise Lucidor manchmal zugezogen, wenn Wladimir Mutter und Tochter besuchte, und der Zufall fügte es ausgezeichnet, daß Wladimir an dem Burschen Gefallen fand und ihn schon bei der ersten Begegnung aufforderte, hie und da mit ihm auszureiten, was nach einem raschen, zwischen Arabella und der Mutter gewechselten Blick dankend angenommen wurde. Wladimirs Sympathie für den jüngeren Bruder einer Person, in die er recht sehr verliebt war, war nur selbstverständlich; auch gibt es kaum etwas Angenehmeres, als den Blick unverhohlener Bewunderung aus den Augen eines netten vierzehnjährigen Burschen.

Frau von Murska war mehr und mehr auf den Knien vor Wladimir. Arabella machte das ungeduldig wie die meisten Haltungen ihrer Mutter, und fast unwillkürlich, obwohl sie Wladimir gern sah, fing sie an, mit einem seiner Rivalen zu kokettieren, dem Herrn von Imfanger, einem netten und ganz eleganten Tiroler, halb Bauer, halb Gentilhomme, der als Partie aber nicht einmal in Frage kam. Als die Mutter einmal schüchterne Vorwürfe wagte, daß Arabella gegen Wladimir sich nicht so betrage, wie er ein Recht hätte, es zu erwarten, gab Arabella eine abweisende Antwort, worin viel mehr Geringschätzung und Kälte gegen Wladimir pointiert war, als sie tatsächlich fühlte. Lucidor-Lucile war zufällig zugegen. Das Blut schoß ihr zum Herzen und verließ wieder jäh das Herz. Ein schneidendes Gefühl durchzuckte sie: sie fühlte Angst, Zorn und Schmerz in einem. Über die Schwester erstaunte sie dumpf. Arabella war ihr immer fremd. In diesem Augenblick erschien sie ihr fast grausig, und sie hätte nicht sagen können, ob sie sie bewunderte oder haßte. Dann löste sich alles in ein schrankenloses Leid. Sie ging hinaus und sperrte sich in ihr Zimmer. Wenn man ihr gesagt hätte, daß sie einfach Wladimir liebte, hätte sie es vielleicht nicht verstanden. Sie handelte, wie sie mußte, automatisch, indessen ihr Tränen herunterliefen, deren wahren Sinn sie nicht verstand. Sie setzte sich hin und schrieb einen glühenden Liebesbrief an Wladimir. Aber nicht für sich, für Arabella. Daß ihre Handschrift der Arabellas zum Verwechseln ähnlich war, hatte sie oft verdrossen. Gewaltsam hatte sie sich eine andere, recht häßliche Handschrift angewöhnt. Aber sie konnte sich der früheren, die ihrer Hand eigentlich gemäß war, jederzeit bedienen. Ja, im Grunde fiel es ihr leichter, so zu schreiben. Der Brief war, wie er nur denen gelingt, die an nichts denken und eigentlich außer sich sind. Er desavouierte Arabellas ganze Natur: aber das war ja, was er wollte, was er sollte. Er war sehr unwahrscheinlich, aber eben dadurch wieder in gewisser Weise wahrscheinlich als der Ausdruck eines gewaltsamen inneren Umsturzes. Wenn Arabella tief und hingebend zu lieben vermocht hätte und sich dessen in einem jähen Durchbruch mit einem Schlage bewußt geworden wäre, so hätte sie sich allenfalls so ausdrücken und mit dieser Kühnheit und glühenden Verachtung von sich selber, von der Arabella, die jederman kannte, reden können. Der Brief war sonderbar, aber immerhin auch für einen kalten, gleichgültigen Leser nicht ganz unmöglich als ein Brief eines verborgen leidenschaftlichen, schwer berechenbaren Mädchens. Für den, der verliebt ist, ist zudem die Frau, die er liebt, immer ein unberechenbares Wesen. Und schließlich war es der Brief, den zu empfangen ein Mann in seiner Lage im stillen immer wünschen und für möglich halten kann. Ich nehme hier vorweg, daß der Brief auch wirklich in Wladimirs Hände gelangte: dies erfolgte in der Tat schon am nächsten Nachmittag, auf der Treppe, unter leisem Nachschleichen, vorsichtigem Anrufen, Flüstern von Lucidor als dem aufgeregten, ungeschickten vermeintlichen Postillon d'amour seiner schönen Schwester. Ein Postskriptum war natürlich beigefügt: es enthielt die dringende, ja flehende Bitte, sich nicht zu erzürnen, wenn sich zunächst in Arabellas Betragen weder gegen den Geliebten noch gegen andere auch nur die leiseste Veränderung würde wahrnehmen lassen. Auch er werde hoch und teuer gebeten, sich durch kein Wort, nicht einmal durch einen Blick, merken zu lassen, daß er sich zärtlich geliebt wisse.

Es vergehen ein paar Tage, in denen Wladimir mit Arabella nur kurze Begegnungen hat, und niemals unter vier Augen. Er begegnet ihr, wie sie es verlangt hat; sie begegnet ihm, wie sie es vorausgesagt hat. Er fühlt sich glücklich und unglücklich. Er weiß jetzt erst, wie gern er sie hat. Die Situation ist danach, ihn grenzenlos ungeduldig zu machen. Lucidor, mit dem er jetzt täglich reitet, in dessen Gesellschaft fast noch allein ihm wohl ist, merkt mit Entzücken und mit Schrecken die Veränderung im Wesen des Freundes, die wachsende heftige Ungeduld. Es folgt ein neuer Brief, fast noch zärtlicher als der erste, eine neue rührende Bitte, das vielfach bedrohte Glück der schwebenden Lage nicht zu stören, sich diese Geständnisse genügen zu lassen und höchstens schriftlich, durch Lucidors Hand, zu erwidern. Jeden zweiten, dritten Tag geht jetzt ein Brief hin oder her. Wladimir hat glückliche Tage und Lucidor auch. Der Ton zwischen den beiden ist verändert, sie haben ein unerschöpfliches Gesprächsthema. Wenn sie in irgendeinem Gehölz des Praters vom Pferd gestiegen sind und Lucidor seinen neuesten Brief übergeben hat, beobachtet er mit angstvoller Lust die Züge des Lesenden. Manchmal stellt er Fragen, die fast indiskret sind; aber die Erregung des Knaben, der in diese Liebessache verstrickt ist, und seine Klugheit, ein Etwas, das ihn täglich hübscher und zarter aussehen macht, amüsiert Wladimir, und er muß sich eingestehen, daß es ihm, der sonst verschlossen und hochmütig ist, hart ankäme, nicht mit Lucidor über Arabella zu sprechen. Lucidor posiert manchmal auch den Mädchenfeind, den kleinen, altklugen und in kindischer Weise zynischen Burschen. Was er da vorbringt, ist durchaus nicht banal; denn er weiß einiges von dem darunter zu mischen, was die Ärzte »introspektive Wahrheiten« nennen. Aber Wladimir, dem es nicht an Selbstgefühl mangelt, weiß ihn zu belehren, daß die Liebe, die er einflöße, und die er einem solchen Wesen wie Arabella einflöße, von ganz eigenartiger, mit nichts zu vergleichender Beschaffenheit sei. Lucidor findet Wladimir in solchen Augenblicken um so bewundernswerter und sich selbst klein und erbärmlich. Sie kommen aufs Heiraten, und dieses Thema ist Lucidor eine Qual, denn dann beschäftigt sich Wladimir fast ausschließlich mit der Arabella des Lebens anstatt mit der Arabella der Briefe. Auch fürchtet Lucidor wie den Tod jede Entscheidung, jede einschneidende Veränderung. Sein einziger Gedanke ist, die Situation so hinzuziehen. Es ist nicht zu sagen, was das arme Geschöpf aufbietet, um die äußerlich und innerlich so prekäre Lage durch Tage, durch Wochen – weiter zu denken, fehlt ihm die Kraft – in einem notdürftigen Gleichgewicht zu erhalten. Da ihm nun einmal die Mission zugefallen ist, bei dem Onkel etwas für die Familie auszurichten, so tut er sein mögliches. Manchmal geht Wladimir mit; der Onkel ist ein sonderbarer alter Herr, den es offenbar amüsiert, sich vor jüngeren Leuten keinen Zwang anzutun, und seine Konversation ist derart, daß eine solche Stunde für Lucidor eine wahrhaft qualvolle kleine Prüfung bedeutet. Dabei scheint dem Alten kein Gedanke ferner zu liegen als der, irgend etwas für seine Anverwandten zu tun. Lucidor kann nicht lügen und möchte um alles seine Mutter beschwichtigen. Die Mutter, je tiefer ihre Hoffnungen, die sie auf den Onkel gesetzt hatte, sinken, sieht mit um so größerer Ungeduld, daß sich zwischen Arabella und Wladimir nichts der Entscheidung zu nähern scheint. Die unglückseligen Personen, von denen sie im Geldpunkt abhängig ist, fangen an, ihr die eine wie die andere dieser glänzenden Aussichten als Nonvaleur in Rechnung zu stellen. Ihre Angst, ihre mühsam verhohlene Ungeduld teilt sich allen mit, am meisten dem armen Lucidor, in dessen Kopf so unverträgliche Dinge durcheinander hingehen. Aber er soll in der seltsamen Schule des Lebens, in die er sich nun einmal begeben hat, einige noch subtilere und schärfere Lektionen empfangen.

Das Wort von einer Doppelnatur Arabellas war niemals ausdrücklich gefallen. Aber der Begriff ergab sich von selbst: die Arabella des Tages war ablehnend, kokett, präzis, selbstsicher, weltlich und trocken fast bis zum Exzeß, die Arabella der Nacht, die bei einer Kerze an den Geliebten schrieb, war hingebend, sehnsüchtig fast ohne Grenzen. Zufällig oder gemäß dem Schicksal entsprach dies einer ganz geheimen Spaltung auch in Wladimirs Wesen. Auch er hatte, wie jedes beseelte Wesen, mehr oder minder seine Tag- und Nachtseite. Einem etwas trockenen Hochmut, einem Ehrgeiz ohne Niedrigkeit und Streberei, der aber hochgespannt und ständig war, standen andere Regungen gegenüber, oder eigentlich: standen nicht gegenüber, sondern duckten sich ins Dunkel, suchten sich zu verbergen, waren immer bereit, unter die dämmernde Schwelle ins Kaumbewußte hinabzutauchen. Eine phantasievolle Sinnlichkeit, die sich etwa auch in ein Tier hineinträumen konnte, in einen Hund, in einen Schwan, hatte zuzeiten seine Seele fast ganz in Besitz gehabt. Dieser Zeiten des Überganges vom Knaben zum Jüngling erinnerte er sich nicht gerne. Aber irgend etwas davon war immer in ihm, und diese verlassene, auch von keinem Gedanken über-

flogene, mit Willen verödete Nachtseite seines Wesens be-
strich nun ein dunkles, geheimnisvolles Licht: die Liebe der
unsichtbaren, anderen Arabella. Wäre die Arabella des Tages
zufällig seine Frau gewesen oder seine Geliebte geworden, er
wäre mit ihr immer ziemlich terre à terre geblieben und hätte
sich selbst nie konzediert, den Phantasmen einer mit Willen
unterdrückten Kinderzeit irgendwelchen Raum in seiner
Existenz zu gönnen. An die im Dunkeln Lebende dachte er in
anderer Weise und schrieb ihr in anderer Weise. Was hätte
Lucidor tun sollen, als der Freund begehrte, nur irgendein
Mehr, ein lebendigeres Zeichen zu empfangen als diese Zeilen auf weißem Papier? Lucidor war allein mit seiner Bangig-
keit, seiner Verworrenheit, seiner Liebe. Die Arabella des
Tages half ihm nicht. Ja, es war, als spielte sie, von einem
Dämon angetrieben, gerade gegen ihn. Je kälter, sprunghaf-
ter, weltlicher, koketter sie war, desto mehr erhoffte und er-
bat Wladimir von der anderen. Er bat so gut, daß Lucidor zu
versagen nicht den Mut fand. Hätte er ihn gefunden, es hätte
seiner zärtlichen Feder an der Wendung gefehlt, die Absage
auszudrücken. Es kam eine Nacht, in der Wladimir denken
durfte, von Arabella in Lucidors Zimmer empfangen, und
wie empfangen, worden zu sein. Es war Lucidor irgendwie
gelungen, das Fenster nach der Kärntnerstraße so völlig zu
verdunkeln, daß man nicht die Hand vor den Augen sah. Daß
man die Stimmen zum unhörbarsten Flüstern abdämpfen
mußte, war klar: nur eine einfache Tür trennte von der Kammerfrau. Wo Lucidor die Nacht verbrachte, blieb ungesagt:
doch war er offenbar nicht im Geheimnis, sondern man hatte
gegen ihn einen Vorwand gebraucht. Seltsam war, daß Arabella ihr schönes Haar in ein dichtes Tuch fest eingewunden
trug und der Hand des Freundes sanft, aber bestimmt versagte, das Tuch zu lösen. Aber dies war fast das einzige, das
sie versagte. Es gingen mehrere Nächte hin, die dieser Nacht
nicht glichen, aber es folgte wieder eine, die ihr glich, und
Wladimir war sehr glücklich. Vielleicht waren dies die glücklichsten Tage seines ganzen Lebens. Gegen Arabella, wenn er

untertags mit ihr zusammen ist, gibt ihm die Sicherheit seines nächtlichen Glückes einen eigenen Ton. Er lernt eine besondere Lust darin finden, daß sie bei Tag so unbegreiflich anders ist; ihre Kraft über sich selber, daß sie niemals auch nur in einem Blick, einer Bewegung sich vergißt, hat etwas Bezauberndes. Er glaubt zu bemerken, daß sie von Woche zu Woche um so kälter gegen ihn ist, je zärtlicher sie sich in den Nächten gezeigt hat. Er will jedenfalls nicht weniger geschickt, nicht weniger beherrscht erscheinen. Indem er diesem geheimnisvoll starken weiblichen Willen so unbedingt sich fügt, meint er, das Glück seiner Nächte einigermaßen zu verdienen. Er fängt an, gerade aus ihrem doppelten Wesen den stärksten Genuß zu ziehen. Daß ihm die gehöre, die ihm so gar nicht zu gehören scheint, daß die gleiche, welche sich grenzenlos zu verschenken versteht, in einer solchen unberührten, unberührbaren Gegenwart sich zu behaupten weiß, dies wirklich zu erleben ist schwindelnd, wie der wiederholte Trunk aus einem Zauberbecher. Er sieht ein, daß er dem Schicksal auf den Knien danken müsse, in einer so einzigartigen, dem Geheimnis seiner Natur abgelauschten Weise beglückt zu werden. Er spricht es überströmend aus, gegen sich selber, auch gegen Lucidor. Es gibt nichts, was den armen Lucidor im Innersten tödlicher erschrecken könnte.

Arabella indessen, die wirkliche, hat sich gerade in diesen Wochen von Wladimir so entschieden abgewandt, daß er es von Stunde zu Stunde bemerken müßte, hätte er nicht den seltsamsten Antrieb, alles falsch zu deuten. Ohne daß er sich geradezu verrät, spürt sie zwischen sich und ihm ein Etwas, das früher nicht war. Sie hat sich immer mit ihm verstanden, sie versteht sich auch noch mit ihm; ihre Tagseiten sind einander homogen; sie könnten eine gute Vernunftehe führen. Mit Herrn von Imfanger versteht sie sich nicht, aber er gefällt ihr. Daß Wladimir ihr in diesem Sinne nicht gefällt, spürt sie nun stärker; jenes unerklärliche Etwas, das von ihm zu ihr zu vibrieren scheint, macht sie ungeduldig. Es ist nicht Werbung, auch nicht Schmeichelei; sie kann sich nicht klar werden was es ist, aber sie goutiert es nicht. Imfanger muß sehr wohl wissen, daß er ihr gefällt. Wladimir glaubt seinerseits noch ganz andere Beweise dafür zu haben. Zwischen den beiden jungen Herren ergibt sich die sonderbarste Situation. Jeder meint, daß der andere doch alle Ursache habe, verstimmt zu sein oder einfach das Feld zu räumen. Jeder findet die Haltung, die ungestörte Laune des andern im Grunde einfach lächerlich. Keiner weiß, was er sich aus dem andern machen soll, und einer hält den andern für einen ausgemachten Geck und Narren.

Die Mutter ist in der qualvollsten Lage. Mehrere Auskunftsmittel versagen. Befreundete Personen lassen sie im Stich. Ein unter der Maske der Freundschaft angebotenes Darlehen wird rücksichtslos eingefordert. Die vehementen Entschlüsse liegen Frau von Murska immer sehr nahe. Sie wird den Haushalt in Wien von einem Tag auf den andern auflösen, sich bei der Bekanntschaft brieflich verabschieden, irgendwo ein Asyl suchen, und wäre es auf dem sequestrierten Gut im Haus der Verwaltersfamilie. Arabella nimmt eine solche Entschließung nicht angenehm auf, aber Verzweiflung liegt ihrer Natur ferne. Lucidor muß eine wahre, unbegrenzte Verzweiflung angstvoll in sich verschließen. Es waren mehrere Nächte vergangen, ohne daß sie den Freund gerufen hätte. Sie wollte ihn diese Nacht wieder rufen. Das Gespräch abends zwischen Arabella und der Mutter, der Entschluß zur Abreise, die Unmöglichkeit, die Abreise zu verhindern: dies alles trifft sie wie ein Keulenschlag. Und wollte sie zu einem verzweifelten Mittel greifen, alles hinter sich werfen, der Mutter alles gestehen, dem Freund vor allem offenbaren, wer die Arabella seiner Nächte gewesen ist, so durchfährt sie eisig die Furcht vor seiner Enttäuschung, seinem Zorn. Sie kommt sich wie eine Verbrecherin vor, aber gegen ihn, an die anderen denkt sie nicht. Sie kann ihn diese Nacht nicht sehen. Sie fühlt, daß sie vor Scham, vor Angst und Verwirrung vergehen würde. Statt ihn in den Armen zu halten, schreibt sie an ihn, zum letztenmal. Es ist der demü-

tigste, rührendste Brief, und nichts paßt weniger zu ihm als
der Name Arabella, womit sie ihn unterschreibt. Sie hat nie
wirklich gehofft, seine Gattin zu werden. Auch kurze Jahre,
ein Jahr als seine Geliebte mit ihm zu leben, wäre unendliches
Glück. Aber auch das darf und kann nicht sein. Er soll nicht
fragen, nicht in sie dringen, beschwört sie ihn. Soll morgen
noch zu Besuch kommen, aber erst gegen Abend. Den übernächsten Tag dann – sind sie vielleicht schon abgereist. Später
einmal wird er vielleicht erfahren, begreifen, sie möchte hin-
zufügen: verzeihen, aber das Wort scheint ihr in Arabellas
Mund zu unbegreiflich, so schreibt sie es nicht. Sie schläft
wenig, steht früh auf, schickt den Brief durch den Lohndie-
ner des Hotels an Wladimir. Der Vormittag vergeht mit Pak-
ken. Nach Tisch, ohne etwas zu erwähnen, fährt sie zu dem
Onkel. Nachts ist ihr der Gedanke gekommen. Sie würde die
Worte, die Argumente finden, den sonderbaren Mann zu er-
weichen. Das Wunder würde geschehen und dieser festver-
schnürte Geldbeutel sich öffnen. Sie denkt nicht an die Realität dieser Dinge, nur an die Mutter, an die Situation, an ihre
Liebe. Mit dem Geld oder dem Brief in der Hand würde sie
der Mutter zu Füßen fallen und als einzige Belohnung erbit-
ten – was? – ihr übermüdeter, gequälter Kopf versagt beinahe
– ja! nur das Selbstverständliche: daß man in Wien bliebe, daß
alles bliebe, wie es ist. Sie findet den Onkel zu Hause. Die
Details dieser Szene, die recht sonderbar verläuft, sollen hier
nicht erzählt werden. Nur dies: sie erweicht ihn tatsächlich –
er ist nahe daran, das Entscheidende zu tun, aber eine greisen-
hafte Grille wirft den Entschluß wieder um: er wird später
etwas tun, wann, das bestimmt er nicht, und damit basta. Sie
fährt nach Hause, schleicht die Treppe hinauf, und in ihrem
Zimmer, zwischen Schachteln und Koffern, auf dem Boden
hockend, gibt sie sich ganz der Verzweiflung hin. Da glaubt
sie im Salon Wladimirs Stimme zu hören. Auf den Zehen
schleicht sie hin und horcht. Es ist wirklich Wladimir – mit
Arabella, die mit ziemlich erhobenen Stimmen im sonder-
barsten Dialog begriffen sind.

Wladimir hat am Vormittag Arabellas geheimnisvollen Abschiedsbrief empfangen. Nie hat etwas sein Herz so getroffen. Er fühlt, daß zwischen ihm und ihr etwas Dunkles stehe, aber nicht zwischen Herz und Herz. Er fühlt die Liebe und die Kraft in sich, es zu erfahren, zu begreifen, zu verzeihen, sei es, was es sei. Er hat die unvergleichliche Geliebte seiner Nächte zu lieb, um ohne sie zu leben. Seltsamerweise denkt er gar nicht an die wirkliche Arabella, fast kommt es ihm sonderbar vor, daß sie es sein wird, der er gegenüberzutreten hat, um sie zu beschwichtigen, aufzurichten, sie ganz und für immer zu gewinnen. Er kommt hin, findet im Salon die Mutter allein. Sie ist aufgeregt, wirr und phantastisch wie nur je. Er ist anders, als sie ihn je gesehen hat. Er küßt ihr die Hände, er spricht, alles in einer gerührten, befangenen Weise. Er bittet sie, ihm ein Gespräch unter vier Augen mit Arabella zu gestatten. Frau von Murska ist entzückt und ohne Übergang in allen Himmeln. Das Unwahrscheinliche ist ihr Element. Sie eilt, Arabella zu holen, dringt in sie, dem edlen jungen Mann nun, wo alles sich so herrlich gewendet, ihr Ja nicht zu versagen. Arabella ist maßlos erstaunt. »Ich stehe durchaus nicht so mit ihm«, sagt sie kühl. »Man ahnt nie, wie man mit Männern steht«, entgegnet ihr die Mutter und schickt sie in den Salon. Wladimir ist verlegen, ergriffen und glühend. Arabella findet mehr und mehr, daß Herr von Imfanger recht habe, Wladimir einen sonderbaren Herrn zu finden. Wladimir, durch ihre Kühle aus der Fassung, bittet sie, nun endlich die Maske fallen zu lassen. Arabella weiß durchaus nicht, was sie fallen lassen soll. Wladimir wird zugleich zärtlich und zornig, eine Mischung, die Arabella so wenig goutiert, daß sie schließlich aus dem Zimmer läuft und ihn allein stehen läßt. Wladimir in seiner maßlosen Verblüffung ist um so näher daran, sie für verrückt zu halten, als sie ihm soeben angedeutet hat, sie halte ihn dafür und sei mit einem Dritten über diesen Punkt ganz einer Meinung. Wladimir würde in diesem Augenblick einen sehr ratlosen Monolog halten, wenn nicht die andere Tür aufginge und die sonderbarste Erscheinung auf ihn zustürzte, ihn umschlänge, an ihm herunter zu Boden glitte. Es ist Lucidor, aber wieder nicht Lucidor, sondern Lucile, ein liebliches und in Tränen gebadetes Mädchen, in einem Morgenanzug Arabellas, das bubenhaft kurze Haar unter einem dichten Seidentuch verborgen. Es ist sein Freund und Vertrauter, und zugleich seine geheimnisvolle Freundin, seine Geliebte, seine Frau. Einen Dialog, wie der sich nun entwickelnde, kann das Leben hervorbringen und die Komödie nachzuahmen versuchen, aber niemals die Erzählung.

Ob Lucidor nachher wirklich Wladimirs Frau wurde oder bei Tag und in einem anderen Land das blieb, was sie in dunkler Nacht schon gewesen war, seine glückliche Geliebte, sei gleichfalls hier nicht aufgezeichnet.

Es könnte bezweifelt werden, ob Wladimir ein genug wertvoller Mensch war, um so viel Hingabe zu verdienen. Aber jedenfalls hätte sich die ganze Schönheit einer bedingungslos hingebenden Seele, wie Luciles, unter anderen als so seltsamen Umständen nicht enthüllen können.

Untergang einer Hausmeisterfamilie zu Wien im Jahre 1857

Des Hausmeisters Hoffart schwoll. So war's immer, wenn er durch seinen Herrschbereich emporstieg, an den Wohnungstüren vorbei über die Stiegen stapfend. »Können Sie nicht grüßen?« sagte er zu dem Arzte Dr. Katona, der eben die Treppe herabkam. »Ich wollt' Sie grad dasselbe fragen, Herr Wallauschtschek«, bemerkte der Doktor und war schon vorbei. Da sich das Ungeheuerliche, welches mit des Arztes Worten gesetzt war, rein innerhalb des Sprachlichen, also gedrängt und genau, abgespielt hatte, durchbrach es nicht des Hausmeisters Kruste, und er wurde eines revolutionären Aktes von äußerster Deutlichkeit garnicht gewahr. Vielmehr stieg er ruhig weiter in seiner Omnipotenz, während der Arzt ins Treppenhaus und in Belanglosigkeit versank. Hinter den Türen der Wohnungen saßen die Parteien und lauschten mit gefletschten Zähnen den vorbeikommenden Schritten des Hausmeisters, die sich zum Dachboden hinauf verloren. Vom Druck und Andrang des Grimmes der Dahintersitzenden waren die Wohnungstüren nur ganz leicht nach außen gebaucht, so daß es Herr Wallauschtschek nicht unbedingt bemerken mußte.

Hierin gründete sein Unglück und auch das seiner Familie. Die etwa acht Tage nach der Begegnung des Hausmeisters mit dem Doktor Katona plötzlich hereinbrechende Katastrophe – welche freilich in keinem direkt ursächlichen Zusammenhang mit jener Begegnung stand, nur in einem solchen von höherer Ordnung, weil eben gerade damals die Hybris zur Perfektion gediehen war – die Katastrophe also hätte von Wallauschtschek innerhalb des genannten Zeitraumes doch vorausgesehen werden können, hätte er nur im Stiegenhause einmal die fast allgemein immer stärker und augenfälliger werdende Bauchung aller Wohnungstüren beachtet. Es war schon geradezu eine Ausbeulung, so weitgehend, daß man sich wundern mußte, wie es den Mietparteien möglich blieb, dermaßen geworfene Türen zu öffnen und zu schließen. Als das Holz schließlich dem Drucke und Andrang des Grimms ganz nachgab, splitterte und brach, so daß die Türen gleichsam platzten – es geschah dies fast gleichzeitig in allen Stockwerken – ergoß sich ein Strom von Mietern die Treppen herab und drang unter markerschütterndem Wutgebrüll und wilden Gestikulationen in die Hausmeisterwohnung ein.

Die Ausrüstung dieses Sturmtrupps war eine merkwürdige und einheitliche: Reißbürsten, Seife in groben großen Stükken, Reibtücher. Es wurden fünfzehn Eimer mit desodorisierenden und desinfektiven Lösungen herbeigetragen.

Das erste aber, was zunächst geschah, war, daß der Hausmeister ohnmächtig wurde (was bei solchen Leuten ganz und gar ungewöhnlich ist), nicht vor Schreck, sondern infolge von zwei Ohrfeigen, welche genügt hätten, einem Elefanten geschwollene Backen zu machen. Der sie verabreichte, war ein akademisch gebildeter Mensch, nämlich der Doktor Katona. So weit ging es damals. So weit konnte es durch das überhandnehmende Hausmeisterunwesen kommen. Während man die Schwiegermutter Wallauschtscheks, die wie eine Ratte pfiff, in hohem Bogen auf die Gasse warf, so daß sie bis in die Mitte der Fahrbahn und in eine Pfütze von Schneewasser flog (in welcher sie denn nun saß und gellend schrie), wurde die Hausmeisterin durch ein kleines Fenster in den Lichthof hinausgestopft.

Jetzt auch trat der wahre und unterste Grund dieser schrecklichen Berserkerei herauf. Jene eigentümliche und durchdringende Ausdünstung, die von allen hausmeisterischen Individuen ausgeht und deren Behausungen erfüllt (die Wissenschaft nennt es »foetor conciergicus«), hatte in der letzten Zeit, offenbar durch verstärkte Absonderung, an Intensität zugenommen – manche schreiben übrigens den »foetor c.« ausschließlich den Hausmeisterküchen zu, in welchen näher kaum zu beschreibende Gerichte bereitet werden, die bei den anderen Zeitgenossen nicht vorkommen. Jene Zunahme der Intensität des »foetor« mußte wohl, auf dem Wege über das Treppenhaus und den Lichthof, allmählich das Leben aller Mieter auf quälende Weise gewissermaßen unterwandert haben, nicht durch ständige Einwirkung, sondern, was den Effekt nur verstärken konnte, durch wellenweises Eintreffen, sobald eben in der Portierloge verstärkte Sekretion eintrat. Es ist anzunehmen, daß mit feineren Instrumenten schon lange vor der Begegnung Doktor Katonas mit Herrn Wallauschtschek im Treppenhause eine Bauchung sämtlicher Wohnungstüren wäre feststellbar gewesen. Nichts reizt tiefer den Grimm als Gerüche.

So trat denn alsbald nach Erstürmung der Portierloge das mitgebrachte und schon früher genannte Instrumentarium in turbulente Aktion. Im Handumdrehn waren alle Möbel auf den Gang getragen und dann trieb Guß um Guß ein Eimer nach dem anderen schmutzig-trübe Randwellen voran durch die Räume: dahinter stürmte das Gefuchtel der Besen und Reibtücher vor, während man draußen noch die Möbel mit Bürsten und Seifen wütend angriff. Alles geschah blitzschnell unter tiefem Schweigen im dicken Karbolgeruche, und obwohl die Polizei sehr bald eintraf – wozu jene wie eine Dampfsirene auf der Straße gellende Schwiegermutter das Ihre beigetragen haben mochte – wurde niemand mehr am Platze angetroffen. Alle saßen wieder hinter ihren Türen, die, glatt und eben, nun keinerlei Ausbuchtung zeigten.

Die langwierigen polizeilichen und gerichtlichen Folgen der Aktion (auch der Doktor Katona wurde seiner Elefanten-Watschen wegen belangt) nahm der Eigentümer des Hauses – der allerdings anderswo wohnte – als gelassener Zuschauer hin. Nur von einer Wieder-Einsetzung der Familie Wallauschtschek in Amt und Wohnung wollte er durchaus nichts hören und wissen, obwohl der mächtige ›Bund Wiener Hausmeister‹ – damals noch eine Geheim-Verbindung, nicht eine Körperschaft öffentlichen Rechts – den Hausherrn mit allen nur erdenklichen Mitteln und Drohungen unter Druck setzte; vergebens; die Wallauschtscheks mußten aus dem Hause, und er brachte es wirklich fertig, sie loszuwerden. (So etwas war damals noch möglich.) Die Festigkeit der Haltung des Hausherren hinterließ einen bleibenden, wir möchten sagen: einen die Hoffart dämpfenden Eindruck. So ist es denn in Wien durch ein halbes Jahrhundert zu keinen Gewalttaten gegen Hausmeister mehr gekommen, denn erst 1907 wieder ereigneten sich in einem Hause der Vorstadt Hernals ähnliche Ausschreitungen.

Das letzte Ziel

Plötzlich bemerkte er, daß die Zeitung in seiner Hand zitterte. Ganz deutlich: auf ab, auf ab. Er konnte gar nicht so schnell mitdenken. »Wovon kommt das nur?«, wunderte er sich halblaut. Er erschrak leicht, legte das Blatt weg und streckte die Hand mit aller Macht gerade. Sie zitterte. Er betrachtete sie eine Weile gedankenvoll und machte sich dann zögernd an die »Amtsernennungen«. Seine Augen, grau, verwässert und winzig, waren hinter den Kreisen der runden Brille wie Treffpunkte einer Scheibe.

Es roch nach Kohle und verbranntem Papier. Trotz des geschlossenen Fensters spürte man draußen Nebel, Feuchtigkeit, faules Laub. Elende Spätsonne legte sich dünn über den gescheuerten Fußboden wie ein blasser Läufer. Die Bratäpfel Linckes lagen schon auf dem eisernen Ofen und dufteten.

Aus der entgegengesetzten Ecke kam hinter einem verstaubten Wall heiser und schmerzlich ein tiefes Grunzen oder Brummen, das von den Akten eine dichte Wolke losriß. Aus einem gelben finnigen Gesicht lauerten zwei tückische Augen herüber...

Schneider las und überlegte. Warum zitterte ihm die Hand? Es war doch nicht das Alter; nur ein Zufall. Er beruhigte sich unaufhörlich: Jetzt bin ich ja noch nicht alt... »Lächerlich«, sagte er ganz laut. Überhaupt trat die Gewohnheit, mit sich selbst zu sprechen, bei ihm immer mehr zutage. Mühsam zwang er sich zur Konzentration, da fuhr er mit einem Ruck in die Höhe. Sein Gesicht bebte. Die Augen bohrten voll gieriger Eindringlichkeit an dem Blatt. Ein Wunder hatte aus diesen trüben Tümpeln helle Funken gefischt. Er trat zum Fenster. »Ah!« Es klang kurz und selbstbewußt. Während er sich in die Höhe reckte, zog er die Manschetten vor die schmutzigen Schreibärmel. Sein Blick war schon wieder unbeteiligt und stumpf wie ein Glas, über das der Regen läuft.

Der andere drüben schoß auf und wedelte heran wie ein Köter. Sein Bart war grau und struppig.

»Ich gratuliere herzlich zur wohlverdienten Beförderung«, er betonte »wohlverdient« und verbeugte sich tief, »Herr Oberkanzlist!« sagte er mit grenzenlos freundlicher Stimme.

Der Händedruck war kräftig und aufrichtig, und der neue Oberkanzlist erholte sich allmählich:

»Sie wußten –?«

Der andere wies auf das zerknüllte Blatt auf dem Tische. Seine Stimme zerschmolz in Süßigkeit.

»Natürlich, der Herr Rat hat mir den Brief vor zwei Tagen übergeben. Ich wollte die Überraschung aufsparen. So ist sie größer... und die Freude...« Der Kanzlist krümmte sich. Sein Gesicht zerschliß in tiefe Längsfalten. Wut oder Freundschaft. Er streckte nochmals die Hand hin. Doch der neue Vorgesetzte blickte angelegentlich auf die Wand und ordnete an:

»Schaffen Sie mir sofort –«

»Der Herr Rat befiehlt, daß Sie sich um drei vorstellen«, verdarb ihm der Kanzlist das Vergnügen.

Es war gleich drei und der Herr Oberkanzlist fluchte. Am Waschtisch verkündete er, daß es anders werden müsse.

»Lincke, schaffen Sie mir sofort die Bratäpfel weg! Es ist nicht zum Aushalten –.« Und als er eilfertig verschwand, übersah er den Gruß des Untergebenen.

Die ganze Tragweite der Veränderung ging Schneider erst auf, als der Herr Rat ihm eröffnete: »– damit ist also eine Gehaltserhöhung von 20 Kronen im Monat verbunden.«

»Wie er das gesagt hat« – dachte Schneider auf dem Heimweg – »so... so... nonchalant. Ja, nonchalant ist das Richtige.« Und er lächelte glücklich.

Vor einem Restaurant in der Vorstadt hielt er an. Schließlich konnte er sich heute erlauben, zum Nachtmahl zu spät zu kommen. Aber der Stammtisch war noch leer. Nicht einmal der Wirt war da. So entschloß er sich zögernd, dem Kellner die vertrauliche Mitteilung zu machen.

Auf der Straße umfingen ihn die Dinge, ohne daß sie ihm bewußt wurden. Wagen, Menschen, Tiere, Geräusche – ein verworrener Knäuel von Lärm, Licht, Bewegung, Schatten. Er aber lächelte glücklich und verloren. In einer Tiefe, in die auch die spätesten Erinnerungen nur selten tasteten, brach ein Tor auf zu dumpfen und dürftigen Bildern. Da war das graue Zinshaus; die Fassade ganz steingewordene Trostlosigkeit. Der Gang, der in den Keller führte, rauschte stets in verhaltenen Tönen einer lauten Umgebung. In seiner engen Dunkelheit platzte die surrende Gasflamme, die mit weißer Helligkeit die Augen zerstach. Dann glomm in der vagen Verschwommenheit spärlich die Souterrainstube mit den immer feuchten Wänden. Ganz deutlich sah er den Holztisch, der von Jahr zu Jahr wackliger wurde. Und die Gesichter im Dunst des Herdes mit gelblichen Mienen. Allmählich waren sie ein volles Dutzend geworden. Weite Mäuler, die in allzu weite Mägen führten. Zum Greifen nah stand der Vater vor ihm, den sie nur abends sahen und manchmal am Morgen eine knappe Zeit, wie er kummervoll, schweigend und hastig das Frühstück verschlang. Die Mutter ging mit groteskem, jämmerlichem Gange zwischen Tisch und Ofen hin und her: vornübergebeugt mit steifen Hüften, gelähmt von der Mühsal des Gebärens und der Arbeit.

Er ertappte sich, daß er heute fast mit Behagen an seine Kindheit dachte. Denn eine tiefe Kerbe war gezogen zwischen ihm und dieser. Zwischen ihm und der ganzen Welt. Die hatte ihre Geschäfte; doch er konnte zu Herrn Cohn (der den ganzen ersten Stock bewohnte), wenn er ihn morgens ein Stück begleitete, an der Straßenecke sagen: »Sie gehen jetzt ins Geschäft, und ich muß in mein Ministerium.« Und Herr Cohn (der den ganzen ersten Stock bewohnte) zog den Hut unwillkürlich tiefer.

Schneider empfand sich deutlich und einwandfrei zu einer

Macht gehörig, die das Fluidum ihrer Besonderheit über weite Bereiche strömte. Die Wurzel und die dünnen Fasern seines schlichten Seins, das bei anderen voll komplizierter Unsicherheit in qualvollen Kämpfen über aufregende Hemmnisse hinweg oft nur schmalen Boden faßte, waren bei ihm eingespannt in den geistigen und gefühlsmäßigen Kreis seines Standes. – Ging dort nicht der Herr Hofrat? Schneider zog den Hut: devot, vertraulich. Er zwinkerte sogar ein wenig mit den Augen. Denn er trug dieselbe grüne Amtsjacke. Zwar fehlte der glitzernde Kragen und sie war zerschlissen; der Buckel glänzte wie eine mäßig trübe Sonne. Und er kopierte die Akten, darunter jener den Namen schnörkelte. Aber eine breite Zusammengehörigkeit leimte unsichtbar alle Klüfte.

Er ärgerte sich, daß seine Karriere nun erfüllt war. Nein, nicht erfüllt, hihihi – das Beste kommt noch. Er kicherte wieder. Er trug das Geheimnis eines Wunsches, der vor der Erfüllung stand. Jetzt! Er atmete erregt, ruckweise. Man ist kein Arbeitstier, hat Ziele, Ehrgeiz. Man wollte empor; o man wollte... Unwillkürlich streckte er sich und schritt weiter aus. Die Stiege kam ihm heute gar nicht so hoch vor. Nun war seine Laufbahn vollendet: er blieb stehen und lachte auf, aber vielleicht stieg einer doch höher empor. Ganz hoch sogar... Er zitterte bei dem Gedanken. Einer, der genau seinen Namen trug! Hihi...

Am Fenster des engen Korridors wartete seine Frau. Sie war dick, blond, unsentimental, mit brutalen Hüften und groben Bewegungen. Sie erkannte ihn und verschwand hinter der laut zugeknallten Tür.

Er setzte sich wortlos und demütig an den Tisch. Aus der Küche kam der energische Lärm ihrer Hantierung. Er fühlte schmerzhaft noch ihren bösen Blick. Wie zwei Nadeln, die sein Bewußtsein zerstachen... unablässig, lautlos. Wenn sie nur spräche, über ihn herfallen würde... Es kam ihm merkwürdig vor, daß er die frohe und sichere Gehobenheit hatte so rasch verlieren können. Da erinnerte er sich und sein Mut

wuchs. Die Nadeln stachen schwächer. Natürlich würde sie sofort versöhnt sein, wenn er ihr sagte –
In der Tat schrak sie freudig zusammen. Ihre Augen flossen in Gutmütigkeit über. Sie setzte sich mit an den runden Tisch. Sie redeten allerlei Frohes. Ein stilles glänzendes Glück kam mit dem blassen Abend in die Stube. Er sah lange auf die Wiege Alfreds, die zwischen den Betten stand. Er grübelte: Das Zimmer wird zu klein, wenn wir die Betten von der Wand rücken und zusammenstellen... Aber es ist notwendig. Seine Frau fing den Blick auf.
»Heute sind es genau elf Jahre und sieben Monate«, sagte sie mit weinerlicher Stimme.
Er dachte daran, wie froh sie damals waren, daß das Kind tot war. Er senkte traurig und schuldvoll den Kopf. Das Essen schmeckte plötzlich nicht. Seltsam, heute. »Der kleine Gehalt, die Pflichten, und die Repräsentation«, sagte er laut zur Frau hinüber.
»Ja, man muß doch leben«, verstand sie ihn.
Auf dem Tisch lag ein Photographiealbum. Er betrachtete lange das Bild Alfreds. Ein dicker weißer Zapfen, in Betten eingeschnürt. Aber Augen, Augen. »Er wäre jetzt reif fürs Gymnasium«, sagte die Frau nachdenklich.
Der Kopf des Mannes sank schuldvoller vornüber. Denn Alfred hätte selbstverständlich das Gymnasium besucht. Selbstverständlich wäre er der tüchtigste. Man ersah es klar daraus, daß er am raschesten vorwärtskam. Wußte man, wie weit? Vielleicht... Es gibt doch so allerlei Fälle im Leben. Sie saßen schweigend da. Wenn Alfred noch lebte! Er wäre jetzt keine Last. Der Gehalt ist größer, und die Ersparnisse... Wofür hat man gespart? Es war unbewußt und dunkel die leise, erfüllungssichere Hoffnung auf einen neuen Alfred... Wer sollte den schlauen Plan, den er sich auf dem Heimweg erdacht hatte, ausführen? Man brauchte Alfred! – Schneider tat einen tiefen Zug und schielte lächelnd zur Frau hinüber. Der Gedanke erschreckte ihn nicht, durchaus nicht. Im Gegenteil; er machte ihn froh und aufgeräumt.

... In dieser Nacht kam er spät heim. Er versuchte im ächzendsten Bariton ein Lied, und als die Frau erwachte, faßte er sie an den Schultern und schrie ihr ins Gesicht: »Agnes, hehe, hörst du, morgen rücken wir die Betten zusammen – morgen!«

Die Tage entstiegen dem grauen Himmel, breiteten ihre grauen Stunden in lässiger Eintönigkeit hin und versanken in dem grauen Himmel. Die Nebel hingen an den schwarzen Ästen wie Leichengewänder. – Doch war dieser Herbst anders als alle übrigen. Das Gesicht des Oberkanzlisten Schneider leuchtete manchmal auf, als sei alles dürftige Licht dieser dunstvollen Tage in seinen engen Augen gefangen. Niemand hätte das in den rund überglasten, von schwarz-weißem Gestrüpp umstandenen, schmutzigen Tümpeln vermutet. In seiner Seele quirlte eine peinvolle Unruhe. Sie pumpte den Kopf so voll Blut, daß er brannte. Manchmal schoß sie heiß in die Augen. Er ging jetzt gerader, steif sogar. Sein verknittertes Gesicht hatte immer den fernen Ausdruck eines Menschen, der über etwas sinnt, das ihn mit jauchzender Unruhe und qualvollem Glück erfüllt. Er war immer rasiert und sein Anzug sauber gebürstet. Die Kollegen schrieben das dem neuen Range zu. Aber seine Bewegungen waren hastig, voll nervöser Zerfahrenheit und ängstlich. Schon zweimal mußte ihm ein Akt zurückgestellt werden. So nahm man höheren Ortes von seinem geänderten Benehmen Kenntnis. Manchmal hielt die emsig hingleitende Feder mit einem Ruck an, verweilte in starrer, krampfiger Stellung ... minutenlang. Bis ein plötzliches Besinnen in seine Haltung zuckte, und die Feder losstürmen wollte. Aber die Tinte war vertrocknet, und zeichenlos kratzte der Stahl das Papier.
Der Amtsvorstand nahm in einer vertraulichen Stunde Lincke vor. »Hm ... Schneider wird immer unzuverlässiger. Ich glaube, daß es nicht vorübergehend ist.«
Lincke, der seine Bratäpfel seit dem Verbote roh aß, zweifelte, ob er das Stück, an dem er gerade kaute, verschlucken

sollte. Plötzlich entschloß er sich und spuckte es ins Taschentuch. Er versicherte voll Mitleid, die Zerstreutheit seines Vorgesetzten sei grenzenlos.

»Ich habe doppelte Arbeit. Gegen früher . . .« Er schwieg bedeutungsvoll. »Ja, das Alter« meinte er dann lauernd.

Der Amtsvorstand sagte: »Ich werde sorgen, daß Schneider zu Neujahr um die Ecke geht.«

Seit diesem Gespräch bemühte sich Lincke um die Freundschaft seines Vorgesetzten. Er spielte so gut, daß Schneider sich in eine Unterhaltung einließ. Meist am Stammtisch. Schneider sprach von Kindern. Er fiel den andern schon auf. »Und, meine Herren, was wäre das für ein Leben: ohne Kinder«, spielte er seinen höchsten Trumpf.

»Ja, was wäre das für ein Leben, ohne Kinder!« seufzte Lincke, der ihrer ein halbes Dutzend hatte.

Einer klopfte Schneider intim auf die Schulter.

»Hehe, du sprichst ja von nichts anderem. Heißt wohl, daß bei deiner Frau – hehehe.«

Alle brachen laut los. Und alle wehrten den Verdacht ab.

»In diesen Jahren – und überhaupt, Schneider . . . ausgeschlossen«, konstatierte der Amtsvorstand selber.

Schneider sprang auf. Er war jetzt so nervös. Aber er besann sich. »Nicht ausgeschlossen, meine Herren, durchaus nicht! Im Gegenteil.« Die Stimme schnappte ihm über. Sein Gesicht verzog sich. Die anderen grölten auf. Der Kellner stürzte aus dem Schlafe vom Ofen herbei. Dann wunderten sich alle und beglückwünschten Schneider. Er wehrte ab und hatte einen so qualvoll gläubigen Ausdruck, als ob er sich zu etwas zwinge.

»Mit Verlaub, Herr Oberkanzlist«, wagte sich Lincke spöttisch vor. »Sie scheinen es selbst noch nicht zu glauben.«

Auf dem Heimweg sank seine Gestalt mit einem Ruck zusammen. Wie ein Taschenmesser klinkte er ein. Er hielt oft an. Sein Stöhnen war wie ein unerträglicher Schmerz.

Von da ab war sein Benehmen noch seltsamer. Im Amt machte man bereits Witze. Und seiner Frau wurde bange.

Er betrachtete sie minutenlang, bis sie mit grobem Instinkt den Brand seiner Blicke auf ihrem Körper merkte. Er empfand vor einem alten Bilde: ihr reiches blondes Haar, leicht in die Stirn gewellt und krausig um die Ohren gewirrt, gab damals ihrem Kopf die angenehme volle Rundheit. Er schleuderte die Photographie zu Boden. Wie häßlich dieser spitzige Kopf war; – brrr – der dürftig glatt angekämmte Haarsträhn... Er dachte: wenn sie sitzt, sieht sie aus wie ein kurzer Kegel mit sehr breiter Basis.

»Du vernachlässigst dich arg«, machte er ihr Vorstellungen.

Sie wehrte ab:

»Das ist lang vorbei, in meinen Jahren«, sagte sie gedehnt und deckte geschäftig den Tisch.

Er schob den Teller fort. Lang vorbei, dachte er. Es war wie eine trauererstickte Resignation, wie ein verhaltener Gesang: »Lang vorbei.«

Er sann lange nach. Alles, was er fühlte und dachte, war jetzt wie ein Netz, das ihn enger und enger umschnürte. Wie ein langsames Entsetzen, für das es keinen Grund des Verstehens gab.

Plötzlich schüttelte er sich, er richtete sich auf und aß eine kräftige Portion.

Aber er konnte seine Blicke nicht von ihr reißen. Er betrachtete den Leib mit den fetten Hüften, von dem er das Geschenk eines Kindes wollte, mit Widerwillen. Dann erschrak er und zwang den Ekel in Sympathie um. Der Ekel zog sich aus dem Gehirn, aus dem Herzen vor diesem heftigen Willen zurück... Und brannte giftig und heimlich in den Adern, im ganzen Körper; stieg in schläfrigen Augenblicken jäh in die Höhe und hatte im Nu die Herrschaft.

Schneider erinnerte sich, daß er früher das Haar seiner Frau so gerne küßte. »Das war vor zwanzig Jahren. Was ist aus mir geworden?« kam es ihm in den Sinn. Die bange Angst umschlich ihn immer häufiger, immer näher. Er suchte eine vergilbte Zeichnung vor und verglich sie mit seinem Spiegelbilde. Sicher: er war älter geworden. Doch nicht das allein war es... Etwas ganz Neues fühlte er... Und er grübelte über dieses Unbekannte, kam sich selbst fremd und unfaßbar vor. Zum ersten Male empfand er dunkel und ganz ferne, daß sein Leben etwas anderes hätte sein können: gleißend, schön und mächtig. Und um so qualvoller fiel ihm der Sohn ein, dem dieses Leben zugedacht war.

Er trat ans Fenster und preßte die Stirn an das Glas, bis es knackte. Seine Seele brannte von der Pein, der flimmernden Hoffnung und dem vagen Gespenst der Vergeblichkeit, das sich hinter seinem Wunsche regte.

Die Frau machte sich gerade zum Ausgehen fertig. Er rechnete nach, daß sie den Mantel schon sechs Winter trug. »Ich werde sie mit einem neuen überraschen«, nahm er sich vor. Dann fand er ihren Hut lächerlich unmodisch. Als ob sein Auge eine neue Fähigkeit im Sehen erhalten hätte. Es schien ihm mit einem Male, als hätte er seiner Frau etwas abzubitten. Er sagte innig und gut:

»Wir haben wie blind nebeneinander gelebt. Aber ich denke, daß es anders wird.«

Sie sah ihn mit ehrlichem Schreck in den Augen an. Er wurde auch immer merkwürdiger. Es ist das beste, ihn zu lassen, dachte sie. Er kam ganz knapp an sie heran und nahm den Kopf in seine Hände. Sie sah mit erschrockener Neugier, wie er seinen Mund ihrem Haar näherte. Mit geschlossenen Augen wähnte er die blonde Fülle von einst duften zu spüren. Da fuhr er vor der ungepflegten Kopfhaut jäh zurück. Entschuldigend und wie gezwungen klebte er einen Kuß auf ihre Wange.

Am Abend sahen sie schweigend aneinander vorbei und wurden rot, wenn ihre Blicke zufällig ineinander tauchten. Oder sie redeten voll gespannter Nervosität von gleichgültigen Dingen. Sie hatten ein Bedürfnis zu sprechen, mit ihren Stimmen das Schweigen zu zerstoßen, das sie unerbittlich einkerkerte. Er fühlte es wie eine Mauer, die sich hemmungslos und unsichtbar zwischen ihnen baute. Eine lähmende lastende Wirkung, die ihn niemals frei ließ. Je machtloser er seine Kraft erkannte, um so verbissener wehrte er sich. – Er kam jetzt täglich später heim. Es war ihm angenehm, seine Frau schlafend zu finden.

Tags darauf brachte er Mantel und Hut. Sein Gesicht strahlte. Sie fand den Hut zu farbig und den Mantel zu hell.

»Ich bin dir nicht mehr gut genug. Ein Junge hättest du wohl lieber«, warf sie ihm bissig hin.

»Warum trägst du auch Barchent... Leinwand ist doch appetitlicher«, versuchte er einen Witz.

Da setzte sie sich hin und weinte. Eine Zeitlang sprach er mit dünnen Tröstungen auf sie ein. Mit einem halben Blick streifte er das Bild des Jungen, dieses unerbittlichen Mahners an der Wand, und widerstandslos krallte es sich ihm um die Kehle. Plötzlich haßte er die Frau. Einen Augenblick glaubte er ihr die Fäuste um die Gurgel schrauben zu müssen. Er taumelte, blaß im Entsetzen vor sich selbst – und sank vor sie hin. Wie ein Sturzbach rang sich alles frei. Er redete, und die Ohnmacht seines Hasses zerschmolz in Qual; die Qual zerlöste sich in Tränen. Er legte den Kopf in ihren Schoß und empfand, wie sie ihm in der Heftigkeit desselben Wunsches und in der Furcht vor derselben Vergeblichkeit entgegenbrannte. So waren sie zum ersten Male seit langem eins.

»Wenn es nun nicht mehr möglich ist?!« Wie diese Worte zögernd, von ihrem Schluchzen zerstückelt, in die Stube klangen, wußte keines von beiden, wer sie gesprochen hatte. Sie weinte immer noch. Ganz leise. Wie eine junge Kinderstimme, die weich und zärtlich aus ihrem Leibe zu kommen schien.

Wenn sich die Kollegen nach dem Befinden seiner Frau erkundigten, lächelte Schneider geheimnisvoll und glücklich. Aber eine krampfhafte Angst malte die Lüge in sein langes mageres Gesicht. Immer häufiger saß er in unbewußtem Brüten.

Der Amtsvorstand überraschte ihn.

»Sie sehen krank aus, mein Lieber. Ich würde an Ihrer Stelle in Pension gehen«, legte er ihm nahe.

Schneider riß sich in die Höh'. »Pension?...« Sicher hatte er nicht verstanden. Da hörte er es noch einmal; bissig und ärgerlich. In unbekümmerter Brutalität.

»Sie sind eben zu alt!« Wie ein Faustschlag traf ihn das Wort. Es klammerte sich mit eiskalten Fingern um sein Herz. Er wollte reden und bemerkte, daß eine heiße Trockenheit seinen Mund verbrannte. Hastig wandte er den Kopf hin und her, als fühlte er eine Schlinge um seinen Hals schneiden. Er hatte das Bewußtsein, daß er dem Menschen ins Gesicht schrie: »Lügner.« – Aber er schüttelte nur einen gurgelnden Laut heraus. Er ballte die Faust und stieß damit in die Luft. Im Augenblick wußte er, daß er eigentlich nach dem Vorgesetzten gezielt hatte. Er kam sich wie in einem grenzenlosen Sturm vor. Ein Wirbel blauer Kreise riß ihn in feuergelbe Flächen mit... Schwer, so schwer, und so sanft.

Als er zu sich kam, sagte jemand: »Man darf ihn nicht heimschaffen. – Seiner Frau wegen. Man darf sie jetzt nicht erschrecken.«

Schneider richtete sich auf. Um ihn waren Menschen. Stimmen schlugen gegeneinander. Man kleidete ihn an. Er wollte zum Schreibtisch, doch er mußte sich im Vorzimmer auf den Diwan legen. Lincke drückte ihm den Hut respektlos ins Gesicht und grinste. »Zu Neujahr gehen Sie sicher um die Ecke«, sagte er rücksichtslos; aber es machte keinen Eindruck.

Schneider lag lange, lange. Er dachte an nichts Besonderes und ließ sich den Körper von angenehmem Wohlsein wärmen.

Auf dem Heimwege war unversehens ein Kollege da, der seinen Arm nahm. Sie gingen eine Strecke.

Der andere wurde vertraulich, nannte Schneider alten Freund, und riet ihm zu Urlaub.

Schneider geriet in Stimmung:

»Warum sehe ich dich so selten?... Immer gehst du an meinem Tisch vorüber . . . Und ich bin so allein . . . « Er nickte bedeutsam vor sich hin: »Ja, so – allein. « Und als enthüllte er ein Geheimnis, drückte er sich an ihn. Leise und eindringlich: »Es ist schrecklich . . . im Amt . . . schrecklich . . . so allein. « – »Allein«: er sog sich daran fest.

Der andere versicherte, daß Schneider ihm leid tue.

»Warum?« dachte Schneider. Aber der Gedanke schmolz sofort vor dem Gefühle der Geborgenheit neben diesem Menschen.

Sie sprachen von der Familie.

»Deine Frau ist doch in einigen Monaten soweit . . . Nicht wahr? Hast du dich schon gekümmert?«

»Frau . . . kümmern . . . «, hörte Schneider und schüttelte mechanisch den Kopf. Dann mit einem Male leuchtete es in ihm auf. Er hielt an und wollte alles sagen. Zu dem da konnte man sprechen. Und schon hatte er innerlich geformt: »Es ist ja noch . . . noch nichts vorgefallen – – mit meiner Frau . . . noch nie seit – Alfred! Aber jetzt –«

Welche Energie es ihn kostete, überhaupt zu sprechen! Er würgte noch.

Der andere sagte:

»Da komm gleich mit mir. Ich kann dir jemand empfehlen. Die Frau hilft der meinen schon zum dritten Male. «

Schneider hörte nicht mehr darauf. Er faßte nur fester den Arm des Begleiters. Wirklich war er ein wenig matt. Eine tiefe Gleichgültigkeit machte ihn schwer und wortkarg.

Vor einer kleinen rundlichen Frau mit rotglänzendem freundlichem Gesicht kam ihm das Bewußtsein. Er mußte seinen Namen nennen, und der Begleiter erzählte, daß die Frau seines Freundes ein Kind erwarte. Darauf stellte die rundliche Madame ihren Besuch in Aussicht.

»Morgen nachmittag. Bitten Sie Ihre Frau, daheim zu sein. «

Schneider ging, während der Freund noch verhandelte. Er setzte mechanisch Fuß vor Fuß. Plötzlich bemerkte er, daß er einen Stock trug. An einer Straßenecke blieb er stehen und dachte lange darüber nach. Schließlich erinnerte er sich, daß ein Amtskollege ihm den Stock geliehen hatte. Man traute ihm nicht mehr zu, daß er allein gehen könne. So eine Beleidigung. »Gemeinheit!« sagte er ganz laut. Doch er würde es ihnen zeigen. Er brauchte keinen Stock. Er ging noch wie ein Soldat. Er schleuderte den Stock so kräftig von sich, daß er taumelte und sich an einem Laternenpfahl festhalten mußte.

Der Abend sank tiefer in die Straßen. Schneider fröstelte. Da war ein Laden. Man konnte einen Schnaps trinken. Wie das wärmte. – »Noch einen!« Es waren auch Leute da, mit denen man sprechen konnte. »Noch einen!« – So lustig war es. Mit einem Male fiel ihm seine Frau ein. Er wurde schweigsam und starrte vor sich hin. Seine Augen fieberten. Morgen nachmittag wird die runde freundliche Frau kommen. Und Agnes wird rot werden, Agnes wird immer rot, wenn von solchen Dingen die Rede ist, und wird nicht begreifen, wie ihr Mann die Frau herbemühen konnte. »Aber, er ist so nervös und eigen... Besonders in letzter Zeit...« Dann wird sie eingestehen, daß alles nicht wahr sei. Und sie wird noch röter werden. Daß sie zwar ein Kind möchten, ach so gerne möchten. Sie wird sagen: »Ich fühle mich nicht zu alt... Ich bitte Sie... fünfunddreißig Jahre! Und Alfred ist kaum elf Jahre tot... Aber der Mann – –«

»Aber der Mann – –« las er das nicht in jedem ihrer Blicke? Ein neues Einsehen leuchtete mit klarer Flamme in ihm auf. War das nicht die Mauer, die sich immer höher baute... unsichtbar, lautlos? »Noch einen!« Er sah wild um sich. »Wenn es auf mich ankommt!« schrie er einen Menschen in schmutziger Bluse an, der neben ihm saß. Der Mann hob schwer den klotzigen Kopf und feixte das dünne fadenscheinige Männchen an. Dann hob er die fleischige rote Hand wie eine Keule. Er schlug nicht zu. »Du tust mir leid«, meinte er gutmütig und trank zur Revanche den Schnaps des Nebenmannes.

Schneider merkte es nicht. Ihm war ein Gedanke gekommen

– so grenzenlos kühn, daß sein Blut sich daran entzündete. Seine Nerven vibrierten. Er verließ das Lokal. Der aus Nebel gemischte Dunst und Qualm verschlug ihm den Atem. Er hustete auf, fühlte sich stark und wie jung. Die heftig lärmende Straße brüllte an einer Kreuzung geräuschvoller auf und verstärkte seinen Mut. Er wuchs maßlos, und die Kühle der dämmerigen Nacht machte ihn besonnen und wägsam. In seinen Augen glänzte unbeugsam und froh ein Entschluß. Ihr Licht kam nicht von den zufälligen Flecken, die hie und da eine Laterne über sein Gesicht legte.

In der Straße, in der Schneider wohnte, betrat er ein Delikatessengeschäft. Er staunte über die Rücksichtslosigkeit, mit der er einige Köchinnen und Mädchen zurückschob. Der Mund wässerte ihm von den bunten Köstlichkeiten. Er fürchtete, man möchte es merken, daß er solche Geschäfte nur äußerst selten betrat. Betrachteten ihn nicht aller Augen neugierig und verwundert? Sofort wußte er, was er verlangen sollte. »Hummer«, sagte er mit möglichst nachlässiger Stimme. Er sah sich triumphierend um. Fing er nicht aller Blicke ein? Brach nicht der gelbe Neid aus aller Augen? – Ausgerechnet Hummer . . . Es ist der Gipfel! – dachte er. Obwohl er alle die gebratenen und gesottenen Dinge, deren Schmackhaftigkeit er unsagbar köstlich mit allen Nerven fühlte, nicht einmal mit Namen zu benennen wußte, verriet er sich nicht. Mit vertraulichem Lächeln deutete er auf die verschiedenfarbigen Dosen und Gerichte: »Davon auch, Fräulein. – Natürlich, vergessen Sie doch das nicht!« Als er von seiner Banknote nur einige Nickel herausbekam, wunderte er sich nicht im geringsten. So selbstverständlich war ihm der hohe Preis dieser Eßwaren. Er drückte sie eng an sich und trug sie heim wie einen Schatz.

Das finstere Zimmer schien auf und ab zu gehen von den röchelnden Atemzügen der Frau. Schneider machte Licht. Die Hände zitterten in freudiger Spannung. Was sie für Augen machen wird!

Als er den Tisch gedeckt hatte, fiel ihm ein, daß auf dem

Schranke ein hellgrüner Lampenschirm lag. Er stellte ihn über die Lampe und weckte seine Frau mit lauten Küssen. Sie blinzelte erschrocken in die grünliche Dämmerung, die um den festlichen Tisch floß. Er ließ sie auch nicht zu Worte kommen. In einem fort küßte er sie auf Augen, Mund und Haar und reichte ihr dabei die einzelnen Kleidungsstücke. Sie trat an den Tisch und schlug die Hände zusammen. »Solche Ausgaben«; sie blickte scheu nach dem Manne. »Du bist ja –« sie erschrak heftig. Fast hätte sie es herausgesagt. »Verrückt«, ergänzte Schneider lachend und schenkte den Wein ein. Hastig und verworren redete er allerlei Unzusammenhängendes. Von Alfred, der nun bald käme. Seufzend, mit gemachtem Kummer zählte er die angenehmen Sorgen auf, die der Familienzuwachs bringen werde. Er umgab die Frau mit rücksichtsvollen Zärtlichkeiten, als sei sie schon jetzt gesegneten Leibes.

Sie sah wortlos auf alles und nahm sich vor: Morgen gehe ich bestimmt zum Arzt. Es wird nahezu beängstigend. Sie erkannte den Mann kaum wieder. Er trank, redete, gestikulierte, sang, zwang ihr das Glas an den Mund und drohte ihr den Wein in den Hals zu gießen. Allmählich ergriff sie die Neugier. Wie warm der rote Wein in ihren Körper strömte. Sie richtete sich auf; fast geschmeidig. Sie hatte auch noch nie so viel getrunken. Sie wartete erst nicht ab und versuchte die Speisen. Unwillkürlich gebrauchte sie Messer und Gabel in konventioneller Art. Doch beim Hummer angelangt, begann sie mit den Fingern zu essen. Sie trank und wurde immer lustiger. Sie erwiderte sogar seine Küsse. Er brach eine neue Flasche auf und zwang sie, ohne Glas zu trinken. Sie lachten fortwährend mit schmatzenden Lippen und grundlos. Der Tisch, die Gegenstände und sie selbst schaukelten in erregter lustiger Leichtigkeit in der warmen grünen Luft des Zimmers; die Frau vor Trunkenheit. Sie sanken einander in die Arme.

Er erinnerte sich unvermutet und raffte sich auf. Er wollte sie zu Bette tragen. Sie sträubte sich mit matten Bewegungen. Doch er bekam sie hoch, riß sie vom Stuhle und schleppte sie einige Schritte. Er stolperte, stürzte, schlug schräg über sie hin. Mit Mühe erhob er sich. Sein Schenkel brannte wie eine Flamme, und an der Schläfe glühte ein heißer Fleck von dem Stoß. Eine Weile betrachtete er unsicher wie durch einen grauen Vorhang ihren Körper, der liegenblieb und schon langsam begann, mit rhythmischen Sägelauten den Raum zu füllen. Er merkte, daß er Kopfschmerzen bekam. Einen eigentümlichen Kopfschmerz. Von dem heißen Fleck an der Schläfe ging es aus wie eine feine unerbittliche Nadel durch alle Windungen der rechten Gehirnhälfte. Er hatte das dringendste Bedürfnis, den Kopf in kaltes Wasser zu tauchen. Wie der Strahl über sein Gesicht prallte, fuhr er zurück. So sehr fieberte seine Haut. Darauf war es ein wohliges Vergessen, um sich das eisige Wasser zu spüren. Als seien alle Gedanken und aller Schmerz gefroren. Schon beim Abtrocknen fühlte er sich wieder elend und leer. Eine farblose Öde schwang in ihm, deren spärliche unfrohe Gedanken ihn voll Unruhe ins Zimmer zurücktrieben.

Die Lampe flackte und schoß schwarz-grüne Streifen über den Tisch. Die Eßreste, die schmutzig und in wirrer Wüstheit herumlagen, sahen aus wie weggeworfener Unrat. Die unreinen Teller, die zerstörte Tafel, die umgefallene Flasche, aus der ein dunkler Strom von dem überschwemmten Tischtuch auf den Boden floß – – alles ekelte ihn an. Lange, lange, in einer Bewegung, die immer unsicherer, heftiger, ratloser aus seinen Augen flackerte, sah er auf die daliegende Frau. Nie hatte er die ungeschlachte Plumpheit ihres Körpers, die häßlichen Linien eindringlicher wahrgenommen. Der umfangreiche Klumpen auf der Erde schrie es ihm mit einem Male ins Gesicht, so überzeugend, so zweifellos, daß alles vergeblich sei: sein Wunsch und die Hoffnung seines Lebens. Vor dieser Eindringlichkeit gab es keine Rettung. Man konnte sich nicht die Ohren zuhalten. Innerlich schrie es, in seiner Seele. Er fuhr zurück. Es rann vor seinen Augen wie flüssige Farbe . . . oder ein Gespenst. Er beugte den Kopf weit vor. Seine Blicke stielten sich durch die beglänzten Brillengläser wie zwei dünne Schlangen. Wieder war es da, was ihn schon einmal mit Entsetzen vor sich selbst zurücktaumeln ließ.

»Wer ist schuld –?« schrie er so laut, daß der Hall seiner Stimme von der nächtlichen Lautlosigkeit wie ein Schlag zurücklachte. – »Wer ist schuld? – Gib Antwort – du!« Dasselbe Entsetzen stieg mit einer unsinnigen Angst in die Höhe. Er mußte etwas tun, sich leben fühlen, den grauen Haufen, die aus allen Ecken bedenklich herandrohten, zeigen, daß er da sei. »Du – – du –!« schrie er in sinnloser Wut und stieß mit dem Fuß nach der Schlafenden. Sie wand sich, sich zudeckend, herum, greinte mit verschlafener Stimme. Sie versuchte die verklebten Lider zu öffnen und hob die Hand zur Abwehr. Er ballte die Faust vor. Sie widersprach also. Wer war Ursache seiner Verzweiflung, hatte ihn um die letzte Hoffnung betrogen, den einzigen Ehrgeiz und den kargen Stolz, der seinem Alter blieb, vernichtet? Wer denn... wer? Er mußte die Stimme betäuben, die innen schrie und ihn wie ein reißender Strom überwältigte. »Du – du – du – –!!« brüllte er. Mit beiden Füßen sprang er auf sie. Er hätte sie hineinstoßen mögen bis in die innersten Eingeweide. Sinnlos trampelte er...

Sie schrie einige Male: grell, knapp und hoch. Ihre Schreie waren, als gingen Blitze durch das Haus. Ihm schien, er würde von jähen Schwertstreichen zerspalten. Er hielt inne. Die Hände krampften sich vor, wie zur Abwehr. So stand er einige Minuten. Dann fühlte er eine namenlose Müdigkeit, die sich schwer von der Brust löste und bleiern in die Schenkel sank. Er warf sich auf einen Stuhl. Sein Kopf fiel vornüber. Vor den verstörten Augen rauschte ein lichtes Gewirre. Er unterschied nichts, bis er sich mit einem Male aufrichtete und zu denken versuchte.

Die Lampe war nah am Verlöschen. Ruckweise stichelte die blaßrote Zunge in die Höhe und wandte sich mit einem Ruck zurück. So war die Stube sekundenlang dürftig durchgrellt und sekundenlang voll einer schwarzen Dunkelheit, die ihn gegen die Wand schob, ihn zerdrücken wollte. Ein finsterer Haufe lag da, zuckte und wimmerte; wurde mit einem schwachen Hauch still und streckte sich lautlos . . .

Der Kopf Schneiders kreiste langsam herum. Der Unterkiefer sank herab, die Augen quollen von einer maßlosen Pein über. Nach mehreren Ansätzen brachte er sich empor.

Von drunten stießen gedämpfte Laute herauf. Er hörte sie nicht. Mühselig kam er zum Fenster. Er riß es auf. Ah! Ein Bach nasser kühler Nachtluft stürzte herein und verlöschte die Lampe. Schneider sog die frische Klarheit in sich, mit sinnlosem Behagen. Er empfand nur: atmen! – atmen . . .

Der Grenzübertritt

Mittenwald ist deutsch-österreichische Grenzstation mit
Paß- und Zollkontrolle.

Einige thüringische Kleinstädter auf Ferienreisen regte die
Grenze mächtig auf. Der Grenzübertritt mit seiner behörd-
lichen Zeremonie erschien ihnen als etwas seltsam Feierliches.
Es schauderte sie. Mit scheuer Bewunderung betrachteten sie
die Gendarmen, die sich auf dem Bahnsteig langweilten.

Bereits eine halbe Stunde vor Mittenwald hielten sie ihre
Pässe erwartungsvoll in Händen, mancher hatte auch seinen
Taufschein dabei oder gar ein Leumundszeugnis. All ihre
Koffer, Rucksäcke und Kartons lagen weitaufgerissen auf
den Bänken. »Bitte nicht schießen, denn wir sind brav!«
sollte das heißen.

Sie zuckten zusammen, als der Finanzer im Wagen erschien.
»Hat wer was zu verzollen?« rief der Finanzer ahnungslos.
»Hier!« schrien die Kleinstädter und hielten ihm überstürzt
ihr Gepäck unter die Nase. Aber der Finanzer nahm keine
Notiz von ihrer Loyalität, er sah gar nicht hin. »Hat wer was
zu verzollen?!« überbrüllte er sie entsetzt und raste aus dem
Waggon, denn er hatte Angst, daß ausnahmsweise jemand
wirklich was zu verzollen hätte, nämlich dann hätte er ausnahmsweise wirklich was zu tun.

Bei der Paßkontrolle ging es schon schärfer zu, denn das war
das bessere Geschäft. Es saß ja in jedem Zug meist eine Person, deren Paß gerade abgelaufen war und der konnte man
dann einen Grenzschein für einige Mark respektive Schilling
verkaufen. Eine solche Person sagte mal dem Paßbeamten:
»Erlauben Sie, ich bin aber schon sehr für den Anschluß!«
Aber der Paßbeamte verbat sich energisch jede Beamten-
beleidigung.

In Mittenwald betrat ein neuer Mann Koblers Abteil, das heißt: er betrat es nicht, sondern torkelte herein, denn er war sinnlos betrunken. Wie es sich später herausstellte, war er der Mitinhaber einer Speditionsfirma, ein Chauffeur aus Innsbruck. »Ich hab grad eine Karambolage hinter mir!« begrüßte er Kobler und rülpste wie ein Hausprälat.

Die Karambolage bestand darin, daß er mit seinem Lastkraftwagen nahe der Grenze einen Motorradfahrer überrannte, weil dieser auf der falschen Seite vorfahren wollte, da er die Grenze vergessen hatte. Der Motorradfahrer war sofort tot, während er mit dem Schrecken davongekommen ist, obwohl sein Lastkraftwagen abgeschleppt werden mußte. Da aber dieser Lastkraftwagen sehr schön versichert war, kaufte er sich vor lauter Glück im Unglück einen Schnapsrausch. Nun fuhr er nach Innsbruck zurück.

Er haßte die Motorradfahrer und äußerte Kobler gegenüber sein lebhaftes Bedauern, daß nicht noch einer am Soziussitz gesessen sei, dann wären nämlich bei seinem gesunden Tempo gleich zwei auf einmal krepiert und ihm hätte ja auch so nichts passieren können, denn die Schuld trügen lediglich immer und überhaupt nur die Motorradfahrer, nämlich er selbst sei sich darüber genau klar, daß man in Bayern rechts fahren müsse, in Tirol links und in Vorarlberg wieder rechts, er kenne die Verkehrsvorschriften aus dem Effeff, denn er selbst sei ja früher bei der Verkehrspolizei gewesen, aber leider hätte er sich durch die Verführungskünste eines temperamentvollen Schandweibes zu einer Amtsunterschlagung verleiten lassen. »Ich hab das absolute Gefühl, daß ich Ihnen das erzählen kann«, sagte er treuherzig, und Kobler lächelte verlegen.

Der Chauffeur ließ einen Donnernden fahren und wurde dann sentimental. Er war eben ein Stimmungsmensch.

»Es ist halt a Kreuz auf der Welt«, seufzte er.

»Wird unser Zug jetzt auch links fahren?« erkundigte sich Kobler, um das Gespräch auf etwas anderes zu bringen, denn er befürchtete, der Stimmungsmensch könnte ihm plötzlich eine runterhauen. Dieser war ehrlich geknickt. »Wir sind einigleisig, lieber Herr«, lallte er.

Er wurde immer sentimentaler und setzte Kobler auseinander, auch ein Motorradfahrer sei halt nur ein Mensch und daran könne leider nicht gerüttelt werden und was das Auto beträfe, wären solche Landesgrenzen schon ein immenser Nonsens, aber man müsse halt Landesgrenzen haben, sonst könnte man ja nichts schmuggeln, obwohl es sich in diesem Falle um Brudervölker drehe. »Es is alles verdraht!« stöhnte er und erwähnte dann nur noch, daß er heute Mitinhaber einer alteingesessenen Innsbrucker Firma sei. Dann weinte er.

Langsam verließ der D-Zug die Deutsche Republik.

Er fuhr an zwei Schildern vorbei:

Königreich Bayern	Bundesstaat Österreich
Rechts fahren	Links fahren

Und nun ging's durch die nördlichen Kalkalpen, und zwar entlang der alten Römerstraße zwischen Wetterstein und Karwendel. Der D-Zug mußte auf 1160 Meter empor, um das rund 600 Meter tiefer gelegene Inntal erreichen zu können. Es war dies für D-Züge eine komplizierte Landschaft.

Das Karwendel ist ein mächtiger Gebirgsstock, und seine herrlichen Hochtäler zählen unstreitbar zu den ödesten Gebieten der Alpen. Von brüchigen Graten ziehen grandiose Geröllhalden meist bis auf die Talsohle hinab und treffen sich dort mit dem Schutt von der anderen Seite. Dabei gibt's fast nirgends Wasser und also kaum was Lebendiges. 1928 wurde es zum Naturschutzgebiet erklärt, damit es in seiner Ursprünglichkeit erhalten bleibt.

Rechts über Seefeld wuchs aus einem lyrischen Lärchenwald die Kuppe der hohen Munde empor, und nun sah man auch die Zugspitze von hinten. Und wer ihn bereits kannte, der konnte auch den Öfelekopf sehen, einen untergeordneten Gipfel im Kranze alpiner Majestäten, wie der Kitsch die seinerzeit geborstene Erdkruste nennt.

Hinter Seefeld wankte der Chauffeur auf die Toilette, um sich zu erbrechen. Er kam nicht wieder, denn er schlief draußen ein. Kobler war ganz weg von Gottes herrlicher Bergwelt, denn er hatte noch niemals soviel hochalpine Gipfel auf einmal erschaut. »Was ist ein Mensch neben einem Berg?« fiel es ihm plötzlich ein, und dieser Gedanke ergriff ihn sehr. »Ein großes Nichts ist ein Mensch neben einem Berg. Also ständig möcht ich nicht in den Bergen wohnen. Da wohn ich schon lieber im Flachland. Oder auch im Hügelland.«

Und nun kam eine große Kurve – und Kobler sah 600 Meter unter sich das Inntal, von Ötz bis Zirl, all die großen und größeren Kirchen und Klöster, dazwischen kleine Dörfer und einsame Weiler und wieder Kirchen und Klöster und auch eine malerische Ruine und abermals Kirchen und Klöster – da lag es unten: das heilige Land Tirol. Und darüber standen noch viel mächtigere Berge als zuvor, nämlich die Zentralalpen, Ötztal und Stubai. Das waren finstere schwarzgrüne Herrschaften und hatten wilde Gletscher.

So rollte der D-Zug an fürchterlichen Abgründen entlang über kühn konstruierte Viadukte und durch viele, viele Tunnels. Der längste durchbohrte die Martinswand. In dieser Wand hatte sich mal ein mittelalterlicher Kaiser bei der Jagd verstiegen und diese seine Tat verkündet eine Gedenktafel. Aber kein Stein kündet die Namen der Toten dieser Tunnels und Viadukte, die Namen jener Menschen, die auf dem Felde der Arbeit fielen. –

Jetzt erblickte Kobler eine schmutzige Dunstwolke über dem Inntal. Unter dieser Dunstwolke lag Innsbruck, die Hauptstadt Tirols.

Kobler wußte nichts weiter von ihr, als daß sie ein berühmtes goldenes Dachl hat, einen preiswerten Tirolerwein und daß der Reisende, der von Westen ankommt, zur linken Hand einige große Bordelle sehen kann. Das hat ihm mal der Graf Blanquez erzählt.

In Innsbruck mußte er umsteigen und zwar in den Schnellzug nach Bologna. Dieser Schnellzug kam aus Kufstein und hatte

Verspätung. »Das ist die berühmte österreichische Unpünkt-
lichkeit!« hörte er eine Dame sagen mit norddeutschem Ak-
zent. Aber die Österreicher, die sich das auf dem Bahnsteig
mitanhören mußten, lächelten nur verschämt. »Du armer
preißischer Regimentstrottel«, dachten sie. Nämlich man
konnte es schon an der Dame ihrem Tonfall merken, daß ihr
Mann bei der Reichswehr ist.
Ihr Mann war ein Reichswehrmajor und hatte zwei Ideale.
Das politische war die konstitutionelle Monarchie nach eng-
lischem Vorbild. Hingegen war sein erotisches Ideal ein be-
deutend fortschrittlicheres, nämlich: Kameradschaftsehe.
Und drum hatte auch die Stimme seiner Gattin jenen feldwe-
belhaften Klang.
Die Österreicher sind sehr gemütliche Leute.
Endlich kam der Schnellzug.
Bis Steinach am Brenner, also fast bis zur neuen italienischen
Grenze, also kaum fünfzig Minuten lang saßen in Koblers
Abteil ein altösterreichischer Hofrat und ein sogenannter
Mann aus dem Volke, der dem Hofrat sehr schön tat, weil er
von ihm eine Protektion haben wollte. Dieser Mann war ein
charakterloser Werkmeister, der der Heimwehr beigetreten
ist, um seine Arbeitskollegen gründlicher übervorteilen zu
können. Nämlich sein leitender Ingenieur war Gauleiter der
Heimwehr.
Der Hofrat hatte einen altmodischen goldenen Zwicker und
ein hinterlistiges Geschau. Sein Äußeres war sehr gepflegt,
besonders sein weißer Scheitel – er schien überhaupt ein sehr
eitler Mensch zu sein, denn er schwätzte in einer Tour, nur
um den Beifall des Mannes hören zu können.
Der Schnellzug wandte sich ab von Innsbruck, und schon
fuhr er durch den Berg-Isel-Tunnel.
»Jetzt ist es finster«, sagte der Hofrat. »Sehr finster«, sagte
der Mann. »Es ist so finster geworden, weil wir durch den
Tunnel fahren«, sagte der Hofrat. »Vielleicht wirds noch finsterer«, sagte der Mann. »Kruzitürken ist das aber finster!«
sagte der Hofrat. »Kruzitürken!« sagte der Mann.

Die Österreicher sind sehr gemütliche Leute.

»Hoffentlich erlaubts mir unser Herrgott noch, daß ichs erleb, wie alle Sozis aufgehängt werdn«, sagte der Hofrat.

»Verlassen Sie sich auf den dort droben«, sagte der Mann.

»Über uns ist jetzt der Berg Isel«, sagte der Hofrat. »Andreas Hofer«, sagte der Mann und fügte hinzu: »Die Juden werdn zu frech.«

Der Hofrat klapperte mit dem Gebiß.

»Den Halsmann sollns nur tüchtig einsperren, bei Wasser und Brot!« krähte er. »Ob der Judenbengel nämlich seinen Judentate erschlagen hat oder nicht, das ist wurscht. Da gehts um das Prestige der österreichischen Justiz, man kann sich doch nicht alles von den Juden gefallen lassen!«

»Neulich habn wir einen Juden ghaut«, sagte der Mann. »A geh wirklich!« freute sich der Hofrat. »Der Jud war allein«, sagte der Mann, »und wir waren zehn, da hats aber Watschen ghagelt! Heimwehrwatschen!«

Der Hofrat kicherte.

»Ja, die Heimwehr!« sagte er. »Heil!« rief der Mann. »Und Sieg!« sagte der Hofrat. »Und Tod!« rief der Mann. –

Die österreichische Heimwehr ist eine sogenannte Selbstschutzorganisation des österreichischen Bürgertums. Dieses Bürgertum fühlt sich nämlich sehr bedroht, weil sich die österreichischen Arbeiter dagegen sträuben, daß mit dem primitivsten Bedürfnis des Menschen Spekulation getrieben wird. Mit anderen Worten: die Wohnungsmieten sind relativ recht niedrig, so daß sich der Besitz einer Zinskaserne bei weitem nicht so gut rentiert wie in der guten alten Zeit. Und obendrein hat auch noch die rote Gemeinde Wien viele neue Häuser mit Wohnungen voll Licht und Luft, denn sie steht auf dem Standpunkt, daß das Recht auf ein Dach über dem Kopfe für jeden arbeitenden Menschen eine Selbstverständlichkeit bedeutet.

Das Bürgertum hingegen vertritt den Standpunkt, daß es die Gemeinde Wien einen großen Schmarrn angeht, ob und wie ihre Bürger wohnen. »Wer sichs halt nicht leisten kann, der soll halt unter Gottes Sternenhimmel wohnen oder im Asyl. Was braucht der Mensch a Wohnung, wenn ers nicht bezahlen kann!« so argumentiert das Bürgertum.

Wer von den beiden Klassen recht hat, das wird und kann nur die Zeit entscheiden.

Vorerst rüstet das Bürgertum gegen das rote Wien und hat dabei den Wunschtraum, jeden Austromarxisten zu vierteilen. Die Armee dieser sympathischen Hausbesitzer ist eben jene Heimwehr, die sich verlogen und feig Selbstschutz taufte. Die Soldaten rekrutieren sich aus ewigen Subalternen, ungebildeten Kleinbürgern, ehemaligen Unteroffizieren, Hausbesitzersöhnen, schurkischen oder terrorisierten oder saudummen Arbeitern, arrogantem Studentengesindel und drgl. Aber vor allem aus armen mißbrauchten Bauern, die mit Hilfe gewissenloser verleumdungssüchtiger Pfaffen mobilisiert worden sind. Aus den finstersten Tälern hatte man sie herausgeholt – und mit ihnen all die tiroler, vorarlberger, salzburger und die weltberühmten steiermärkischen Kretins. Rechtens müßten diese Kretins die verläßlichste und tapferste Kerntruppe der Heimwehr bilden, gewissermaßen die Garde. Manche sind dabei, die haben nur neun Zehen, aber dafür elf Finger und wissen nicht, wie sie heißen.

»In hoc signo vinces!« rief neulich ein Erzabt, als er eine Heimwehrfahne segnete. Das sind die Scharen, die das arbeitsame ehrliche Proletariat Österreichs voll und ganz entrechten wollen ad maiorem bürgerliche Produktionsweise gloriam.

Als der Schnellzug den Berg-Isel-Tunnel verließ, trat Kobler auf den Korridor, denn er konnte es in seinem Abteil nicht mehr aushalten, weil ihn das ewige Geschwätz im Denken störte.

Denn er mußte mal nachdenken – das war so ein Bedürfnis, als hätte er dringend austreten müssen. Es war ihm nämlich plötzlich die Ägypterin, sein eigentliches Reiseziel, eingefallen, und er ist sehr darüber erschrocken, daß er nun einige Stunden lang nicht an Ägypten gedacht hatte.

Er versuchte sich zu sammeln. »Da draußen stehen lauter Gletscher und da drinnen sitzen lauter Vieher, es stürzen da zuviel Eindrücke auf einen«, sagte er sich. »Unverhofft«, fügte er noch hinzu, und dies Wort kam ihm sehr vornehm vor.

»Jetzt hab ich diese ganzen Pyramiden fast vergessen«, fuhr er fort und hatte dabei ein unangenehmes Gefühl. Es war ihm wie jenem Manne zumute, der am Donnerstag vergaß, was er am Mittwoch getan hatte.

Er ging im Korridor auf und ab.

In dem einen Abteil saßen sechs Damen. Es war ein Damenabteil.

»Wenn das jetzt sechs Ägypterinnen wären!« phantasierte Kobler. »Und wenn die nicht so alt wären und wenn die nicht so mies wären und wenn die Geld hätten –«

»Wenn!« wiederholte er. »Wenn ich nicht der Kobler wär, sondern der Generaldirektor der I.G. Farben, dann könnt ich zwanzig Ägypterinnen haben, aber dann hätt ich ja wieder nichts davon.«

Er wurde ganz melancholisch.

»Erster Klasse sollt man halt reisen können«, dachte er. »Mir tut von dem Holz schon der Hintern weh. Meiner Seel, ich glaub, ich bin wund!«

Zauber der Roulette

Aus den Memoiren eines Wiener Privatbeamten

Ich bin ein bescheidener Mensch, liebe Freunde: bescheiden in meinen Bedürfnissen und Zielen, bescheiden auch in meiner Weltanschauung. Letzteres ist so zu verstehen, daß ich eigentlich gar keine habe. Ja, nichts scheint mir weniger passend, als wenn ein Mensch meines niederen Ranges plötzlich – wie es hie und da immer noch vorkommt – sich nach einer Weltanschauung umsieht. Von allen Anschaffungen, zu denen ein Privatbeamter mit netto 160 Schilling Gehalt in leichtsinnigen Momenten verlockt werden mag, ist diese die verderblichste. Und wenn solche Leute dann elend zugrunde gehen, so dürfen sie nicht auf mein Mitleid rechnen. Wer sich heutzutage nicht einschränken kann, verdient nichts Besseres.

Doch will ich gestehen, daß ich selbst bis vor kurzem mir den Luxus einer eigenen Ansicht geleistet habe. Es war eine einzige Ansicht, bitte. Und, um jedes Mißverständnis zu vermeiden, durchaus keine politische, sondern eher eine philosophische. Sie war durchaus von eigener Prägung und, wie ich mir zu schmeicheln wage, ziemlich originell. Jetzt habe ich auch sie aus meinem kleinen Budget streichen müssen, wie das Krügel Bier nach dem Mittagessen und die Extraausgabe der Sportresultate am Sonntagabend. Es ist schade um meine Ansicht, aber die bittere Maßnahme war unvermeidlich. Urteilen Sie selbst, ich will Ihnen alles erzählen.

Was zunächst meine Ansicht selbst betrifft, so lief sie, roh ausgedrückt, darauf hinaus, daß Glück im menschlichen Leben nicht Zufallssache ist, sondern eine Charaktereigenschaft. Ich weiß, das ist ein kühner Gedanke. In meinen Praktikantenjahren, als ich an ihm zu arbeiten begann, hielt ich ihn zeitweise sogar für genial. Und als diese Illusion mit vielen anderen schwand, blieb immer noch die schlichte Tatsache übrig: es ist dies der einzige wirklich eigene, urwüchsige Gedanke meines ganzen nunmehr fünfundvierzigjährigen Beamtenlebens.

Glück – eine Charaktereigenschaft! Nicht leichtfertig, sondern mit guten Gründen sprach ich diesen Gedanken aus. Ich glaubte eine lückenlose Beweiskette für meine Theorie zu besitzen: nämlich den vollständigen Verlauf meines Daseins. Ja, ich selbst mit Haut und Haaren, mit Frau und fünf Kindern, mit Zimmer-Küche-Kabinett-Wohnung und 160 Schilling netto, schien die unwiderlegbare Bestätigung zu sein: entweder man hat Glück – oder man hat es nicht: und wer es aber nicht hat, dem kann es ebensowenig zustoßen wie einem eingefleischten Geizhals Verschwendungssucht oder einem Feigling Tapferkeit. Und wenn auch auf Minuten, wenn auch als eine Art plötzlichen Kollers, so doch niemals auf die Dauer, niemals bleibend und mit Erfolg. Dasselbe mit umgekehrten Vorzeichen, so meinte ich, gelte für die Glücklichen.

In diesem klaren System zählte ich mich entschieden zu den Pechvögeln. Und, wohlgemerkt, das Wort: »Pechvogel« besaß für mich nichts von seiner banalen Bedeutung. Zum Unterschied von anderen, die sich so nennen, hatte ich längst die alberne Hoffnung fallengelassen, daß »das Blatt sich eines Tages wenden könnte«, daß »die Pechsträhne zu Ende gehen möchte«, daß »noch nicht aller Tage Abend wäre« – und wie der Unsinn sonst noch heißt.

Verstehen Sie mich recht! Ich war längst ein reifer Mann geworden. Meinen Charakter zu ändern, war es viel zu spät. Und auch als es noch Zeit gewesen war, einst, in meinen Praktikantenjahren, hatte ich nichts vermocht: nichts – wie sehr ich auch gegen mich selbst gekämpft hatte. Und welch ein Kampf war das gewesen! Man müßte eigentlich mein ganzes Leben kennen, um die Größe dieses Kampfes zu ermessen. Wenn wir als Buben auslosten, wer hinter dem Rücken des Wachmannes den versprungenen Gummiball aus den

Blumenbeeten des Stadtparks zu holen habe, zog ich regelmäßig den kürzeren. Als wir mit fünfzehn eine Kupfermünze befragten, wer das blonde Fräulein vom Delikatessengeschäft ansprechen solle, entschied das Los für mich; und als ich demzufolge stotternd, brennend vor Scham ins finstere Abenteuer ging, mein Gott – wie sehnte ich mich nach dem drohenden Wachmann zurück, nach den versprungenen Gummibällen! Als ich siebzehn wurde, entschied sich der Chef, mich im Geschäft zu behalten und die anderen zwei Praktikanten zu entlassen. Sie heißen Müller und Steyskal, sind heute Inhaber der größten brasilianischen Speditionsfirma und beschäftigen 500 Angestellte und einen Staatspräsidenten. Als ich, im Alter von fünfundzwanzig, mich um ein Fräulein Hahnemann bewarb, wies sie mich ab. Drei Jahre lang machte ich ihr hartnäckig den Hof. Gerade als ich diesen Zustand gründlich satt hatte und auf das Fräulein pfiff, erhörte sie mich unvermutet. Unsere Ehe wurde fünfmal gesegnet. Meine Frau ist mir in zwingender Weise treu. Wir besitzen ein kleines Holzhäuschen in der Umgebung, welches gegen Feuersbrunst versichert ist. Voriges Jahr brannte die ganze Siedlung mit Stumpf und Stiel nieder; wie durch ein Wunder blieb nur mein Häuschen verschont!

Aber wozu die Beispiele häufen? Solange ich atme, habe ich Pech gehabt. In einer derart konsequenten, manchmal derart komplizierten Weise, daß alle Berechnungen des Gehirns sinnlos wurden, läppisch geradezu.

Und da, liebe Freunde, glaubte ich zu begreifen: was dir fehlt, ist einfach die Eigenschaft des Glück-Habens. Das Nähere dieser Eigenschaft wird die Wissenschaft vielleicht erst in hundert Jahren erforschen. Vielleicht ist Glück-Haben nichts anderes als eine besondere Wachsamkeit aller Sinne, irgendeine ständige unbewußte Sprungbereitschaft des ganzen Menschen, vielleicht auch dreht es sich da um irgendeinen noch unbekannten Instinkt. Und was es auch sei – ich habe es nun einmal nicht.

Sicherlich werden Sie sich wundern, liebe Freunde, wenn Sie

nach alledem erfahren, daß ich mein Leben lang nichts so gern getan habe wie Hasardieren. Die Erklärung mag kompliziert klingen, ist aber in Wirklichkeit denkbar einfach. Sie erfordert nichts als ein wenig Sympathie für meine bescheidene Person, nichts als ein wenig Einfühlungsvermögen.

Bedenken Sie doch, bitte! Was hat mir das Leben geboten? Was wurde mir von jenem Außerordentlichen, Merkwürdigen, Erregenden zuteil, nach dem wir uns doch alle sehnen? Mein Leben war durchschnittlichster Durchschnitt: und nur eines besaß ich, was über alles Übliche hervorragte: mein Pech! Mein Pech war mein Schicksal. Ein raffiniertes, unerbittliches Schicksal, wahrhaft groß in seiner rätselhaften Mechanik. Mein unergründliches Pech war einer griechischen Tragödie würdig. Wie die Rache der Götter mit Ödipus, so befaßte sich mein Pech mit mir. Seine Ungeheuerlichkeit, seine Unentrinnbarkeit war nicht von dieser Erde. Und doch: zu welchen Kniffen ließ es sich herab! Welche Listen ersann es, speziell um mich niederzuringen! Ja, das war es, was mich berauschte: ich durfte ringen mit ihm, und so sicher mir jeweils die Niederlage war, so erhebend war's, dieses Unbeschreibliche zu spüren, das ich den Atem des Schicksals zu nennen mir erlauben möchte!

Sehen Sie sich in meiner Wohnung um, zählen Sie die sieben Betten! Sehen Sie sich unauffällig meine Frau an, wenn sie wieder ins Zimmer kommt! Betrachten Sie diese Photographie meines Chefs. Verstehen Sie mich nun, liebe Freunde?

Ja, Hasardieren, das war die Nachtseite meines scheinbar so ruhigen Daseins. Ich log meiner Frau zahllose Lügen vor, um mir Spielkapital zu verschaffen. Die Stoß-Spieler in den Hinterräumen kleiner Kaffeehäuser zählen mich zu ihren treuesten Opfern. Im Prater gibt es keinen Strizzi, der mir nicht mit »Kopf oder Adler« ein paar Schillinge abgewonnen hätte. Ich war dominosüchtig, wettnärrisch und ein ständiger Gast beim Turf. Ich konnte an keinem Spielautomaten vorbeigehen, ohne dort mindestens fünfzig Groschen zu hinterlassen: und an keiner Trafik, ohne irgendein Lotterielos zu

132

kaufen. Und ich verlor überall, verlor ausnahmslos. Ich kämpfte nächtelang Brust an Brust mit meinem Schicksal, und im Morgengrauen ging ich heim, mit hinkender Lende, wie Jakob in der biblischen Geschichte. Und glaubt mir: so zu verlieren ist fast so lustvoll, nein, ist lustvoller als zu gewinnen! Schöne, unvergeßliche Zeiten!

Jetzt sind sie vorbei. Und das Ende kam so schnell, daß ich es kaum zu erzählen vermag.

Ich hatte viel gespielt, aber immer nur standesgemäß bescheidene Beträge. Etwa fünfzehn Schilling hatten ausgereicht, um Schicksalsnächte von ungeheurer Wucht zu bestreiten. Und da kam eines Tages die Versuchung über mich, ein Spiel zu wagen, wie noch nie in meinem Leben. Ich beschloß, das unbezwingliche Glück dort herauszufordern, wo es seine größten Schlachten liefert: am Roulettetisch eines internationalen Kasinos. Mein Einsatz sollte dementsprechend bedeutend sein: hundert Schilling!

Bitte, fragen Sie mich nicht, welche Mittel ich anwandte, um mir diese gewaltige Summe zu beschaffen! Ich tat es in den Grenzen des Gesetzes, das möge Ihnen genügen. Und eines Samstagabends verließ ich mit der weißen Elektrischen das Weichbild der Stadt. Wie lange die Reise gedauert hat, können Sie sich selbst ausrechnen. Meine Erregung auf der Fahrt läßt sich nicht schildern. So – nein, nicht annähernd so war mir mit fünfzehn zumute gewesen, als ich mich dem blonden Fräulein vor dem Delikatessengeschäft näherte, in dem ganz bestimmten Bewußtsein: Sie hat dir schon zugenickt! Sie wird ja sagen! Ganz zweifellos ja! Und es ist aus mit dir! Und du bist ihr verfallen, du Pechvogel!

Ach, diese Fahrt war schön! Und wenn ich nicht genau wüßte, daß Sie das Ende hören wollen, würde ich meine Erzählung an diesem Höhepunkt beenden. Denn was dann kam, liebe Freunde . . .

Machen wir's kurz. Dann kam zunächst eine sehr würdige Einführungszeremonie. Ich mußte mich mehreren Herren vorstellen, die ich nicht näher schildern kann, weil meine Erregung mich fast blind machte. Im ganzen benahmen sie sich wie ein Empfangskomitee oder dergleichen. Und es freute sie angeblich sehr, mich als neuen Gast des Kasinos begrüßen zu dürfen. All dies dauerte etwa eine gute Viertelstunde.

Nach weiteren zehn Minuten hatte ich mein Vermögen in Jetons umgewechselt, hatte die Scheu vor den livrierten Dienern überwunden und pulsierte mit vielen anderen animiert durch den Spielsaal mit dem Roulettetisch als Ziel.

Ich begann nicht sogleich zu spielen, sondern betrachtete eine Zeitlang den Gang der Ereignisse. Diese Verzögerung war in meinem Plan vorgesehen gewesen. Ich wollte mich über das Wie und Was sorgfältig informieren. Eine törichte Absicht! Mein Hirn war keineswegs in der Lage, Informationen irgendwelcher Art aufzunehmen. Die Stimme des Croupiers, das Gemurmel des Publikums, weiße Frackbrüste, Abendkleider, verkniffene Münder, unruhige Hände, das Schwirren der Roulettekugel, die immer wieder zu Tausenden ungreifbarer Kugeln lebendig wurde, um immer wieder langsam auf irgendeiner Nummer zu einer einzigen zu erstarren – all das verschwamm mir zu einer traumhaften Vielfalt. Und ich hatte mich selbst ganz vergessen, als mein Blick zufällig auf eine Uhr fiel, die halb zwei zeigte. Fast drei Stunden war ich so dagestanden!

Ich erschrak und begann sofort zu setzen. Liebe Freunde! Das menschliche Wort ist so langsam, so unbeholfen! Wenn ich euch sage: ich begann zu setzen, so heißt das zugleich: ich hörte auf. Denn in einem unaussprechlichen Zeitbruchteil scheint dann geschehen zu sein, woran ich mich nur verschwommen erinnere. Es flitzte vorbei wie ein letzter Traumfetzen vor dem Erwachen: unfaßbar für die Empfindung, so schnell, so unsäglich schnell, daß es Erinnerung ist, fast ehe es noch Ereignis wurde. Ja, fast ehe ich noch gesetzt hatte, hatte ich meine hundert Schilling – »verloren!« werden Sie sagen.

Nein, ich habe sie nicht verloren! Wenn jemand mir auf der Straße Geld aus der Hand reißt und ums Eck verschwindet, habe ich dann mein Geld verloren?

Später wurde mir gesagt, hundert Schilling seien für einen Pechvogel zu wenig, um im Kasino das Glück herauszufordern. Das ist ein grausam unsinniges Gerede. Tatsächlich mögen hundert Schilling zu wenig sein. Aber mehr kann ich keinesfalls aufbringen. Mich unter solchen Umständen Pechvogel zu nennen, ist purer Hohn. Ich glaubte es zu sein; glaubte dreißig Jahre lang, mit dem Schicksal zu ringen. Doch als ich ihm zum erstenmal wirklich entgegentrat, schlug es mich mit einem nachlässigen Nasenstüber zu Boden. Und alles andere war Illusion gewesen.

Eine schöne Illusion. Man hat sie mir im Kasino geraubt. Man hat mir meine Theorie vom Glück geraubt, die einzige originelle Ansicht meines Lebens. Geraubt hat man mir alles, was mich aus dem Durchschnitt herauszuheben schien. Ich schwöre Ihnen: nicht meine hundert Schilling – nein, dieser Verlust ist es, den ich nie verwinden werde.

Und doch, irgendwie wird man weiterleben müssen mit dieser herben Erkenntnis des kleinen Mannes, daß unsereins, sogar um Pech zu haben, zu arm ist.

Fräulein Gröschel

Freitod. Nun ja, das ist auch so ein Wort, das sich die Erfinder von Trauerrändern und die Erzeuger von Kranzschleifen aus-gedacht haben müssen. Aber ich war nun wirklich frei. Nur hatte ich auch kein Geld mehr zu erwarten, denn die Ursache war ja der Bankrott. Ohne Bankrott kein Freitod; die beiden Nachrichten kamen mit gleicher Post. Für mich bedeutete der Tod meines Vaters vor allem, daß ich nun endlich mein sogenanntes Studium aufgeben konnte. Ich mußte keine Prü-fung mehr nachholen, nur um in New York bleiben zu dür-fen. Nun konnte allen Ernstes ein neues Leben beginnen. Ein Todesfall trennt den einen Lebensabschnitt fein säuberlich vom anderen, fast wie in meiner Schulzeit, als ich noch nicht aus der Übung gekommen war, mein Obstmesser den Kopf vom Rumpf einer Fliege. Oder, um mit der Zeit zu gehen, fast wie ein Krieg. Der mußte auch bald kommen. In Europa dauerte er schon fast zwei Jahre.

Ursprünglich hatte ich heimfahren sollen, um meine Pflicht zu tun, aber ich und Kriegsdienste, das kam nun auch nicht mehr in Frage. Außerdem, wer hatte denn mich um meine Zustimmung gefragt? Weder die eine noch die andere Seite. Dazu brauchte man mich auch gar nicht. An Leuten, die be-reit sind, die eigentliche Arbeit des Schlachtens zu tun, fehlt es ja nie. Das ist, wie wenn die Stellung eines Henkers ausge-schrieben wird, da regnet es Gesuche. Und auch, wenn es den Schlachthöfen einmal an Arbeitern fehlen sollte: die müßten nur einen Farbfilm zeigen, wie das wirklich ist. Dann hätten sie genug Arbeitswillige, und die meisten wären sogar noch bereit, dafür aus der eigenen Tasche zu bezahlen. Mir wenigstens hat es später nie an Helfern gefehlt. Für mich per-sönlich aber war das alles nichts.

Damals hatte ich eigentlich noch gar nichts unternommen –
so sonderbar und unglaublich sich das heute vielleicht anhört
–, weder als Auftraggeber, noch eigenhändig. Nun ja. Ich
hatte, wie man so schön sagt, reine Hände, obwohl ich trotz
meiner Unerfahrenheit eigentlich über diese Dinge damals
schon genauso dachte wie heute.

Jedenfalls war ich mit dem Tod meines Vaters der Kinder-
stube entwachsen. Ich ging aufs Postamt und schickte ein
Telegramm nach München; wegen einer wichtigen Prüfung
könne ich leider unmöglich zur Beerdigung kommen. So.

Im College gab ich seinen Tod als Grund meines Ausschei-
dens an. Meinen Ahnenpaß, meine alten HJ-Papiere, Lieder-
bücher, Mitgliedskarten und anderes Zeug zerriß ich. Dann
fand ich heraus, wo das Flüchtlingskomitee war. Dort meldete ich den Tod meines Vaters als Selbstmord aus politischen
Gründen, was man mir aufs Wort glaubte. Durch meine Verwandlung in einen Emigranten war auch für meinen Unter-
halt gesorgt, wenn auch nur notdürftig. Es gelang mir, eine
untergeordnete, elend bezahlte Stellung beim Flüchtlingskomitee zu ergattern. Aber die Arbeit selbst war kinderleicht, die Stunden waren kurz, und meine Ansprüche an das
Leben waren damals natürlich noch nicht das, was sie heute
sind. Ich wohnte in einem spottbilligen Zimmer in einer
schlechten Gegend; heute steht dort das Gebäude der Verein-
ten Nationen. Die alten heruntergekommenen Häuser sind
reihenweise niedergerissen worden, um für den Bau Platz zu
machen.

Wenige Wochen nach meiner Verwandlung, als ich meine
dumme Routinearbeit schon so gut gelernt hatte, daß ich sie
tun konnte, ohne dabei an sie denken zu müssen, bekam ich
einen Brief von Fräulein Gröschel, meiner alten Gouvernante, die mein Vater für mich aufgenommen hatte. Hier, in
meiner Brieftasche, trage ich sie sogar noch heute mit mir
herum. Da, zwei Bilder aus meiner Kinderzeit; auf dem
einen, links hinter mir, die kleine Frau. Als Kind ist sie mir
natürlich doppelt so groß vorgekommen.

Fräulein Gröschel hatte ein gutes Jahrzehnt in unserem mutterlosen Haus verbracht. Sie hatte mich erzogen, seit ich drei oder vier Jahre alt war. Sie war klug, zwar manchmal streng, aber immer gerecht. Ganz wie man sich eine Gouvernante vorstellt. Angeberin war sie eigentlich keine, nur ganz selten hat sie bei meinem Vater Klage über mich geführt. Ich glaube sogar, daß sie meinem Vater auch nichts gesagt hat, als sie mich einmal – ich muß fünf oder sechs gewesen sein – bei einem kleinen Kinderlaster ertappt hatte. Richtiggehend ertappt, nun ja. Aber was ich sagen wollte, betrifft eigentlich meinen Vater. Nämlich, ich glaube wirklich nicht, daß sie ihm damals etwas davon gesagt hat. Wenigstens hat mein Vater nie ein Wort davon verlauten lassen, und er war nicht der Mann, über so etwas stillschweigend hinwegzugehen. Aber die Ungewißheit, ob er es nicht doch schon wisse, und was er dazu sagen werde, quälte mich damals viele Tage lang, und den ganzen Herbst und Winter über war ich nie mehr unbefangen, wenn ich zu Fräulein Gröschel sprach oder wenn sie auch nur ins Zimmer kam.

Aber das war natürlich alles längst vergessen. Im Brief stand, daß Fräulein Gröschel vom Tod meines Vaters gehört und meine Adresse ausfindig gemacht habe. In säuberlichen, gefällig über die Seite verteilten Schriftzügen sprach sie mir ihr Beileid anläßlich des Hinscheidens meines Vaters aus. Ein Muster von einem Brief. Auch mir hatte sie als Kind beigebracht, so schön zu schreiben. Das hat mir in den letzten Jahren mehrmals sehr geholfen. Es macht einen guten Eindruck, am Anfang wenigstens, und nachher ist es schon zu spät.

Fräulein Gröschel hatte aber noch eine Bitte auf dem Herzen. Mit der rückte sie nicht gleich auf der ersten Seite heraus, die die schön verteilten Worte über meinen verewigten Vater trug, sondern erst auf dem nächsten Blatt. Fräulein Gröschel brauchte Hilfe; sie mußte sie sogar recht dringend brauchen, denn sie verlegte sich geradezu aufs Bitten. Sie hatte gehört, ich sei beim Flüchtlingskomitee angestellt, und deshalb bat sie mich nun, umständlich, wie es seit jeher ihre Art war, aber dabei doch flehentlich und voller Angst, ich möge doch etwas unternehmen, um ihr Gesuch zu beschleunigen. Es hänge alles davon ab.

Offenbar überschätzte sie meinen Einfluß im Komitee, denn in Wirklichkeit war ich damals wenig mehr als ein Laufjunge, der unten im Archiv die jeweils angeforderten Akten und Gesuche zu bestellen und in ihren Mappen zu den Sachbearbeitern hinaufzutragen oder die Mappen der Sachbearbeiter wieder ins Archiv hinunterzubringen hatte. Aber in der Verzweiflung versucht ein Mensch alles Mögliche und Unmögliche und macht sich Hoffnungen und Illusionen, auch dort, wo in Wirklichkeit wenig oder gar kein Anlaß dazu besteht. Ich habe seither natürlich viel mehr Gelegenheit gehabt, genau zu beobachten, wie sich Menschen benehmen, wenn man sie zur Verzweiflung treibt; aber daß Fräulein Gröschel verzweifelt war, konnte ich sogar damals schon ihrem Brief entnehmen.

Obgleich man es ihr nicht angemerkt hätte und ich mir auch nie den Kopf darüber zerbrochen hatte, war Fräulein Gröschel, wie sie mir nun schrieb, ihrer Abstammung nach Jüdin. Sie mußte deshalb versuchen, das Land möglichst bald zu verlassen. Wie eilig die Angelegenheit war, das wußte sie sehr genau, und ihre diesbezüglichen Überlegungen stimmten auch. Vom Flüchtlingskomitee in New York aus ließ sich das sehr gut beurteilen. Die politische Lage hatte sich mehr und mehr zugespitzt, die Staaten würden früher oder später in den Krieg eintreten, und befand sich Amerika erst einmal im Kriegszustand mit Deutschland, dann gab es für Fräulein Gröschel keine Hoffnung mehr, das Land zu verlassen. Ich las ihren Brief, dem sie zwei Bilder aus meiner Kinderzeit beigelegt hatte, mehrmals durch, gewissenhaft, fast als handle es sich dabei um eine der Aufgaben, die sie mir gegeben hatte, als ich noch klein war, ebenfalls immer schriftlich, schwarz auf weiß, fein säuberlich in ihrer korrekten Handschrift. Dann steckte ich den Brief in meine Jacke und fuhr zur Arbeit.

Ein gewöhnlicher Tag; auf den Gängen und vor den Zimmern der Sachbearbeiter die Bittsteller, unten im Archiv Mäusegeruch, Tische, auf denen Formulare ausgefüllt wurden, überall Akten in ihren Mappen. Aktenmappen wurden bestellt, angefordert, ausgetragen, eingetragen, der Empfang wurde unterschrieben, ein Stoß Akten im Aufzug zu den Sachbearbeitern hinaufgebracht, ein zweiter Stoß hinuntergetragen, angemeldet, ausgetragen, eingetragen, abgehakt, in Empfang genommen, gezählt, bestätigt, eingeordnet. So ging es weiter und weiter und weiter. Erst am Nachmittag kam mir der Brief wieder in den Sinn.

Ich weiß nicht einmal, ob es ein schöner oder ein trüber Nachmittag war, ein warmer oder kalter Tag, denn ich hatte kaum einen Blick zum Fenster hinausgeworfen, und das Komiteegebäude war natürlich zentralgeheizt. Was also die Natur dazu sagte, das weiß ich nicht. In Wirklichkeit hatte sie offenbar gar nicht viel dazu zu sagen. Nun ja, es ist eben nichts so wirklich wie die Wirklichkeit, sogar wenn sie manchmal ganz unwirklich wird. Romantiker werden sich vielleicht vorstellen, daß ein junger Mann von zweiundzwanzig Jahren sich vor seinem ersten Mord die Welt noch einmal genau ansieht, weil er sie nie mehr wieder mit unbefangenen Augen sehen wird. In Wirklichkeit aber ist eine solche romantische Art, das Leben zu sehen, weiter nichts als ein kindisch sentimentales Laster. Ich kam damals gar nicht auf derartige Gedanken.

Allerdings ist es vielleicht auch Übertreibung, ja Großsprecherei, diesen Fall schon als richtigen Mord zu bezeichnen. Zwar kann man meinem Vorgehen eine gewisse Eleganz nicht absprechen, aber die hatte es wahrscheinlich mehr den ungewöhnlichen äußeren Umständen zu verdanken, ohne die es in dieser Form überhaupt nicht möglich gewesen wäre. Außerdem war das alles kinderleicht und kaum gefährlich für mich, obwohl ich dabei auch noch einige stümperhafte Fehler gemacht habe, kleine Jugendsünden, wenn man das so nennen darf. Es war nämlich nicht einmal mein Vorsatz klar durchdacht, wenigstens nicht von Anfang an. Dennoch, wenn ich allein bin und mir Rechenschaft über alles gebe, nenne ich diese bescheidene Verrichtung trotz all ihrer Kunstfehler auch heute noch meinen ersten Mord, und er hat sich mir tiefer eingeprägt als vieles, was später geschah. Gewiß, manches von dem, was ich in den langen Jahren seither getan oder sorgfältig ins Werk gesetzt habe, ist viel interessanter und aufregender, und doch habe ich viel davon heute fast vergessen. Wie aber damals alles war, das weiß ich noch ganz genau.

Ich zog also an jenem Nachmittag Fräulein Gröschels Brief aus meiner Jackentasche, sah mir die Kinderbilder, die im Brief lagen, nochmals an, besonders das, auf dem auch Fräulein Gröschel zu sehen war, und steckte dann die Bilder in meine Brieftasche. Aus dem Brief schrieb ich mir die Aktennummer von Fräulein Gröschels Einwanderungsgesuch ab, die sie sorgfältig in Druckschrift rechts oben ins Eck des Briefes gemalt und mit dem Lineal unterstrichen hatte. Dann bestellte ich im Archiv ihren Akt, ganz wie ich Tausende anderer Aktenmappen bestellt hatte. Als ich ihn bekam, fuhr ich nicht im Aufzug zu den Sachbearbeitern hinauf, sondern benutzte die Hintertreppe, wo sich zu halber Höhe ein Abort befand. Ich schloß mich ein, setzte mich, begann eine Zigarette zu rauchen und schlug dann den Akt auf, um ihn in aller Ruhe zu lesen. Zuerst fielen mir drei Paßbilder Fräulein Gröschels in die Hand. Nicht ohne Rührung betrachtete ich das alternde Gesicht. Es sah noch intelligent aus und war gut geschnitten, aber die Haut war schon sehr welk. Auch die Unterschrift war fast schon ein wenig zittrig. Krähenfüße hatte Fräulein Gröschel die ersten Buchstaben meiner unsicheren Kinderhand genannt. Nun schrieb sie selber Krähenfüße und trug auch eine Krakelschrift von Krähenfüßen in den Augenwinkeln und um den strengen Mund.

Der Fall Gröschel selbst war ganz einfach und bot keinerlei Schwierigkeiten. Den Eintragungen des Sachbearbeiters nach stand er unmittelbar vor der ordnungsgemäßen günstigen Erledigung. Einer Intervention bedurfte es gar nicht.

Schon als mir Fräulein Gröschels Wort Krähenfüße eingefallen war, hatte ich lächeln müssen. Nun kam das Lächeln wieder. Ich spürte es innen im Gesicht, warm, wohltuend, aber auch mit einer Beimengung von ganz leichter Verlegenheit. Der Gedanke, Fräulein Gröschel irgendwo in New York zu treffen, auf der Straße oder unten in der schäbigen, scheppernden Metro, war ein wenig komisch. Ich sah Fräulein Gröschel am Spätnachmittag am Rand von Central Park zögern und auf die Uhr sehen, ob sie es noch wagen könne, den Park zu durchqueren, ohne von der Dunkelheit und ihren Gefahren überrascht zu werden. Oder ich sah sie in Times Square, wie sie mit etwas verbissenem Gesicht ihres Weges ging, fest entschlossen, von dem Treiben um sie her keinerlei Notiz zu nehmen. Ich fühlte mich in vergangene Zeiten zurückversetzt, in denen mir Fräulein Gröschel entgegengekommen war, um mich von der Schule abzuholen. Damals war ich bei ihrem Anblick immer ein wenig verwirrt gewesen, ja gewöhnlich zusammengefahren.

Ich schloß die Augen und kam aus der Schule nach Hause. Der Abort hatte sich in mein altes Kinderzimmer verwandelt. Fräulein Gröschels Schritte, die ich auf dem Heimweg von der Schule nie rechtzeitig gehört hatte und die mich auch im Kinderzimmer manchmal überrascht hatten, kamen die Treppe herauf.

Die Schritte hörte ich nicht nur in meiner Erinnerung. Nichts ist so wirklich wie die Wirklichkeit. Draußen stieg tatsächlich jemand, der den gleichen Gang haben mußte wie Fräulein Gröschel, die Hintertreppe des Komiteegebäudes hinauf. Er kam dicht an meiner verriegelten Tür vorbei, hinter der ich mir mit angehaltenem Atem wortlos sagte, sie könne doch unmöglich schon in New York sein.

Diese Schritte hatten mich aus dem Gleichgewicht gebracht. Ich war plötzlich ernst, richtig übellaunig. Ich hatte auch schon zuviel Zeit auf dem Abort verbracht, das konnte auffallen. Ich tötete die Zigarette an einem von Fräulein Gröschels Paßbildern ab und tat sie sparsam wieder zurück in die

Schachtel. Dann zerriß ich die Paßbilder Fräulein Gröschels, ihre Briefe, ihr Gesuch und ihren ganzen Akt in kleine Stücke, die ich in den Abort verschwinden ließ. Ich stopfte eine alte Zeitung, die an einem Nagel an der Wand hing, in die Mappe. Wenige Minuten später gab ich die Mappe in einem Stoß anderer Mappen unten im Archiv ab.

Die nächsten drei, vier Stunden lang war ich sehr nervös. Erst am Abend fand ich wieder Ruhe, als ich Fräulein Gröschel einen langen, freundlichen Brief geschrieben hatte, ihr Akt sei auf dem besten Wege, ja, so gut wie erledigt, sie möge sich doch nur noch kurze Zeit gedulden und beruhigen.

Sechs oder sieben Wochen später traten die Vereinigten Staaten in den Krieg ein. So rasch hatte ich das gar nicht erwartet, aber mit Pearl Harbour hatte ich natürlich nicht gerechnet. Nun war ich sicher. Ich wußte, daß Fräulein Gröschel in Deutschland zugrunde gehen würde. Gewißheit allerdings schenkte mir erst die Nachricht von ihrem Tod, die ich kurz nach Kriegsende erhielt. Es stimmte zwar natürlich nicht, daß es der Krieg ist, der die Menschen zerstörbar macht. Nein, der Krieg zeigt nur die Zerstörbarkeit, an sich eine immer vorhandene Grundeigenschaft der Menschen, besonders deutlich. Diese Deutlichkeit ist vielleicht brutal, zugleich aber auch befreiend. Der Krieg ist, so gesehen, doch wesentlich mehr als ein Jugendlaster, von dem eine immer noch unfreie Menschheit nicht loskommt. Nun ja.

Nicht, daß ich das alles heute einfach bejahe, bloß weil ich es getan habe. An meiner Handlungsweise läßt sich manches bemängeln, ich weiß. Ich hätte zum Beispiel für den Akt, den ich im Archiv behob, niemals meine Unterschrift abgeben dürfen: man übt für solche Fälle die Unterschrift eines Kollegen ein. Daß mein Plan beim Bestellen des Aktes noch gar nicht gefaßt war, entschuldigt mich nicht. Mit halbfertigen und noch nicht gründlich durchdachten Plänen geht man nicht ans Werk, sonst gibt es nachher keine saubere Arbeit, sondern nur klebrige Finger und besudelte Hände. Das ist dann nicht so einfach wegzuwaschen; das merkt man einem an.

Auch das Zerreißen und Hinunterspülen der Papiere war falsch, besonders da ich ein Feuerzeug in der Tasche trug. Überhaupt, ich hätte die Mappe mit allen Papieren unversehrt zurückgeben und später nochmals anfordern müssen. In der Zwischenzeit hätte ich alle nötigen Vorsichtsmaßnahmen treffen können, um jeden Verdacht zu vermeiden oder, falls doch Verdacht aufgekommen wäre, diesen Verdacht auf jemand anderen abzulenken, auf einen meiner Kollegen oder auf eine Scheuerfrau. Solange man sich eine glaubhafte Deckung verschaffen kann, darf man nicht wählerisch sein. Nun ja, eine richtiggehende Affekthandlung, Schwamm drüber!

Jedenfalls hatte ich damals mehr Glück als Verstand. Außerdem habe ich mich für meine Unvorsichtigkeit selbst über Gebühr bestraft, denn ich hatte nachher noch längere Zeit Angst, die Sache könne eines Tages doch noch auffliegen. Ich wußte damals selbst noch nicht so recht, wie wenig einem Hilfskomitee an einem Menschen liegt. Das läßt sich nämlich mengenmäßig in Wirklichkeit gar nicht ausdrücken. Und so wirklich wie die Wirklichkeit ist überhaupt nichts. Das hat sich auch in diesem Fall gezeigt. Der Akt ist nie mehr wieder angefordert worden, nicht ein einziges Mal. Ich selbst habe später bei günstiger Gelegenheit in der Kartei nachgesehen. Nein, nichts mehr, Schluß. Die Mappe liegt wahrscheinlich noch heute irgendwo, schön eingelagert, ungeöffnet, mit der alten Zeitung drinnen.

Wie gesagt, das war mein erster Mord. Kein Meister fällt vom Himmel, und heute habe ich natürlich mehr Erfahrung und verlasse mich nicht auf die Gunst des Zufalls, sondern auf die Genauigkeit meiner Berechnungen. Allerdings, daß man Fräulein Gröschel drüben dann tatsächlich vom Leben zum Tode befördert hat, verstehe ich nicht unter Gunst des Zufalls. Mich darauf zu verlassen, war mein gutes Recht, das ich auch heute noch verteidigen würde. Als ausübende Organe waren die Behörden drüben doch ganz ungewöhnlich verläßlich, und ohne geschickte Verwendung der jeweiligen

Umstände und der von ihnen sozusagen bereitgestellten ausübenden Organe ließe sich in Zeiten wie den unseren vielleicht überhaupt keine größere Tätigkeit entfalten. Meine Erfahrung hat mich auch gelehrt, daß ausübende Organe gerade dann besonders verläßlich sind, wenn sie selbst gar nicht wissen, wessen Zwecken sie dienen. Und an Leuten, die bereit sind, die eigentliche Arbeit des Schlachtens zu übernehmen, fehlt es ohnehin nie. In dieser Hinsicht kann man sich auf die Wirklichkeit verlassen.

Das Komische aber ist, daß ich in all den Jahren seither, in denen es doch wirklich nicht bei diesem einen Fall geblieben ist, bis auf den heutigen Tag noch so gut wie jedesmal nachher von Fräulein Gröschel geträumt habe. Sie sieht aber nie aus wie zuletzt auf den Paßbildern, die ich damals, als ich ihr Leben durch die alte Zeitung ersetzte, zerrissen habe. Nein, sie verändert sich immerzu. Zuerst wurde sie immer magerer, bis sie nur mehr Haut und Knochen war, kaum noch breit genug für den Gelben Stern, den ich damals im Traum immer an ihr sah, an der Bluse oder an ihrem Mantel, obgleich ich in Wirklichkeit nicht einmal weiß, ob man diesen Gelben Stern auch an der Bluse getragen hat. Das war gar nicht angenehm, aber beim Erwachen zuckte ich die Achseln und sagte mir, was aus Menschen wird, die man von klein auf kennt, das geht einem eben nahe. Außerdem konnte es ohnehin nicht mehr lange dauern, da sie doch von Traum zu Traum magerer wurde. Ich nahm an, daß sie eines Nachts sterben müsse, oder vielleicht sogar eines Tages, zwischen zwei Träumen, so daß ich in meinem nächsten oder übernächsten Traum wahrscheinlich schon Ruhe haben würde.

Das war aber ein Irrtum. Als sie wirklich nur noch ein Skelett war und ich ganz sicher annahm, sie könne den nächsten Traum nicht mehr erleben, wurde sie plötzlich wieder jung. Sie sah so aus wie auf dem einen Kinderbild aus der Zeit, als ich fünf oder sechs Jahre alt war. Nun ja. Aber seither wird sie von Traum zu Traum jünger. Ich beginne mir deshalb Sorgen

zu machen. Wenn ich nämlich mein Leben nicht ändere, aber
dann jedesmal so lebhaft von ihr träume, und wenn sie dabei
weiterhin immer jünger wird, dann kann es mir geschehen,
daß ich sie zuletzt noch betreuen muß wie ein kleines
Kind.

FRANZ TUMLER

Österreichische Landschaft

Eine Landschaft lebt nicht nur durch das in ihr Sichtbare, sondern ebenso durch die Gestalten, die in ihr unsichtbar – oder nur in hindeutenden Spuren – anwesend sind, ob sie nun aus Büchern, Bildern, Erinnerung oder Überlieferung stammen; das Vergangene, Erfundene oder Wirkliche gilt hier gleich viel; in je größerer Dichte sich solche Erscheinungen einstellen, um so mehr hat die Landschaft Figur. Ein Beispiel dafür läßt sich aus Adalbert Stifters ›Feldblumen‹ ziehen: in dieser Schilderung einer empfindsamen Reise sind die Sommerfrischenorte des Salzkammerguts als Schauplätze dichterischer Handlung beschrieben; umgekehrt ist dann dem Leser Stifters die Landschaft, die er kennt, stets auch von Gestalten der Erzählung belebt: dem Erdbeermädchen aus dem ›Waldsteig‹ begegnet er in den Wäldern um Ischl; die beiden Kinder aus dem ›Bergkristall‹ waren im Gosautal bei Hallstatt zu Hause; der Gletscher, auf den sie sich verirrten, war das Carls-Eisfeld am Dachstein.

Ein anderes Beispiel steht in Friedrich Hebbels Tagebüchern unter der Eintragung vom 21. August 1855, dem Tag, an dem sich Hebbel in Gmunden ein Haus gekauft hatte: ›Wir waren auf ein einsames Bauerngehöft in der Nähe von Altmünster gegangen – unterwegs eine Bewegung am Himmel, ein Arbeiten, wie ich's noch niemals sah, ein Wetterleuchten hinter allen Bergspitzen hervor, das unsern Pfad fast mit Feuer überschüttete und sich zuweilen zu einem wahren Flammenfall steigerte; im Gegensatz dazu arbeitete sich der Vollmond hinter dem Traunstein herauf und drückte das sich türmende Gewitter eine Zeitlang siegreich zurück, dann aber verschwand er wieder, und Donner und Blitz triumphierten.‹

Wenn Hebbel das schreibt, ist es auch jetzt, nach hundert Jahren, am Gegenstand wirklich; nur etwas Scheinbares: Zeit ist vergangen. Man kann es an den Werken der Malerei nachprüfen: in den Ansichten, die Gauermann zur Zeit des Biedermeiers vom Salzkammergut gemalt hat, lebt durchaus der in den Augen haftende Blick, mit dem diese Landschaften damals von den ersten Besuchern aus Wien gesehen, von Stifter beschrieben wurden. Seither ist in ihrer Wirklichkeit diese andere Existenz festgemacht: Wiederholung, Übung, Gewöhnung; ein Bild mit Namen. Dies eben unterscheidet die Landschaft im Salzkammergut von den bäuerlichen Landschaften ringsum: sie ist eine artikulierte, nicht eine sprachlose Landschaft. Das Vergangene ist gegenwärtig in dieser Sprache; das Gegenwärtige wäre ohne sie schon wie vergangen. An manchem Herbstabend in Ischl ist das zu spüren. Noch haben die Alleen ihr volles Grün, und die sanften Formen der Berge blicken ohne Zukunft ins Tal, unveränderlich; der Fluß prasselt über den Schotter in dem seichten Bett – durchsichtiges, rasch fließendes Wasser. Denkmäler, Büsten, Inschriften auf Stein: Gestalten von früher, graue Schleier, Worte aus der Zeit vor 1914 gesprochen; in einem Schaufenster eine Ansichtskarte mit dem Bild des Kaisers, als er sich mit Elisabeth verlobte; ein Schild ›Meierei‹, ein grüner Hügel mit einem Aussichtsturm: der ›Siriuskogel‹. Häuser mit Balkonen, deren vorgetäuschte Marquisen aus Blech geschnitten sind, die Quasten sind aus Draht; die Alleen deuten auf die kaiserliche Villa – aber dort ist ein Museum, und es wird Eintritt erhoben; innen der Tisch mit Löschblatt und Tintenfaß, auf ihm wurde 1914 die Kriegserklärung unterzeichnet. Im Café kremiges Weiß und ein dünner Goldstreifen an der Boiserie, die Tischplatten aus Marmor, die Füße aus Gußeisen; die verkehrte Schrift, Spiegelschrift, auf der Glasscheibe; ihre plastische Nachzeichnung sieht aus, als läge ein Rand Schnee auf den Buchstaben.

Das ist der künstlichste und zugleich wahre Ort: die Umrisse sind genau, aber das Wirkliche ist nur dargestellt; und hier ist es dann möglich, den Schritt aus dem Tag zu tun: die Allee hinab – kurze Dämmerung, der Weg geht immer noch weiter.

Der höchste Berg: der Dachstein. Über seinen Namen gab es ein Mißverständnis, als er von den österreichischen Militärkartographen, von denen manche Deutsch nur als Armeesprache konnten, aus einem fälschlich für Mundart gehaltenen ›Thorstein‹ in ein schriftdeutsches ›Dachstein‹ übersetzt wurde. Die Gipfel auf dem Dachsteinmassiv tragen germanische Götternamen, auch in dem Namen des weiter außen liegenden ›Höllen‹gebirges steckt das Wort ›hel‹; unmittelbar daneben, in der östlichen Hälfte des Salzkammerguts klingt die slawische Zunge in den Namen auf: die höchste Erhebung im Toten Gebirge ist der ›Große Priel‹, dann kommen Pyrhgas und Bosruck; zwischen ihnen liegt der Pyrhnpaß, an seinem Fuß der Ort Windisch-Garsten. Das sind Namen aus wendischer, slawischer Wurzel. Die Flußnamen sind älter. Sie weisen, wie überall, auch in diesem Gebiet auf einen uns unbekannten Ursprung. Der Name ›Traun‹ kommt von einer vorzeitlichen Sprachwurzel. Es ist dieselbe Ursilbe wie in ›Drau‹; und verwandte Bildungen sind Düna, Donau, Don, Dnjepr, Dnjestr; aber auch die Durande und der Drôme in Frankreich, der Duro in Spanien gehören in diese Reihe – in der Silbe › dn‹ rauscht der Fluß in der Ebene, in der Silbe ›dr‹ der Gebirgsfluß.
Hallstatt ist ein Ort von seltsam düsterer Stimmung, als wäre an ihm noch etwas von der Vorzeit lebendig. Es gibt im Salzkammergut hier und dort Stellen, an denen man dieses ältere Wesen zu spüren glaubt; auch mit ihm mischt sich eine geisterhafte Figur in das Bild der Landschaft. Sogar in Ischl ist etwas davon zu spüren, in Blicken auf stumpfgrünen Wald und staubiggraues Gestein; und da sich hierzu nun die Zeichen jener andern abgelebten Welt der früheren Residenz stellen, hat man in der Tat den sonderbaren Eindruck, als wäre hier ein Ort wirklich, der in einer Art Jenseits liegt.

Der Hauch der Vorzeit weht dann im Trauntal unterhalb Ischl immer wieder heran von den wasserlosen Halden und den blicklosen monotonen Waldkuppen – Wohnungen der scheuen Tiere, die nur im späten Winter, wenn droben der Schnee verharscht, bis an das Wildgatter neben der Straße kommen. In der Abenddämmerung, die im Tal schon das Frühjahr ahnen läßt, äsen die Hirschkühe an den Raufen; die großen Hirsche stehen dahinter vor dem grauen Schnee-grund, regungslos, mit mächtigem Haupt – so mag sich ihr Bild einst dem Jäger der Vorzeit eingeprägt haben, bis er es dann in der Zeichnung an den Felsen bannte.

Die Landschaft bietet hier kein reines Naturbild. Eher möchte man in ihr den Einfall eines vormenschlichen Wesens erblicken, das Phantasiegebilde eines Zwischenwesens, das hier etwas von sich selbst dargestellt hat – so daß dann später der uns bekannte Mensch es schon vorgefunden und nur zur Sprache gebracht hat. Auf solche Weise, könnte man denken, kommt es zu einem Bild wie hier: dem einer namentlichen und durchgeformten Landschaft, angefangen von den Göt-ternamen der Bergspitzen und den alten Ortsbezeichnungen bis zur Niederlassung der sommerlichen Residenz und bis zum Schlaf in den Hütten; und in letzter Steigerung käme es zu jenen Annäherungen an das Paradiesische, für die es an ein paar Punkten der Erde Beispiele gibt und die von den Men-schen immer wieder versucht worden ist. Als wolle er eine solche Annäherung noch einmal in unsere Begriffe übersetz-zen, hat vielleicht Hugo von Hofmannsthal das Schlußbild der ›Frau ohne Schatten‹ entworfen – es ist eine Art lebendes Bild, nicht ohne eine uns wohlbekannte Nuance von Senti-mentalität. Hoffmannsthal hat lange Jahre den Sommer über in Aussee gelebt; manches von friedensstiftender Vermäh-lung mit der Möglichkeit einer vollen menschlichen Existenz mag ihn dabei bewegt haben.

Der Schafberg ist der Aussichtsberg des Salzkammerguts. Im Mittelalter wurde er ›Schavberg‹ geschrieben und heißt somit richtig ›Schauberg‹. Ein solcher Ort, der es erlaubt, das Gebiet zu überblicken, ist in einer Landschaft, die sich als Einheit und beseeltes Wesen vorstellen will, stets ein wichtiger Punkt.

So mochte der Schafberg von alters her seinen Namen haben – zu seinem Ruhme kam er erst in der zweiten Hälfte des neunzehnten Jahrhunderts, als die bürgerliche Gesellschaft, nach dem Vorbild des Adels, anfing, im Salzkammergut Aufenthalt und Vergnügen zu suchen.

Zeitgenössische Berichte lassen erkennen, daß dies mit einer Art patriotischen Eifers geschah. Das kam von einem neuen Selbstbewußtsein: der frühere Untertan war nun, in dem konstitutionellen Staatswesen, ein freier Mann; er entdeckte seine Heimat und richtete sich in ihr ein. Es war eine bürgerliche Einrichtung: man drang noch nicht, wie später, in die Einsamkeit des Gebirges vor. Aber ein eigentümliches Bedürfnis nach großen Rundblicken, nach dem ›Panorama‹, erregte die Menschen. Damals wurde auf den Schafberg eine Zahnradbahn gebaut.

Wer heute mit ihr fährt, sieht sich wunderlich zurückversetzt in die Zeit, in die sie gehört. Die Wagen erinnern an das Jahrzehnt, als die Kutsche zum Automobil wurde; die Lokomotive mit dem glänzenden Messinghelm und den blanken Beschlägen sieht aus wie eine der kleinen Dampfmaschinen, die es in der Jugend unserer Großväter als Spielzeug gab. Und plötzlich entdeckt der Besucher ringsum noch andere Dinge, die mit dieser Zeit korrespondieren: der Raddampfer, der den See überquert, ist um ein paar Jahrzehnte älter; die ersten dieser Dampfer brachte um die Mitte des Jahrhunderts der Engländer John Ruston ins Salzkammergut, er steuerte einen von ihnen auch selbst und ließ sich in der Folge hier nieder – ein Pionier aus dem Weltmeer des Fortschritts, den die grünen Alpenseen verschluckten. Seine beiden Dampfer, die ›Elisabeth‹ und die ›Gisela‹, verkehren noch heute auf dem Traunsee, und sie werden auch noch von denselben Maschinen angetrieben, mit denen Ruston sie ausgestattet hatte:

schon damals nicht mehr neuen Maschinen – er hatte sie aus dem Schrott der Pumpenanlage eines aufgelassenen englischen Bergwerks gekauft und in seine Schiffe eingebaut; Maschinen aus einer Zeit, die auf Abnutzung noch nicht bedacht war.

Auch die Form der kleinen Ruderboote ist als Muster damals eingeführt worden. Man muß aufrecht in ihnen sitzen und kommt nur langsam voran; zu uns passen sie nicht mehr. Aber nun stellt sich das Entsprechende ein – das Bild von damals: die Dame am Hecksitz unterm Sonnenschirm, mit weißen Handschuhen und im städtischen Kleid und Korsett – sie konnte nicht anders als aufrecht sitzen; und der Herr ihr gegenüber auf der Ruderbank führte vor allem mit ihr ein Gespräch; da war an Schnelligkeit nicht zu denken. Worüber sprach man – möglicherweise über das Panorama; auch der See hatte eins zu bieten, und irgend jemand war dahintergekommen, daß die Bergsilhouette am Ufer Ähnlichkeit mit Napoleon dem Dritten habe; ein anderer Bergumriß sah einer hingestreckten weiblichen Gestalt mit griechischer Haartracht ähnlich. Am Nachmittag machte man einen Ausflug in die ›Klamm‹; das war eine enge Schlucht, an deren Eingang man eine Eintrittskarte löste, um an ihrem kühlen, tief in einer Bergspalte liegenden Ende einen herunterspringenden Wasserfall zu bewundern. Die ›Klamm‹ und der ›Wasserfall‹ gehörten zu den Besonderheiten, die man damals in der Landschaft entdeckt hatte; zu ihren Sehenswürdigkeiten, die man gern aufsuchte.

Auch ›Sehenswürdigkeit‹ ist ein Wort aus der Zeit. Und wer nun wieder auf einen Rundblick erpicht war, brauchte nicht durchaus auf den hohen Berg zu fahren; auf manchem Waldhügel stand ein Aussichtsturm aus Holz, an der Wetterseite mit Schindeln verkleidet, und oben mit einer Plattform versehen. Ein bestimmter Stil für Aussichtstürme setzte sich durch, wie denn überhaupt dies alles unverkennbar Stil war: die Zahnradbahn, der Wasserfall, die Klamm, und die ›schlafende Griechin‹. Und weil das Salzkammergut damals ein vielbesuchter Ort war und nachher ein Ende kam: 1914, sind die Bilder des ausgehenden neunzehnten Jahrhunderts zum Stil dieser Landschaft geworden, so daß auch darin etwas Vergangenes in ihr fortlebt, neben dem Schatten der Vorgeschichte und dem Nachschein der Residenz.

Ein paar der letzten Namen stammen vom Traunsee. An ihm treten die vielen, in der Landschaft des Salzkammerguts wirkenden Kräfte noch einmal kraftvoll zusammengefaßt hervor. An Größe steht er dem Attersee nicht viel nach; und er hat, wo er sich in die Ebene vorstreckt, wie schon der Mondsee, einen weiten Horizont um sich. Die Lieblichkeit des Wolfgangsees findet sich an seinem mittleren Ufer. Seine innere Hälfte aber erinnert an den Hallstätter See. Sie ist eingezwängt zwischen steilen Gebirgswänden. Es gab hier früher keinen Landweg; wer aus der Ebene nach Ischl wollte, mußte vom Wagen auf das Schiff wechseln. Der Weg auf dem See war, da die Straße am Wolfgangsee aus dem Fürstbistum Salzburg kam, durch Jahrhunderte der einzige freie Zugang von Wien ins Salzkammergut. Dieser Umstand hatte politische Bedeutung: der Verkehr zwischen den Behörden in Wien und diesem ihnen direkt unterstellten und so wichtigen Landesteil war schwierig. Der Vorteil der Lage war auf seiten der salzburgischen Bischöfe, die denn auch mehr als einmal ihre Truppen über die Pässe schickten, um die ertragreichen Bergbauorte an sich zu bringen. Man versteht nun das besondere Augenmerk Wiens auf diese Landschaft. Man versteht aber auch, wie – ungeachtet solcher geschichtlichen Besonderheiten – von Anfang eine Bedingung der Natur dazu beigetragen hat, aus dem Salzkammergut ein abgeschlossenes Gebiet zu machen. Ein Land, das nur zu Schiff erreicht werden kann, ist beinahe schon eine andere Welt. Und hier ging es in ein hinter Wasserflut und Nebelbrauen liegendes Reich. Erst 1870 wurde auf dem westlichen Ufer des Traunsees eine durch Tunnels und unter Lawinenschutzdächern führende Straße gebaut; das Ufer gegenüber ist heute noch ohne Weg.

Auch die äußere Hälfte des Sees ist frei nur am westlichen Ufer; die Seite drüben hat in der Bucht von Weyer eine Häuserzeile und eine Lichterschnur, dann ist sie durch den hochragenden Traunstein besetzt, der mit seiner grauen Felsmasse unmittelbar von der Wasserfläche emporsteigt.

So ist selbst hier dem Menschen nicht viel Platz gegeben. Um so dichter drängt sich das Leben auf dem beschränkten Raum.

Der erste Ort außerhalb des Gebirges ist Traunkirchen. Es wird schon im Jahre 1000 erwähnt: es war der Sitz eines Nonnenklosters. Die alten Gebäude dienen heute der Forstverwaltung, die Klosterkirche ist Pfarrkirche geworden. Als Sehenswürdigkeit ihrer Rokoko-Ausstattung gilt die Fischerkanzel eines unbekannten Meisters; sie hat die Gestalt eines Bootes, an dessen Bord der heilige Petrus sein Netz aus dem silbernen Sturzbruch der Fluten zieht. Auf das früheste Leben zurück deutet der steile Felsgupf, der als Halbinsel vor dem Ort liegt. In der Vorhalle des Kirchleins auf seiner Höhe ist eine Tafel eingemauert; sie stammt aus der Barockzeit, ihre lateinische Inschrift besagt, daß sich hier vorzeiten ein Schlupfwinkel heidnischer Seeräuber befunden habe. Aber das barocke Latein ist Allegorie: die Weihe des Kirchleins an den heiligen Johannes kann als Zeichen gelten, daß es einst auf dem Boden einer vorchristlichen Kultstätte errichtet wurde; und eigentümlich genug: überall auf dem Johannisberg findet sich, in offensichtlich aus Gewohnheit immerzu ergänztem Bestand, die Eibe, der den Germanen heilige Baum.

An dem freundlichen Ufer gehen die Baum-Namen weiter. Am ›Buchschacher‹ starrt ein Buchenwald von dem herandrängenden Hügel; im ›Pühret‹, wo einst die ›Burte‹ gehauen wurden, die Bündel Brennholz aus Erlen, nisten Hag und Beerensträucher über der von Blumenduft ertränkten Bucht. Das ›Hollereck‹ ragt als flache Wiesenhalbinsel in den See; und wenn auf ihm auch längst Eiche, Linde und Ahorn dem Hause Schatten geben, hat es doch noch immer vom Holunder den Namen. Vor dem grünen Schilfgürtel wehen die Fischernetze. Der Traunsee ist der fischreichste See des Salzkammerguts. Saiblinge, Reinanken (das sind die ›Renken‹ des Bodensees), dazu Forellen und Karpfen werden gefangen; oft steht der Hecht wie ein Stock im grünschattigen Wasser unter der Schiffhütte. Draußen im See schwimmen zwischen den Bojen der Segler helle Holzpflöcke, an denen die Netze ausgelegt sind. Ende Frühjahr, bei unsichtigem Wasser, kann ein besonderes Netz in langsamer Fahrt auch gezogen werden; die ›Plätte‹, das langschnäbelige Schiff, in dem der Fischer aufrecht steht, wird dann mit kurzen Schlägen vorangetrieben – es wird, wie es heißt, ›in der Schweb‹ gefischt. Im Dezember, nach der Schonzeit, gibt es das ›Arifischen‹, einen gemeinsamen nächtlichen Fischzug, zu dem sich die Boote Punkt Mitternacht am oberen See-Ende versammeln und dann in der dort einströmenden Traun mit ausgelegten Netzen ein Stück hinauffahren, um die nach dem Laichen flußaufwärts wandernden Fischzüge abzufangen.

Die meisten Fischer sind rund um Altmünster zu Hause, das Gewerbe hat sich in den Familien vererbt, weil die Fischrechte, ähnlich wie die Jagdrechte, auf den Häusern liegen. Das macht eine gewisse Politik notwendig, was Heirat und Nachfolge im Beruf betrifft; fast alle Fischerfamilien sind untereinander verwandt; immer dieselben Namen: Gaigg, Pesendorfer, Trawöger, kehren wieder.

Das alles hat sich wenig geändert, so weit auch die Orte zurückreichen; und Altmünster ist die älteste Pfarre am Traunsee; es wurde, der Überlieferung nach, als eine karolingische Abtei Trunseo gegründet. Heute ist es, durch Villen und Landhäuser an der Uferstrecke, beinahe ein Vorort Gmundens, mit dem sich das Leben am See zur Stadt erhöht. Gmunden war im Mittelalter der Salzstapelplatz; hier wurden die Lasten auf die für die Flußfahrt tauglichen Schiffe geladen. Stadtrechte und ständische Überlieferung bildeten sich aus; dieses Altstädtische ist ein Zug, den wir von anderen Orten des Salzkammergutes nicht kennen.

Zu einem Einschlag größerer Welt aber kam die Stadt erst durch Zuzug von außen. In Gmunden ließen sich nach 1866 die aus Hannover vertriebenen Welfen nieder. Sie erbauten in einem Park oberhalb der Traun ihren Wohnsitz: das Schloß Cumberland und die Königin-Villa; und da sie in ihr österreichisches Exil ihren Hofstaat und eine weitläufige Beamtenschaft nachzogen, verstreute sich über Gmunden halb ein adliges, halb ein bürgerliches Wesen hannöverscher Namen, das zu den aristokratischen Namen, die an dem Ort schon waren, hinzukam. Allmählich wuchs immer mehr von diesem Leben an; auswärtige Souveräne erschienen zu Besuch oder gründeten ihrerseits Sommersitze beachtlichen Umfangs. Noch heute tradiert man in Gmunden das Wort, das der englische König 1886 auf dem Balkon der Villa ›Maria Theresia‹ zu deren Besitzer, dem Herzog von Württemberg, gesagt haben soll: er habe in ganz England keinen so schönen Park wie diesen! – Man erkennt die Höflichkeit des Gastes – und man erkennt sie heute noch an, wenn in unsern Tagen gelegentlich sommerlicher Kaffeetafel und Durchmusterung der augenblicklich in Gmunden weilenden Herrschaften das Gespräch von dem, was gerade passiert ist, zurückgeht auf das, was früher passierte. Die Konversation reißt so über ein dreiviertel Jahrhundert nicht ab; mit Hilfe von Anekdoten wird der Rang der Personen immerzu aufs genaueste fixiert; eine Verrückung wird allenfalls toleriert. Die Baronin N. erzählte, daß sich die schwerhörige Gräfin M. bei ihrem Tischnachbarn nach dem Mädchennamen der Baronin mit der höchst allgemeinen Formel erkundigt habe: War sie wer? Bescheidenheit und Exklusivität in eigenartiger Mischung machen die alte Gesellschaft fähig, manche Strapazen des Zeitalters zu überdauern. Das Besondere dieses Lebens in Gmunden war nun, daß es sich in der Nuance, die es durch die Niederlassung der Welfen erhielt, von Anfang an im Exil entfaltete, in einem nicht vorhandenen, als Wirklichkeit nur angenommenen Raum. Eben damit entstand eine aufs äußerste gezogene Prägung des dem ganzen Salzkammergut eigentümlichen Strebens nach einer zweiten, aufgehobenen Existenz. Sie ist in Wahrheit unsere eigentliche und erste; und allerdings ist durch die Gleichsetzung dieser Existenz mit dem Exil auf eine Art von Zukunft vorausgedeutet worden, der gegenüber die Hofführung in Ischl wie eine gefühlvolle Entourage, und die Hochzeit in Aussee zwischen Erzherzog Johann und der Postmeisterstochter Anna Plöchl wie eine treuherzige Szene im Wirtshaus erscheint; die Exile – und die Leute von jetzt – sie sind das unbedingte Dasein geworden; es ist nicht einmal mehr die Bedingung dabei, daß jemand sein Land verläßt.

Aber in unserem Land bleibt die vollkommene Rückversetzung von Wirklichkeit in eine Welt von Erinnerung und Ahnung nicht bei der Gesellschaft stehen. Auch heute noch, wie jederzeit, bestimmt sie das Naturbild.
Es gibt am Traunsee das flache bewohnte Ufer, und gegenüber das andere Ufer, an dem die Felsen steil ins Wasser gehen. An diesem andern Ufer kann man an manchen Stellen mit dem Boot landen und dann ein Stück landein in eine Schlucht gehen. Man sieht dann noch zurück auf das Ufer, an dem die Häuser und Wohnungen sind; aber herüben ist davon nichts. Die ganze Strecke ist unbewohnt. Aber etwas wohnt doch an ihr – man kann es nur nicht deutlich erkennen. Es sind die zarten Gräser da und die in der Sonne zitternden Blumen; mit dunklen starken Farben stehen sie in den Felsritzen und strecken sich gegen die ebenfalls an ihnen zitternde Bewegung des Windes. Man sieht auch die farbigen Steine in den Schattenhöhlen der Felswand, und dann die Falter, die über dem Abgrund aus Blau, Luft und Wasser hinausfliegen. Und man hört dann, wenn man still ist, in einer Felsenbucht die Vögel pfeifen, unsichtbar, von oben her; und manchmal pfeifen sie sehr weit oben, fern. Es sind nur die Gräser, die Blumen, und hier und da ein winziges Blitzen oder ein Summen noch in dem kleinen Gitter von Stein- und Pflanzenfiguren; aber in ihnen bieten sich andere Wesen dar,

als am bewohnten Ufer die Gräser und Blumen es haben. Auch die Vogelstimmen kommen aus dem Unsichtbaren herunter, als Rufe anderer Wesen. Man kann sie nicht erkennen, aber dann zeigen sie etwas vor in dem ruhelosen Zittern der Gräser und in dem unablässigen Rufen der Vögel; und nun weiß man: es sind die Unfaßlichen, Vergessenen, Abgeschiedenen, alle Toten und einmal Liebgehabten und Liebenden von dem eifrig bewohnten zurückgelassenen Ufer. Und für Augenblicke weiß man, daß sie hersehen und immer noch sprechen wollen, immer noch da sind; und sie machen ihr Leben auch wahr an diesem andern Ufer – das verfehlte oder glückliche Leben von drüben; und es macht ihnen nichts aus, es zu wiederholen. Es ist davon von früher her noch so viel Figur in ihnen, daß es nicht vergehen kann, auch wenn es hinab ist. In dem Augenblick weiß man auch, daß man zu ihnen gehört – jetzt schon. Wenn man auch nur für einen Tag hinüberfährt und sonst scheinbar noch an dem bewohnten Ufer ist, lebt man doch schon an diesem andern Ufer, wo alles wiederkommt, nichts verloren ist, wo aber alles auch schon Vergangenheit ist, was an dem bewohnten Ufer noch lebt. Nur ist es an ihm immer Getrenntheit, nie Bleiben; und am andern Ufer, wo es vergangen schon ist, geht es fort, unverstört, durch nichts getrennt. So fährt man hinüber und landet, und geht dann ungern zurück.

Die Hündin

Auf der schrägen, von der Wegschlinge eingefangenen Wiese, die sich durch den Spätnachmittag unter meinem Fenster zu Tal schwingt, weiden sommers die Rinder; davon führt Berg und Haus den Namen. Nun, in dicker Winterlast, die sogar die steilen Fichten des seitlichen Waldes beugt, atmet außer mir, dem Stallknecht, seinem Weib, dem kärglichen Vieh und Myrrha, der Hündin, nichts hier oben; nur Raubvögel schrillen zuweilen ihren Kampflaut aus der Luft, und aufsteigende Krähen, die irgendein Aasgeruch die elfhundert Meter Höhe emporlockt, schreien voll greisem Zorn.

In solcher Einsamkeit verbrüte ich schon Tage; die Arbeit rattert in mir, so daß ich nichts sonst merke. Wenn ich aber mit kochendem Blut zu den verfrorenen Scheiben aufschaue, wie jetzt – gut, daß mich in solcher Nacktheit der Sinne keine Großstadt anfällt, sondern daß meine zerbeizten Augen nur der reinen, demütigen Schneelandschaft begegnen; wo Schnee liegt, ist überall Heimat.

Und doch stillt es die Unruhe nicht in mir, die mir jetzt den Kopf von meiner Arbeit durch das hastig geöffnete Fenster ins Freie zwingt. Hunderte von Meilen streicht nun der unbeschränkte Blick in Sekundenfrist hin, unter der Eisluft scheint mir die Stirne zu dampfen, ich möchte mir selbst entlaufen – so muß es im Anfang der Zeit bei den Männern der Wälder gewesen sein, wenn sie diese Unruhe überfiel, so brachen sie auf zur Jagd, zum Raub, furchtlos – ob es um Rinder ging oder um Weiber, aber der erste Mord geschah um Herden. Und nur eine Angst kannten sie, die Angst vor den Toten, und daß sie wiederkehren möchten; man beweinte sie darum nicht, man begrub sie in schweren Ketten, es gab ja noch kein Leid in der Welt.

Es gab noch kein Leid in der Welt, die Angst trug noch alles in sich, die unbestimmte Angst, die auch mich jetzt am Herzen hält; der schwarze Ofenwurm in der Ecke bäumt sich, der Rauch seiner knatternden Buchenscheite betäubt, so reiße ich den Mantel über, hinaus! Kehre ich heim, habe ich das Hirn wieder frei zur Empfängnis und zur Geburt, darum muß heute, verspätet durch die Zeitlosigkeit einer rauschenden Arbeit, der tägliche Spaziergang erledigt werden: über den Rabenkamm und zurück.

Von unten her winselt es zart: das ist Myrrha, sie spürt die verzögerte Absicht und brennt deshalb doppelt, mich zu begleiten, und nun stürmt sie mir vor zur Türe, Myrrha, die Wölfin, wie ich sie nenne, denn in ihr ist wahrhaft nichts Hündisches, und wenn ich sage, sie begleitet mich, so stimmt das eher umgekehrt: ich begleite sie.

Wir poltern über die Brücke aus der Holzgalerie des Stockwerkes auf den Waldweg längs des Abhanges hinüber. Unter uns schimmert verlassen ein Eisband; heute hat es der Stallknecht angelegt für die Bauern, die sonntags weither zum Eisschießen stapfen, diesem Diskusschleudern der Älpler. Die bräuchliche Spiegelglätte wird verbürgt durch die kalte, klare Dämmerung, die mich jetzt den Rockkragen hochstellen heißt; da bricht bis morgen nicht Schnee noch Tau ein.

Eine Weile leitet der Weg zwischen Bäumen, das Haus verschrumpft hinter uns in ihnen. Myrrha schnellt vor und keucht mit einem Stein zurück, gierig, beschäftigt zu werden. Plötzlich aber fällt ihr der Stein aus der Schnauze, und sie jault jubelnd in den Abend, um jäh einzuhalten, gefangen von irgendeinem verlorenen Laut der Natur, der sich meinen gröberen Sinnen entzog. Über ein geschwungenes Joch erreichen wir endlich den Kamm.

Den genagelten Schuh schneide ich nun scharf in den Eisrand ein; von dem sich verengenden Grat kann einem ein falscher Tritt in nachtgetauchte Tiefen abschwirren lassen. Sogar Myrrha vor mir wird hier stiller; mitunter schaut sie sich um, ob ich noch da sei. Jetzt raunt es, erst dumpf und ferne, harft mählich näher, der Wind ist das, der Wind aus dem Westen; hängt er Wolken an die Bergspitze jenseits der Schlucht, so schleiert es morgen dichten, eifrigen Schnee.

Der Wald weicht auseinander; eine Wettertanne zwirbelt sich noch auf, dann saust der freie Blick die Riesenkerbe des Felsentales hinüber den Koloß der fast zweitausend Meter hohen Steinpyramide empor, die sich bereits in die Dämmerung auflöst. Es ist wie eine Erscheinung am Jüngsten Tag; auch Myrrha rührt sich nicht, sie horcht nach dem Wind, der langsam vorrückt durch die kalte, stehende Luft, dann sieht sie mich an, liebreich, fast etwas überlegen, denn sie findet sich doch leichter in diese von Urtönen brausende Einsamkeit als ich durch das Gehirn verstörter Zweibeiner.

Es finstert rasch. Ein schweres Tier flügelt von der Tanne ab; es muß wohl eine Eule sein. Auf der Waldblöße macht sich eine bepelzte Bank breit, und das Verlangen, in ihr weiches Weiß sich niederzulassen, klingt sachte an. Doch noch knirscht der Schnee zu meinen Füßen, und nun klirrt kriegerisch der Rauhreif der silbergepanzerten Fichten, die der Wind von drüben erreicht hat: noch ist es zu solcher Ruhe nicht Zeit!

An meine Versunkenheit schmiegt sich Myrrha; ihr unergründlicher Tierblick trifft mich. Wie kann sie fühlen, was ich denke, sie, die Kreatur? Aber geht es sie nicht ebenso an wie mich? Glimmt in ihrem forschenden Auge nicht die gleiche Frage nach dem Sinn ihres Daseins? Ich kraule den warmen Tierpelz. Als wäre ich der erste Jäger, so ist mir. Der Mann und das Tier gingen aus; es war sein frühester Gefährte. Und so sah es auch nach seinem Herrn und spürte aus der Unendlichkeit seiner Sinne alles, was die Herrenseele überflog, und sprach nichts, und dennoch verstand man es. Vielleicht konnte man nach der Heimkehr in die Höhle das Weib noch fragen, freilich war das nicht gewiß, ob man sie so verstehen würde.

Myrrha fiebert vor Liebe. Sie möchte mir beweisen, wie sie mich aus allen Fasern hört, ihre Dolchohren schärfen sich, das spitze Gesicht glüht Bereitschaft und Hingebung. Will sie mir zeigen, was einem bleibt, wenn man nicht mehr aus kann: Nichts mehr begehren, nichts mehr verwünschen, nur dienen? Neige dich, Mensch!

Aber nicht ich, sie neigt winselnd den Kopf, und nun sehe ich durch das Dunkel einen Flecken Blut und einen herzförmigen Huftritt, die Fährte eines schweißenden Hirsches. Und Myrrhas eben noch so weiche Augen rieseln grün, das Wolfsfeuer bleckt aus ihnen, sie duckt den Körper, der jetzt nur Gier ist, und mit einem kurzen Bellen stürzt sie unaufhaltsam in die Nacht, ohne meines Rufes zu achten.

So bin ich allein. Ich bin allein: Myrrhas Name, ein paarmal von unsichtbaren Wänden zurückgeworfen, erstirbt schließlich, ich sage mir nur mehr leise vor: Allein!, und dieser Ruf verhallt ohne Echo, und mich fröstelt im stechendem Schneestaub. Ich sehne mich nach meinem warmen Zimmer, nach dem Lampenlicht, das es anfüllt, wenn die Holzlohe zuckt und knistert im Ofen – doch kein abendlicher Weg ist mehr da, wie ich mich wende. Hier und dort hat der wachsende Wind eine Narbe davon übriggelassen, das übrige aber verschüttet und verweht, selbst jede Sicht, trübe qualmt es heran, noch hält ein starker Stern über mir ein Stück Himmel frei, ich aber bin verwischt samt allem Körperlichen um mich, in einer Wolke wate ich, und jeder meiner tief einsinkenden Schritte kann ins Leere münden.

Rastlos drängt das Hirn, wittert voraus, ein Zugtier im Joch des Körpers. Nun stoße ich an ein meterlanges Stück Holz – Gott sei gepriesen – denn aus dem steingefrorenen Boden könnte ich mir keine Stütze scharren. Schwer entringe ich es der Erde, taste mich vor daran unter Sturmstößen, die mich umfegen; bei einer besonders glatten Stelle, über die mein Schritt rutscht, knickt es ab und steckt mit dem größeren Bruchteil in einer hohen Schneewächte. Rasch überlege ich: gerate ich in die Richtung, die ich ahne, zur Bank, dann wird der Stock ein Merkzeichen hin, dann verharre ich auf dem Kamm, dessen Krümmungen ich mir mit triefender Stirn

vorzustellen suche: so sehr erhitzt mich der augenlose
Marsch auf dem kahlen Rücken, denn rings ist dicke Nacht
geworden, bloß über mir, aus flutenden Nebelfetzen, drängt
sich zuweilen der Stern in höhnender Klarheit hervor. Nur
nicht ermüden! Jetzt nicht! Jetzt, da mich die weiße Ewigkeit
bedroht, schreit alles in mir nach Leben! Schon bin ich eis-
überzogen, eine zweite gläserne Haut schließt mich ein,
feuchte Kälte betastet mich bis unters Hemd, ich haste stol-
pernd vorwärts, die Rechte krampft statt der verlorenen
Stütze das Feuerzeug, und doch hat es keinen Sinn, es zu ge-
brauchen, immer stärker orgelt ja der Wind, die wenigen
Zündhölzer spare ich also zur äußersten Not. Wie lange irre
ich so? Tagt es bald oder sind es erst Minuten? Da drohe ich
abzugleiten, fange mich an einem Stamm, es muß mir nun
gelingen, Licht zu schlagen, für Sekundenfrist; im jäh zerflat-
ternden Schein entdecke ich in meinem Halt den Stock wieder, der mir im Schnee zerbrach.
Ich bin im Kreise zurückgekehrt.

Stärker als der Sturm hämmert mein Herz. Jetzt geht es zu
Ende mit mir. Wer sollte mich hier auch vor morgen finden?
Der Knecht wähnt mich zu Hause, und Myrrha hat mich verlassen, die Frau in ihr hat Blut gerochen, fremdes, starkes
Tierblut, und darum ist sie von mir weggerannt, und ich ver-
sinke in Nebel und Eis –
Müdigkeit wallt in mir auf, ich gleite an dem Stock nieder
und bohre den Blick in die Finsternis, ich rufe, doch über den
Sturm taucht mein Ruf nicht auf; daß meine Augen mich so
täuschen, wie Myrrha mich getäuscht hat! Aber da fällt mich
mein Herz schwer an, ich schaue empor, und während mich
der stille Stern dort voll unsäglich abweisender Reinheit bestrahlt, erkenne ich und bekenne ich, denn jetzt hat es keinen
Sinn mehr, zu lügen vor sich.
Wie wage ich es, Myrrha anzuklagen, weil sie dem Blut
nachlief? Was waren meine Augen anders als zwei wüste
Hunde, die mich immer nachgerissen haben jedem Reiz, der

sich in sie brannte? Unersättlich jagten sie, die Verfluchten, kaum holte ich sie ein, oft wollte ich gar nicht, doch da brachten sie das Bild der Beute im Einschlafen vor mich oder ließen mich daran erwachen, bis ich wieder ihrem Locken folgte, und wenn mir jetzt dieser hohe Stern seine Reinheit vorhält, da weiß ich erst, daß ich nie sah, was wirklich war, daß mein Blick immer besudelt blieb von Blut und Schuld.

Jetzt aber kommt die gnädige Kälte, sie kehrt in mein Herz ein, es war nie allzu heiß dort, so wird es leichte Mühe haben, zu erstarren, und alles schweigt schon ringsum, selbst der Wind, so still wird es, daß ich das Blut des Berges schlagen höre, und wenn erst die Qual des Denkens endet, wie gut!

Den Stern nur möchte ich nicht verlieren, wenn sich alles beschattet, den Stern nicht –!

Da rührt eine kalte Schnauze meine vereisende Wange: Myrrha! Und nun faßt es meinen Rock und winselt: Myrrha! Und nun stößt es mich, bis ich mich aus der Lähmung löse und das Halsband des Tieres greife, das mit gesenkten Nüstern die Wegspur aufnimmt!

Ja, das ist Myrrha! Sie hat das fremde Blut verlassen und hat zurückgefunden zu mir, Myrrha, die verwünschte, leitet mich nun, langsam doch sicher setzt sie die Tritte, ich darf mich locker lassen und folgen, ohne Angst wie der Blinde auf lichtdurchschäumten Straßen an seinem Leithund, Myrrhas Sinne sehen für mich, die Sinne des Tieres sind klarer, sind barmherziger als meine Menschensinne.

Es geschieht alles wie im Traum eines Traumes. Erst als meine Schritte hohl auf der Brücke zum Hause pochen, weiß ich, daß ich wieder in der Welt bin.

Mein Zimmer surrt vor Wärme. Erstarrt entkleide ich mich: da kratzt es an der Türe, immerzu, bis ich öffne. Myrrha, die Hündin, ist es, den Pelz steif gefroren, Fraß wehrt sie ab, zärtlich leuchtet ihr Blick, nichts will sie als bei mir schlafen. So bette ich sie denn in Ofennähe, lösche das Licht und sehe noch eine Weile dem Feuertanz an der Decke über dem Ofen zu, ehe ich einschlummere.

Es wird freilich eine sehr zerfahrene Ruhe, der ich verfalle. Habe ich mich endlich aus einem stumpfen Fluchtwillen durch mehrere Schichten drückender Träume emporgeschaufelt zur Finsternis der Wirklichkeit, so höre ich Myrrha leise aus dem Schlaf klagen. Und der Sturm dröhnt an die Scheiben, als wolle er mich zurückholen auf die Richtstätte des Eises, und die Uhr tickt laut wie vor einem Schuldspruch, und vom Tisch her schimmert das Papier meiner Arbeit, fahl, einem Totenlaken gleich, und ich weiß nicht, ob es recht war, daß ich wieder da bin.

Und vielleicht ist das Wunder meiner Rettung einzig um Myrrhas willen geschehen, und um mir zu zeigen, daß die Kreatur dem Lichte immer noch näher ist als wir mit unserem sinnlosen Geist, mit unseren verbuhlten Augen und mit unserem erkalteten Herzen.

Die Magd

»So«, sagte mein Freund, »und jetzt muß ich noch auf den Friedhof gehen.«

Er kaufte beim Gärtner der kleinen Stadt einen großen Strauß bunter Astern, und ich begleitete ihn.

Vor einem unscheinbaren Grab in der letzten Reihe blieb er stehen und begann das üppig wuchernde Unkraut auszureißen. Auf dem Grabkreuz stand zu lesen: »Hier ruht in Gott das ehrenwerte Fräulein Johanna Hinteregger.«

Ich schwieg und wartete. Der bunte Strauß leuchtet in herbstlichen Farben aus dem Friedhofsgras.

»Sie wird sich freuen«, sagte mein Freund. »Astern waren ihre Lieblingsblumen.«

Er sah meinen fragenden Blick und fuhr fort: »Sie war unsere Magd, dreiunddreißig Jahre lang.

Ich muß dir von ihr erzählen, sie ist ein Stück meiner Jugend. Sie war mit fünfzehn Jahren zu uns gekommen, als meine Mutter ihr erstes Kind erwartete. Damals war sie zunächst Stallmagd, und meine Mutter besorgte die Küche selber. Mutter war gerade neunzehn Jahre alt und von schwacher Gesundheit, als meine Schwester Susi zur Welt kam. Es fiel ihr ein bißchen schwer, dem großen Haushalt vorzustehen, denn, wie sie mir später erzählt hat, glaubte sie immer in den Augen ihrer Untergebenen den stillen Vorwurf zu lesen: Du bist noch viel zu jung, der ›Herr‹ hätte besser eine ältere Frau geheiratet.

Sie hatte einen schweren Stand und brachte sich in den ersten Ehejahren halb um vor Arbeit, um nur ja ihre Tüchtigkeit zu beweisen.

Hanna, die junge Magd, ließ sich gut an. Sie war fleißig, verständig und doch noch ein ganzes Kind. Meine Mutter hatte

sie gern und behandelte sie fast wie eine jüngere Schwester.
Allerdings nicht allzu lang, denn später übernahm unmerk-
lich die Magd die Führung. Meine Mutter wußte, daß es am
besten war, dem klugen Mädchen freie Hand zu lassen, und
gab zu allen Vorschlägen ihre Zustimmung.

Meine erste Erinnerung an Hanna reicht weit zurück. Ich saß
als ungefähr dreijähriger Bub auf ihrem Schoß, den Kopf
schläfrig an ihre Brust gelehnt. Sie hatte sich einen Schemel
vor den Herd gerückt und erzählte, daß die große, weiße Kuh
heute nacht ein Kalb bekommen werde.

Meine Schwester stand vor der Ofentüre und stocherte mit
einem langen Span in der Glut.

›Hanni‹, sagte sie, ›wo kommt das Kalb her?‹

›Das ist im Bauch der Kuh gewachsen.‹

Begeistert sah ich sie an. Daß so etwas möglich war! Ich bewunderte meine Schwester, daß ihr diese Frage eingefallen
war. Sonderbarerweise gab sich diese mit der Auskunft zufrieden und stocherte weiter.

Der rote Schein fiel auf Hannas Gesicht, und ich fand es wun-
derschön. Ihre roten Backen glänzten wie polierte Äpfel, und
das dicke, blonde, in Zöpfen geflochtene Haar hing ihr über
die Schultern.

Ich sah ihre großen Zähne leuchten und griff lachend danach.
Dann wickelte ich mich fest in ihre blaue Schürze. Warm und
behaglich wurde es mir in ihren Armen.

Ich hörte Susi noch einmal etwas fragen und Hanna lachen.
Dann schlief ich ein.

Hanna war immer bei uns. Da unsere Mutter keine Zeit
hatte, liefen wir wie die Hündchen immer hinter der Magd
her. Ich kann mir noch heute nicht denken, wie es ihr möglich war, ihre Arbeit zu leisten. Sie muß hundert Hände gehabt haben. Sie wusch uns die kleinen, verschmierten Gesichter und flocht Susis spärliches Haar zu dünnen Zöpfen.
Am Abend, wenn alle Arbeit getan war, lief sie mit uns rund
ums Haus und schwenkte uns in die Luft, wenn sie uns er-
wischt hatte.

Später steckte sie die Zöpfe auf und wuchs noch ein gutes Stück dazu. Sie war ein großes, grobknochiges Mädchen, mit blühenden Farben. Noch immer war sie für mich die schönste Frau. Mir gefielen ihre breiten, roten Hände, und ich bewunderte sie sehr, weil sie so große Schuhe brauchte wie der Vater. Mutters Schuhe verschwanden ganz daneben, und sie tat mir immer ein bißchen leid deshalb.

Tausend Erinnerungen an Hanna steigen auf. Ich sehe sie im Stall zwischen den Kühen. Jeden Samstag nahm sie alle vor und striegelte und kämmte sie, bis sie weiß und glänzend dastanden mit seidigen Fellen. Einmal durfte ich versuchen zu melken. Es kam wirklich ein wenig Milch, und ich war stolz und beglückt, als Hanna es zu Mittag erzählte. Mutter hatte es nicht gern, wenn wir uns im Stalle aufhielten, sie sagte dann: ›Ihr stinkt schon wieder‹, und warf Hanna einen ärgerlichen Blick zu.

Der Samstagvormittag war immer ungemütlich. Da wurde im Haus geputzt. Wir durften nirgends hinsteigen, überall war der Boden beängstigend sauber und man konnte die Abdrücke unserer kleinen Schuhe sehen. Dann wurde die Magd böse. Ihre blauen Augen blitzten zornig und ihre Wangen wurden noch röter. Sie schlug uns das nasse Reibtuch um die nackten Beine, und wir ergriffen die Flucht.

Nachmittags war sie dann wieder heiter und gut. Sie putzte die Türklinken im ganzen Haus, und wir trippelten neben ihr her und ließen uns wahre Geschichten erzählen.

Sie hatte nämlich sechzehn Geschwister, die wir immer verwechselten, was Hanna in wahre Lachkrämpfe versetzte. Sie merkte gar nicht, daß wir uns noch dümmer stellten, als wir waren. ›Gelt, Hanni, der Sepp, das ist dein Bruder, der im Hüttendorf verheiratet ist?‹

Dabei wußten wir genau, daß es der Zweijährige war.

Gespannt warteten wir auf ihr Lachen. Es kam immer.

Dann wurde der große Herd mit Schmirgelpapier geputzt, immer wieder, bis er funkelte vor Sauberkeit. Wir saßen auf dem kleinen Schemel, stellten dumme Fragen, und Hanna beantwortete sie geduldig. Sie hat uns nie geküßt, aber manchmal, wenn niemand dabei war, preßte sie uns so fest an die Brust, daß sich die Knöpfe ihres Kleides schmerzhaft gegen uns drückten.

Noch viel gab es zu tun am Samstag. Der Brunnen wurde abgelassen und gekehrt, und wir sahen neugierig in den grünbemoosten Ausguß, aus dem, wie uns das Mädchen versicherte, ab und zu der Wassermann seine langen Finger streckte. Sie hatte ihn jedenfalls schon gesehen, immer am Morgen, wenn wir noch im Bette lagen.

›Es ist überhaupt besser, wenn man ihn nicht sieht, das macht nur traurig.‹

Dabei glänzte ihr Gesicht vor Fröhlichkeit. Über Hanna hatte er keine Macht, der Wassermann.

Aufregend war es auch immer, wenn der Schweinestall gesäubert wurde und die Schweine in den Hof laufen durften. Ich wußte nie genau, ob ich sie mochte oder nicht. Sie waren so unbegreifliche Geschöpfe und keinem vernünftigen Zuspruch zugänglich.

Wenn ich mit einer Kuh redete, sah sie mich groß an und schleckte mir dann das Gesicht ab. Ich wußte: sie hat mich verstanden.

Aber die Schweine fuhren borstig und ungezogen von einer Ecke in die andere und stießen mich mit dem Rüssel, daß ich beinahe umfiel. Dazu grunzten sie unfreundlich. Hanna aber hatte auch sie in ihr Herz geschlossen. Sie strich sie hinter den Ohren mit Laussalbe ein und wischte ihnen die boshaften Äuglein mit einem Tuch aus. Alle Tiere hingen an ihr. Die Jagdhunde sprangen am Morgen freudig an ihr hoch, und Hanna lachte und stand gerade wie eine junge Fichte unter den ausgelassenen Tieren.

In solchen Augenblicken konnte ich sie maßlos bewundern und bekam feuchte Augen vor Stolz und Liebe.

Die schönste Zeit war im Sommer. Jeden Tag, wenn schönes Wetter war, lief ich mit Hanna ins Heu. Sie kletterte rasch und sicher die Bergwiese hinauf, und wenn ich nicht mit-

konnte, setzte sie mich auf ihren Nacken. Ich war für sie eine
winzige Last. Sie trug die großen Heubündel auf dem Kopf
zum Stadel und keuchte kein bißchen dabei. Nur die Lippen
hielt sie fest zusammengepreßt. ›Das muß man‹, sagte sie,
›sonst hebt man sich einen Bruch.‹

Meine Mutter sah ihr manchmal mit einem sonderbaren
Blick nach; wie die verkörperte Gesundheit und Kraft ging
Hanna durchs Haus. Ihr blondes Kraushaar leuchtete wie
reife Gerste. Dann seufzte meine Mutter und ihre großen Augen wurden dunkel und traurig. Für sie war das Leben keine
leichte und fröhliche Angelegenheit. Die Arbeit hing wie
eine schwere Kette an ihren Füßen. Meine Liebe zu ihr war
ritterlich und beinahe mitleidig.

Hanna aber liebte ich, wie man das junge überquellende
Leben liebt.

Manchmal nahm sie mich mit in ihre Kammer und zeigte mir
ihre kleinen Schätze. Besonders hatte es mir eine Schachtel mit
Heiligenbildern angetan. Das Lamm Gottes in einem Kranz
von Vergißmeinnicht war da zu sehen und der Heiland mit
einem riesigen blutroten Herzen auf der Brust, aus dem pur-
purne Tropfen sickerten. Dieses Bild fürchtete ich ein bißchen, aber trotzdem wollte ich es immer sehen. Ich war überhaupt leicht zu rühren. Hanna kannte ein Lied, in dem viel von
Herzeleid und -weh vorkam. Die kalten Schauer rannen mir
über den Rücken, wenn sie sang, und ich versteckte mein
Gesicht in ihrer Schürze und weinte bitterlich.

›Bist halt ein ganz dummer Bub‹, sagte sie dann, und es war
kein Vorwurf, sondern eine schlichte Feststellung. Auf ihrem
Fensterbrett hatte sie rote Blumen stehen. Sie sagte, es seien
Geranien, sie blühten nur in ihrer Kammer. Am Sonntag
durften wir mit ihr zur Kirche gehen, und auf dem Heimweg
wurden wir manchmal müde. Dann setzte sie mich auf ihre
Arme und Susi nahm sie auf den Rücken. So trug sie uns
heim, und ich habe nie bemerkt, daß sie außer Atem kam. Es
war eine Selbstverständlichkeit, daß sie für uns arbeitete, uns
umherschleppte und am Abend noch mit uns spielte.

Als Hanna sieben Jahre bei uns war, wurde unsere Schwester Henriette geboren. Mutter hatte zu diesem Kind gleich nach der Geburt eine abgöttische Liebe gefaßt. Sie widmete sich nur noch seiner Pflege, saß tagelang neben dem kleinen Korb und ließ keinen Blick von dem winzigen Geschöpf. Sie vernachlässigte den Haushalt. Da nahm mein Vater eine neue Stallmagd auf, und Hanna zog ins Haus als Wirtschafterin. Für uns hatte sich nicht viel geändert. Wir hingen noch immer an ihren Kittelfalten. Und als wir zur Schule gingen, war *sie* es, die mit uns schrieb und rechnete. Alle drei saßen wir um den großen Küchentisch und wiederholten das Kleine Einmaleins. Ich konnte mir nicht merken, daß sieben mal sieben neunundvierzig ist. Hanna war stundenlang nichts als geduldig, dann begannen plötzlich ihre blauen Augen zu glühen. Sie schrie mich heftig an, und seither weiß ich, wieviel sieben mal sieben ist.

Nachher wischte sie mir mit der Hand übers Gesicht, putzte mir mit der blauen Schürze die Nase, und alles war wieder gut. Und wie schön waren erst die Winterabende. Mutter war früher zu Bett gegangen, und wir durften mit Hanna aufbleiben.

Sie saß im Ofenwinkel, vor sich einen Korb mit Äpfeln, schnitt sie in Spalten, und wir durften helfen. Die Kerne kamen in ein winziges Körbchen und wurden am nächsten Tag ins Vogelhaus gestreut. Ab und zu legte Hanna ein Scheit Holz auf die Glut. Die Hunde in ihrer Ecke bellten und winselten im Traum, und der Schneesturm rüttelte an den Fensterläden.

Nie wieder habe ich mich so sicher und glücklich gefühlt wie damals. Als wir ein bißchen größer wurden, erzählte sie manchmal Gespenstergeschichten. Wir drückten uns dann fest an ihre Knie, und Susi fürchtete sich so sehr, daß Hanna den dicken Wollstrumpf aus der Hand legen mußte und das zitternde Mädchen auf den Schoß hob.

Einmal im August nahm sie uns mit zum Kirtag.

Wir hatten ein bißchen Geld bekommen, und nun wurde uns

die Wahl schwer. Susi entschied sich schließlich für eine Schachtel roter, klebriger Zuckerln und für ein Stück Seife, das den Kopf des Kaisers Franz Joseph darstellte. Ich legte mein Geld in Schaumrollen an und, damit das Gemüt nicht zu kurz kam, erstand ich auch noch ein winziges wächsernes Jesulein in einer Holzkrippe. Hanna lobte mich sehr für diesen Kauf und schenkte uns noch einen Sack Busserln. Diesen und ein großes Lebkuchenherz hatte sie von einem jungen Burschen bekommen, der die ganze Zeit neben ihr stand und, wie mir schien, lauter unverständliches Zeug daherredete. Hanna hörte ihm ganz versunken zu und nestelte an ihrem Halstuch herum. Ich ärgerte mich. Was wollte der Kerl nur von ihr? Uns gehörte sie doch ganz und gar.

Den ganzen Herbst über war sie nachdenklich und einmal, als wir auf dem Feld Erdäpfel klaubten, sah ich, daß sie weinte. Das war mir ein so ungewohnter Anblick, daß ich vor Bestürzung nicht einmal zu fragen wagte.

Ja, unsere Hanna war nicht mehr so fröhlich wie früher, manchmal hörte ich sie in der Nacht stöhnen, und das Herz tat mir weh vor Mitleid, aber am nächsten Morgen dachte ich nicht mehr daran.

Zu Weihnachten hatte sie eine lange Unterredung mit den Eltern und kam mit verweinten Augen aus Vaters Kanzlei. Sie stieg ein wenig schwerfällig über die Stiege, und wir sahen ihr beklommen nach.

Am nächsten Tag war sie wieder wie früher und ihre Augen hatten den alten Glanz.

Am Abend stach sie Lebkuchenherzen aus dem Teig, und wir durften die Nüsse aus den Schalen klauben. Dann wurde in jedes Herz eine halbe Nuß gesteckt und mit Zuckerglasur übergossen.

Es war so süß, daß mir alle Zähne weh taten.

›Hanni‹, fragte meine Schwester, ›wo ist denn das große Herz hingekommen, das über deinem Bett gehangen hat?‹ Das Mädchen wurde glühend rot: ›Das war ein falsches, nichtsnutziges Herz, und ich habe es den Hunden verfüttert.‹ Ihre

Augen waren plötzlich ganz hart geworden, und ich fürchtete mich ein bißchen.

Im Mai war wieder ein kleines Kind da. Diesmal gehörte es Hanna, und wir fanden es ganz gerecht, denn unsere Mutter hatte ja noch das Henrietterl, mit dem sie den ganzen Tag spielte. Wir kannten unsere kleine Schwester kaum. Zierlich und hübsch angezogen wie eine Puppe, saß sie auf den Knien der Mutter.

Susi sagte einmal zu mir: ›Die Mutter mag uns nicht, wir sind sicher Stiefkinder!‹

Tieftraurig ging ich sofort zu Hanna, um sie zu fragen. Sie saß in ihrer Kammer, denn es war Sonntagnachmittag, und wickelte ihren Buben. Sie sah mich nachdenklich an, dann klopfte sie mir auf den Rücken und sagte:

›Du bist halt ein ganz dummer Bub.‹

Dann knöpfte sie ihr Kleid auf und legte das Kind an die große runde Brust, und ich sah ein bißchen eifersüchtig zu.

Das Kind der Magd wuchs mit uns auf und lief bald hinter seiner Mutter her. Es war ein schöner, starker Bub mit roten Backen, leuchtenden Augen und demselben blonden Kraushaar wie seine Mutter.

Es hatte sich nichts geändert.

An den Winternachmittagen saß er jetzt auf dem kleinen Schemel vor unserem Herd, und wir schrieben unsere Aufgaben. Hanna konnte uns jetzt nicht mehr viel helfen. Wir mußten Vater bitten, aber er war ungeduldig, und wenn wir nicht gleich begriffen, warf er uns kurzerhand zur Tür hinaus. Dann schlichen wir wieder zu Hanna, und das gute Mädchen setzte sich zu uns und rechnete, bis ihm der Schweiß auf der Stirne stand. Trotzdem gingen die Rechnungen meist nicht auf, und Hanna versuchte uns zu trösten, schob Äpfel in das Bratrohr und ließ sie braten, bis sie zerplatzten.

Dann streute sie Zucker darauf, und unser Kummer verflog wie eine Feder im Wind.

Als der Bub der Magd drei Jahre alt war, erkrankte er plötzlich und starb an einer Seuche. Unser Henrietterl folgte ihm in wenigen Tagen nach, und eine traurige Zeit begann für uns alle.

Mutter versteckte sich in ihrem Zimmer, zog schwarze Kleider an und wollte uns nicht sehen, und Vater verließ seine Kanzlei nur mehr zu den Mahlzeiten. Damals kümmerte sich außer Hanna kein Mensch um uns. Sie trug ihre gewöhnlichen Blaudruckkleider, war freundlich und nachsichtig zu uns, nur lachte sie nicht mehr.

Im folgenden Herbst kamen Susi und ich in die Stadt zu einer Tante. Beim Abschied klammerten wir uns an Hannas Rock, sie strich uns immer wieder übers Haar, und ihre Lippen zitterten. Als wir zu Weihnachten nach Hause kamen, fanden wir ein neues Kind vor. In einem Korb neben Hannas Bett lag es und war unser jüngster Bruder Ernst. Er war genau vier Wochen alt.

Mutter wollte ihn nicht sehen und lag krank zu Bett. Und als sie wieder aufstand, blieb es dabei. Wir freuten uns über das zappelnde kleine Wesen und hörten Hanna ganz zaghaft lachen. Jetzt hatte sie ja wieder ihr Kind.

Zum Abschied steckte sie uns ein großes Paket mit Lebkuchen und Zuckerwerk zu und weinte ein bißchen.

Wir schrieben ihr alle vierzehn Tage eine Karte.

Wie oft sind wir noch in den Ferien nach Hause gekommen und Hanna lief uns schon bis zur Gartentüre entgegen. Besonders ein Bild wird mir unvergeßlich bleiben.

Es war in einem Osterurlaub, der Kutscher wartete schon auf der Straße, und wir mußten uns noch von Hanna verabschieden. Sie stand an der Gartentür und drückte mich wieder so heftig an die Brust, daß sich die Knöpfe ihrer Jacke in meine Wangen bohrten.

Dabei murmelte sie: ›Du bist halt ein ganz dummer Bub.‹

Als wir schon im Wagen saßen, stand sie noch immer an der Gartentür. Sie hatte den kleinen Ernst auf den Arm genommen und winkte uns nach.

Die Frühlingssonne ließ ihr gelbes Haar aufleuchten. Groß und stark stand sie dort, eine mütterliche Gestalt.

Als Ernst zwölf Jahre alt war und in die Stadt kam, erwartete meine Schwester Susi ihr erstes Kind und zog mit ihrem Mann zu unseren Eltern. Es war gerade rechtzeitig, um Hanna wieder zu einem Kind zu verhelfen. Es lag in dem alten Korb neben ihrem Bett und gedieh zusehends. Nun war sie wieder auf zehn Jahre versorgt.

Nach zwei Jahren folgte wieder ein Bub, und Hanna wurde mit jedem Tag jünger.

Es war für mich ein ganz sonderbares Gefühl, wenn ich in meinem Urlaub auf dem wohlbekannten Schemel die beiden Kinder zu ihren Füßen sitzen sah. Noch immer strickte sie an einem dicken Wollstrumpf und noch immer brutzelten die Äpfel im Backrohr. Ich hörte das helle Lachen des alten Mädchens, sah ihre roten Backen und die leuchtenden blauen Augen, und sie erschien mir unsterblich.

Als mein Bruder Ernst mit einundzwanzig Jahren von der Hochschule nach Hause kam, geschah etwas Schreckliches.

Wir hatten alle gesehen, daß er verändert war. Seine Augen waren scheu und unstet, und seine blassen Hände zitterten. Er sah alt und verlebt aus, aber wir sahen alle darüber hinweg und keiner wagte, darüber zu sprechen. Hanna saß in der Küche und klaubte Rosinen aus, als Ernst eintrat, sie zu begrüßen. Sie wollte freudig aufspringen. Plötzlich stockte sie und sah ihn scharf an. Ihr Gesicht begann zu glühen. Sie wischte sich die Hand sorgfältig an der Schürze ab und ging ihm entgegen. Als sie dicht vor ihm stand, holte sie plötzlich aus und gab ihm links und rechts ein paar Ohrfeigen. Dann ging sie aus der Küche.

Ernst stand wie erstarrt, dann errötete er glühend und verschwand in sein Zimmer. Am nächsten Tag war er in aller Frühe weggefahren, und als er im Sommer wiederkam, war er braun und jung wie früher.

Hanna drückte ihn an ihre Knöpfe und war ganz Freude und Stolz.

Es war ein sehr heißes Jahr damals, und im Juli fiel Hanna im

Garten plötzlich um und stand nicht mehr auf. Kein Mensch konnte es fassen. Zufrieden lag sie auf der Bahre in ihrem schwarzen Sonntagskleid, das graublonde Haar sorgfältig geflochten und das Gebetbuch in den verarbeiteten Händen. Meine Mutter sah sie erstaunt an. Sie schien ungehalten. Plötzlich stockte der ganze Betrieb. Heute ist eine Köchin, ein Hausmädchen und ein Kinderfräulein da.

Aber es riecht nicht mehr nach Lebzelten und Bratäpfeln. Es ist ein fremdes Haus geworden, und ich mag nicht mehr hinfahren. «

Die Versetzung

Der Zug habe Verspätung gehabt. Damit habe alles angefangen. Der Zug sei, in langgezogenen Kehren höher steigend, von der Dämmerung in die Finsternis gefahren. Mehrmals habe er das Fenster zu schließen versucht, es dann aber aufgegeben und sich mit dem Frieren abgefunden. Daß er für den Aufenthalt in Gerungs schlecht ausgerüstet sei, nicht die richtige Kleidung habe, sei ihm bald klargeworden. Er sei allein im Abteil gesessen, also keinerlei Ablenkung, also Zeit genug, um über alles nachzudenken. Worüber? Daß er von seiner Firma gegen seinen Willen von der Baustelle in Tratten abgezogen und von heute auf morgen nach Gerungs beordert worden sei. So geschehe es ihm nun schon seit Jahren: Kaum habe er sich an einem Ort ein wenig eingelebt, werde er versetzt, und zwar ohne Rücksicht auf seine Einwände, da helfe kein Protest, da helfe gar nichts, wenn man wie er, durch einen Vertrag gebunden, einer Firma auf Gedeih und Verderb ausgeliefert sei. Früher habe er in ständiger Angst vor Versetzungen gelebt. Jetzt habe er sich mit dem unsteten Leben abgefunden, weil er sich habe abfinden müssen. Natürlich leide er nach wie vor unter den Versetzungen, leide er nach wie vor daran, daß er sich stets in der Fremde aufhalten müsse, unter Menschen und Verhältnissen, die er nicht kenne, und wenn er behaupte, daß er sich an das ewige Hin- und Herkommandieren von seiten der Firma gewöhnt habe, dann sei das im Grunde genommen doch nichts anderes als Selbstbetrug. Die Notwendigkeit der Versetzungen habe er immerhin eingesehen, Kraft und Willen, sich dagegen aufzulehnen, besitze er längst nicht mehr. Im übrigen, das erstaune ihn manchmal selbst, richte er sich von vornherein schon nicht mehr auf Endgültiges, sondern bloß noch auf Vorläufiges ein, auf Provisorisches aller Art. Bleibe der Versetzungsauftrag einmal für längere Zeit aus und lasse auf sich warten, werde er von Unruhe erfüllt. Wenn er es von dieser Seite betrachte, sei er geradezu froh, andauernd versetzt zu werden. Nach einigen Wochen fixer Stationierung könne er den Zeitpunkt einer neuerlichen Versetzung kaum mehr erwarten. Oft habe er überlegt, ob er auf diese Weise nicht selbst Ursache für die fortwährende Versetzung sei. Manchmal, das geschehe aber nur selten, bedrücke ihn das Zigeunerleben, wie er es führen müsse, zu welchem er teils von der Firma, teils von seiner eigenen Geisteshaltung verurteilt sei. So sei es ihm auch im Zug ergangen, als er, um sich die Zeit zu vertreiben, eine Weile in die Finsternis hinausgeschaut habe. Da draußen nichts zu sehen gewesen sei, nichts außer den schwarzen Umrissen der Nadelbäume in der Nacht, sei sein Schauen bald zu einem Starren geworden, seine anfängliche Gedankenlosigkeit zu einer beängstigenden, ihn beklemmenden Gedankenfülle, so daß er schließlich den Moment der Ankunft in Gerungs mit aller Kraft herbeigewünscht habe. Wohl an die zehn Mal habe er aus Nervosität seinen Koffer vom Gepäcknetz heruntergenommen, um ihn gleich wieder hinaufzulegen. Mit dieser Ablenkungstätigkeit habe er nichts erreicht, auch nicht mit dem Überfliegen einer Zeitung und auch nicht mit dem Essen eines Apfels, im Gegenteil, sein Leben als Baupolier sei ihm immer sinnloser, die ewige Versetzerei immer grausamer, der Zustand überhaupt als immer unhaltbarer erschienen. Zum Glück sei der Zug dann bald in Gerungs eingetroffen. Der Schaffner habe ihn mit seinem Ruf aus den quälenden Gedanken aufgescheucht. Beinahe fröhlich sei er auf den leeren, windigen Bahnsteig hinausgesprungen. Über den schiefen Bretterbahnhof habe er fast lachen müssen, so übermütig sei er gewesen. Diese Stimmung sei aber gleich wieder verflogen. Der Wind habe sie gewissermaßen mit sich fortgerissen und in der Finsternis zerblasen.

Auf dem Bahnhofsplatz habe er, mit dem Koffer im Schlag-

schatten des Bahnhofsgebäudes stehend, bereits ein uner-
schütterliches Urteil über Gerungs gehabt, über das, was ihn
hier erwartete. Hier bin ich schon gewesen, habe er gedacht,
das ist Gerungs, habe er gedacht, aber es könnte ebenso gut
Tratten oder Veitsch oder Trummern sein. Tatsächlich ver-
liere man, je mehr man herumreise, den Blick für das Besondere, überall sehe man bloß noch das Allgemeine, das, was
man überall sehen könne und unter dem man überall leide.
Man empfinde nichts als die Langeweile der Wiederholung
anfangs, nichts als den Schmerz des Unter-Soldaten-Um-
ständen-Leben-Müssens später. Bahnhofsplätze, wie auch
Gerungs einen habe, kenne er bis zum Überdruß. Es sei ja
immer das Gleiche: die Menschenlosigkeit, die nur spärlich
erleuchtete Leere im Vordergrund, der wirre, dunkle Haufen
der Häuser im Hintergrund, wo sich das Wirtshaus befinde,
das Wirtshaus, von dem man wisse, daß man dort bald nacht-
mahlen und später schlafen werde. Er habe daher auf dem
Bahnhofsplatz keinen Moment gezögert und sei die erstbeste
der sich vor ihm auftuenden Straßen in den Ort hinuntergegangen. Die Bahnhöfe lägen ja immer ein wenig außerhalb
der Ortschaften, so daß man fast den Eindruck habe, die Bewohner fürchteten den Anblick der Züge, die, so jämmerlich
sie im einzelnen auch aussehen mögen, doch einen Hauch
von Fremde und Ferne mit sich führen. Anders als unter dau-
ernder Fixierung des Hier und des Jetzt sei ein Leben in diesen
Dörfern wohl nicht möglich und wahrscheinlich kein Leben
überhaupt.
Er sei die leicht abfallende Straße hinuntergegangen, die
Hauptstraße, wie er später erfahren habe. Der Koffer sei ihm
schwer in der Hand geworden, und doch habe ihn gerade
diese Schwere beglückt, sei doch sein Koffer das einzige gewesen, was zu ihm gehört habe, was er unzweifelhaft beses-
sen habe. Diesem Gefühl der Schwere, das er als Entschlos-
senheit gedeutet habe, habe er sich ganz hingegeben. Er habe
weder nach links noch nach rechts geschaut und auch nicht
der winzigen Regentropfen geachtet, die, vom Wind zer-

stäubt, aus dem dunklen Himmel gefallen seien. Gerungs sei ihm mit einem Mal völlig gleichgültig gewesen. Gestern Tratten, habe er gedacht, heute Gerungs. Zwischen den meist unbeleuchteten, schon schlafenden Häusern sei er durchgegangen wie durch ein mit Felsblöcken übersätes Feld. Er habe sich zwar gedrängt und vorwärts gestoßen gefühlt, doch habe er sich nicht gewehrt, habe dieses endlose Straßen-Hinuntergehen, gestern in Tratten, heute in Gerungs, stumm über sich ergehen lassen im Bewußtsein, es nicht ändern zu können, im Bewußtsein, wider die Gewalt, die ihn treibe, keine Gegenkraft zu besitzen. Ich schwimme mit dem Strom, habe er gedacht und zu wissen geglaubt, daß er, hätte er gegen die Strömung anzukämpfen versucht, verloren gewesen wäre. Diese Momente der Übereinstimmung mit dem übergeordneten Willen, mit dem Willen der Firma, seien immer seine glücklichsten gewesen. Das Demütigende eines solchen Glücks liege auf der Hand.

Schon von weitem habe er das mit einem Adler geschmückte Aushangschild des Wirtshauses erkannt. Das Gasthaus ZUM SCHWARZEN ADLER sei ihm von seiner Firma als Unterkunft angegeben worden. Da er darüber, daß er nun bald an Ort und Stelle sein werde, weder Freude noch sonst irgend etwas empfunden habe, habe er seine Schritte weder beschleunigt noch verlangsamt. Dann sei er vor der Wirtshaustür gestanden, habe sie aufgestoßen und sei mit dem Koffer voran in die Stube eingetreten. So trete er immer in fremde Wirtsstuben ein, mit dem Koffer voran, dann sehe jeder gleich, daß er einen Zugereisten vor sich habe. Das mache die Leute in der Regel zwar neugierig, doch halte sie eine gewisse Scheu meist von allzu aufdringlichem Benehmen zurück. Er für seinen Teil sei immer froh, wenn man ihn in Ruhe lasse. An das Allein-Sein gewöhnt, sei ihm jede Geselligkeit im Grunde zuwider. Deshalb habe er seinen Blick gleich nach dem Eintreten in der Wirtsstube herumgehen lassen. Zu seiner Freude sei diese völlig leer gewesen. Auf die hinteren Tische habe man schon die Sessel gestellt gehabt, um leichter zusammenkehren zu können. Jetzt sei ihm die Zugverspätung in den Sinn gekommen, und er habe sich dazu beglückwünscht. Dadurch sei er wenigstens den unausweichlichen Gesprächen mit betrunkenen und halb betrunkenen Gästen entgangen. Die Bewohner abgelegener Ortschaften seien ja meist von aufreibender Geschwätzigkeit. Von der Welt abgeschnitten, wie sie lebten, sei ihr Hunger nach Neuigkeiten außergewöhnlich. Ständig lauerten sie auf Sensationen, auf etwas Noch-Nie-Dagewesenes, und all ihre Fragen, die sie ohne Unterlaß stellten, zielten in diese Richtung. Für ihn sei dieses Frage-Und-Antwort-Spiel immer peinigend gewesen. So geht doch fort von hier, tut Euch um, habe er seinen Zuhörern im Zorn des öfteren zugerufen, doch daraufhin hätten sie nur verlegen gelacht und in ihre Bierkrüge geschaut.

Eine Weile sei er schweigend in der Stube gestanden, habe stumpfsinnig die Bierreklamen betrachtet, den Ölfußboden und das feucht glänzende Zinkblech der Schank. Dann habe er sich geräuspert, daraufhin sei eine offensichtlich zur Küche führende Tür aufgegangen und eine fettleibige Frau, die Wirtin, wie er an der Schürze erkannt habe, sei darin erschienen. Als sie seinen Gruß nur undeutlich erwidert habe, sei er langsam an die Schank herangetreten und habe nach einem Zimmer gefragt. Ist hier ein Zimmer frei, habe er gefragt, obwohl er beinahe sicher gewesen sei, daß alle Zimmer hier frei waren, frei sein mußten, denn wer komme im Spätherbst schon nach Gerungs, in dieses gottverlassene Nest, wenn er nicht kommen müsse. Ja, ja, habe die Wirtin geantwortet und mit ihren fetten Händen über die Schürze gewischt. Daraufhin habe er seinen Koffer auf dem Boden abgestellt. In Wirtshäusern stelle er seinen Koffer immer erst dann nieder, wenn man ihm ein Zimmer zugesagt habe, denn nichts sei demütigender, als sich bei einer Absage nach dem Koffer bücken, den Koffer wieder aufnehmen zu müssen. Der Koffer sei ihm in dieser Situation stets als eine Art von Anker erschienen. Wenn man fortgewiesen werde, wenn man sich fortscheren müsse, so sei das leichter zu ertragen, wenn man zuvor nicht

gezeigt habe, daß man hätte bleiben wollen. Was den ersten
Kontakt mit Wirtsleuten im besonderen, mit den Menschen
im allgemeinen betreffe, sei es das Vernünftigste, immer Gemeinheit, Kälte und Abweisung zu erwarten. Rechne man
damit, werde man wenigstens nicht enttäuscht.

Die Wirtin, die unschlüssig neben der Schank gestanden sei,
habe ihn neugierig angestarrt. Um ihren Fragen nach dem
Woher und Wohin vorerst zu entgehen, habe er eine Flasche
Bier bestellt. Beinahe mechanisch habe er seine Jacke aufge-
knöpfelt. So, nun bist du da, habe er gedacht und dabei schon
Müdigkeit in sich aufsteigen gespürt. Während sich die
Wirtin zum Eiskasten umgedreht habe, um das Bier heraus-
zuholen, habe er Gelegenheit gehabt, sie zu betrachten. Sie
sei beinahe größer gewesen als er selbst, jedenfalls ungleich
massiger, so daß er sich noch kleiner vorgekommen sei. Sie
habe ein blaues Kattunkleid getragen, das durch aufge-
druckte winzige rote Blumen gemustert gewesen sei. Dennoch habe er das Gefühl gehabt, sie nackt vor sich zu sehen.
Als sie mit dem rechten Arm in die Tiefe des Eiskastens gelangt habe, sei an ihrem Hals, knapp unter dem Ohr, ein roter, blutunterlaufener Fleck sichtbar geworden. Das habe ihn
geekelt. Mit erstaunlicher Behendigkeit habe sie sich dann
umgedreht und die kalt überronnene Bierflasche vor ihn hingestellt. Das Geräusch, das beim Aufreißen der Bierkapsel
entstanden sei, habe ihn zusammenfahren lassen. Ob er ein
Nachtmahl wünsche, habe die Wirtin gefragt. Ja, eine Klei-
nigkeit, habe er geantwortet. Aus Verlegenheit habe er dann
die Bierflasche ergriffen und in einem Zug zur Hälfte geleert,
obwohl ihm die eiskalte Flüssigkeit widerstanden sei. »Leni!«
habe die Wirtin gerufen, »Leni!«, und gleich darauf sei ein
Mädchen in der Küchentür erschienen. Diesem, welches er
kaum beachtet habe, sei von der Wirtin in barschem Ton das
Anrichten eines Nachtmahls aufgetragen worden. Was ihn
denn nach Gerungs führe, habe die Wirtin dann gefragt. Darauf habe er, sich einem der Tische zuwendend, geantwortet,
er sei Polier, Baupolier, er werde die Baustelle an der Brücke

über den Gerrbach leiten, die zu eröffnende Baustelle, er bilde gewissermaßen das Vorkommando, ein paar Wochen, wenn nicht Monate werde er hier in Gerungs sein, wohl sein müssen, die Gerrbachverbauung sei kein kleines Projekt, er werde den Arbeitseinsatz dort dirigieren, so könne man es ausdrücken, so lange, bis alles fertig sei, bis er von seiner Firma zu neuen Vorhaben abkommandiert werde. Die Wirtin habe, während er gesprochen habe, immerfort das Zinkblech der Schank poliert, von links nach rechts, von rechts nach links, bloß einmal habe sie innegehalten, als er nämlich von Wochen und Monaten gesprochen habe, das habe sie sichtlich erfreut, habe sie doch damit gerechnet, daß er ebenso lang sein Zimmer belegen werde. Das sinnlose Herumhantieren der Wirtin an der Schank habe ihn irritiert, trotzdem habe er seinen Blick nicht von ihren weißen, an den Gelenken ein wenig eingeschnürten Händen abziehen können. Ohne darauf zu achten, habe er unterdessen sein Bier mit einigen Schlucken ausgetrunken. Gerade in dem Moment, als er ein neues habe bestellen wollen, sei das Mädchen mit einem Teller in Händen aufgetaucht und habe ihn auf Anweisung der Wirtin auf einem der Tische serviert. Wieder habe er das Mädchen kaum beachtet, habe sich schweigend an den Tisch gesetzt und zu essen begonnen.

Erst habe er gar nicht bemerkt, daß die Wirtin an den Tisch herangetreten war. Schmeckt es, habe sie dann gefragt, und er habe mit vollem Mund ein Ja hervorgestoßen und der Wirtin von unten her in ihr lächelndes Gesicht geschaut. Meine Tochter, sei sie ohne Zusammenhang fortgefahren, die Leni ist meine Tochter, da staunen Sie wohl?! Währenddessen habe er auf den unter dem Kleid zitternden Bauch der Wirtin gestarrt, an dem, weil sie ihn an die Tischkante angepreßt habe, eine tiefe Falte entstanden sei. Ihre Tochter, habe er mit gespieltem Interesse gefragt, obwohl er ein solches doch nicht im mindesten gehabt habe. Ja, meine Tochter – der Mann ist tot, mein Mann, verunglückt, voriges Jahr, in der Mure umgekommen, am Gerrbach, habe die Wirtin gesagt, und jetzt sei ihre Hand hinter der Hüfte hervorgekommen, eine Hand wie ein kleines, unförmiges Tier. Sie habe sich langsam auf die Tischplatte gesenkt und sei dort, da die Wirtin sich aufgestützt habe, unter dem Druck ihrer Körpermasse gleichsam auseinandergeflossen. Als er sich wieder seinem Essen zugewandt habe, sei dieses schon halb kalt gewesen. An der Oberfläche der Sauce habe sich schon ein dünnes Häutchen gebildet. Der Anblick dieses Häutchens, unter dem, als er es mit dem Löffel durchstoßen habe, sogleich die zähflüssige Sauce hervorgequollen sei, habe ihn im Verein mit dem intensiven Schweißgeruch, der von der Wirtin ausgeströmt sei, derart angeekelt, daß er nicht habe weiteressen können. Eine Weile habe er auf den Teller gestarrt, auf dem die Speisen mehr und mehr erkaltet seien. Er sei unfähig gewesen, etwas zu tun, etwas zu sagen, er habe bloß den Blick der Wirtin auf sich ruhen gespürt und ihren schweren Atem gehört. Schließlich habe er sich gewaltsam vom Teller abgewandt und in die dunkle Tiefe der Wirtsstube geschaut, aus der die Zugluft kalten Zigarettenrauch zu ihm hergeweht habe. Wenig Geschäft heute, habe die Wirtin, das Schweigen unterbrechend, gesagt. Für gewöhnlich sei ja mehr los, weit mehr, sei sie fortgefahren, wäre immer nur so wenig Geschäft, dann würde sich der Aufwand nicht lohnen, nein, dann müßte sie zusperren, der Gewinn sei ohnehin gering genug. Die Wirtin habe, da er unfähig gewesen sei, ihr ins Wort zu fallen, ein schier endloses Selbstgespräch über seinen Kopf hinweg geführt, und ihre Worte, auf die er anfangs kaum geachtet habe, seien immer schwerer und immer dichter auf ihn niedergegangen, tatsächlich niedergegangen wie ein bleierner Regen. Je tiefer er unter ihren Worten zusammengesunken sei, desto lauter habe ihm der Kopf gedröhnt, desto fahriger sei das sinnlose Hin- und Hertappen seiner Hände auf der Tischplatte geworden. Aus der Schwäche, aus dem Gefühl des Ausgeliefertseins habe er plötzlich Haß in sich aufsteigen spüren und das Verlangen, aufzuspringen, die Wirtin zu Boden zu werfen und auf ihr herumzutrampeln.

Jetzt, habe er gedacht, und jetzt, und seine Finger seien be-
reits um die Tischkante verkrallt gewesen, da sei er durch das
Mädchen, das, an den Tisch herantretend, der Wirtin eine
Frage gestellt habe, von seinem unsinnigen Vorhaben abge-
bracht und erlöst worden. Beinahe dankbar habe er seinen
Kopf erhoben und mit den Augen den Blick des Mädchens
gesucht. Sie sei aber vom riesigen Leib der Wirtin halb ver-
deckt gewesen, so daß er nur ihr kurzgeschnittenes, dunkles
Haar habe sehen können und ein Stück der weißen Haut ihres
Halses und die Hüfte, die sich ein wenig eckig unter ihrem
Kleid abgezeichnet habe.

Während sich die Wirtin nun halblaut mit dem Mädchen
unterhalten habe, offensichtlich sei es dabei um das Zimmer
gegangen, das er bewohnen sollte, habe er, durch eines der
Fenster auf die leere, dunkle Hauptstraße von Gerungs hin-
ausschauend, an das Bauvorhaben am Gerrbach gedacht, an
die Wildbachverbauung überhaupt, er habe sich dabei an die
Worte der Wirtin, an Hochwasserkatastrophen, die er selbst
erlebt hatte, erinnert, und zwar nicht so sehr der eingerisse-
nen Häuser, der vermurten Straßen und Wiesen, als vielmehr
der donnernd zu Tal schießenden Wassermassen, die von
mitgeführter Erde dunkelbraun gefärbt seien. Er habe sich
plötzlich inmitten einer Geröllawine stehen sehen, inmitten
einer schier uferlosen Mure, und die Vorstellung sei so stark
gewesen, daß er, am Tisch sitzend, die Hände vor das Gesicht
geschlagen, die Hände fester und fester gegen seine Stirn gepreßt habe. Als ihn die Wirtin dann angesprochen habe, sei
er, aus seinen Angstträumen auffahrend, in lautes, stumpf-
sinniges Gelächter ausgebrochen, in dem er, obwohl er sich
geschämt habe, nicht habe einhalten können.

Leni wird Sie hinaufführen, habe die Wirtin gesagt, meine
Tochter wird Ihnen das Zimmer zeigen. Noch immer lachend habe er daraufhin seinen Koffer ergriffen, ohne sich
dessen bewußt zu sein, sei er auch aufgestanden, wie eine
Marionette sei er aufgestanden und habe zur Wirtin gesagt,
daß ihm das Essen geschmeckt habe und daß er den nächsten

Tag bezahlen werde. Dann sei er hinter dem Mädchen her aus dem Schankraum gegangen, in dem, kaum daß sie in das Stiegenhaus getreten seien, schon das Licht ausgelöscht worden sei. Im Dunkel habe er noch das Blinken des Zinkbleches der Schank zu sehen, das lächelnde Gesicht der Wirtin als hellen, undeutlichen Fleck zu erkennen vermeint, aber das mochte bloß ein Trugbild gewesen sein, das ihm seine überreizten Sinne vorgegaukelt hätten. Als er seinen Blick von der Wirtsstube abgezogen habe, habe er sich mit einem Mal ganz nahe neben dem Mädchen gefunden, in der kalten Zugluft des Stiegenhauses, das sie hintereinander langsam hinaufgestiegen seien, sie vorne, er hinten. Mit jeder Stufe, die er, dem Mädchen folgend, genommen habe, sei es ihm leichter gewesen, sei er ruhiger geworden, habe er sich freier und immer weiter weg von dem Ort Gerungs gefühlt, in den er zur Arbeit abkommandiert gewesen war und der ihn von allem Anfang an bedrückt hatte. Ein, zwei Stockwerke seien sie hinaufgestiegen, ohne ein Wort zu reden, und da einige Lampen kaputt gewesen, wahrscheinlich von betrunkenen Gästen demoliert gewesen seien, habe ihr Weg bald vom Hellen ins Dunkle, bald vom Dunklen ins Helle geführt. Er habe das Mädchen während des Höher-Steigens nicht ein einziges Mal angeschaut, er habe sich, den Blick zu Boden gesenkt, nur dem Gefühl hingegeben, im Alleinsein nun doch nicht allein zu sein. Dieses Gefühl habe jenem geglichen, das man empfinde, wenn man in einem leeren Zimmer sitze, vor sich hinstarre und nebenan, hinter der bloß angelehnten Tür, einen fremden und doch wieder nicht ganz fremden Menschen wisse. Geborgenheit sei das zwar nicht, aber doch Glücks genug, um nicht verzweifeln zu müssen.

Er sei wie vor den Kopf gestoßen gewesen, als sie mit einem Mal vor der Zimmertür gestanden seien, als das Mädchen diese geöffnet und das Licht angeknipst habe. Einen Moment lang sei er unschlüssig auf der Schwelle gestanden, mit gesenktem Kopf. Sein Koffer sei ihm schwer in der Hand geworden, und er habe sich daran erinnert, daß er noch am Vortag in Tratten gewesen war und in nicht allzu ferner Zukunft irgendwo, irgendwo anders sein werde. Da habe er den Blick des Mädchens auf sich gespürt und gewußt, daß es kein Stehenbleiben gebe, daß er, wie er nun eingetreten, ein anderes Mal werde fortgehen müssen. Das Zimmer sei hell vor ihm gelegen, mehr lang als breit, und im ersten Moment habe er das in der Mitte stehende Mädchen bloß als dunklen, undeutlichen Fleck wahrgenommen. Dann habe er ihr Gesicht gesehen, zum ersten Mal, wie er gedacht habe, und er habe ihre Augen gesehen, und etwas sei ihm in diesem Gesicht zu viel gewesen, anders könne er es nicht ausdrücken, das Lächeln vielleicht, mit dem sie ihn angelacht, die Bewegung des Kopfes, mit der sie ihn zum Eintreten aufgefordert habe. Unschlüssig habe er einen Schritt gemacht und dann noch einen. Seine Hände und Füße seien ihm überflüssig vorgekommen, alles an ihm sei ihm zu schwerfällig, zu ungeschlacht gewesen. Um irgend etwas zu tun, habe er seinen Koffer neben das Bett gestellt. Das Bett sei ja gleich neben der Tür gestanden. Ohne den Koffer, mit freien Händen habe er sich noch unsicherer gefühlt, nicht im Denken, sondern körperlich. Er habe zu schwanken geglaubt. Wenn man wolle, könne man seinen Zustand in diesem Augenblick eine warme, glückliche Betrunkenheit nennen. Das Mädchen habe sich, wie er aus den Augenwinkeln gesehen habe, umgedreht und am Waschtisch, der am Fußende des Bettes aufgestellt gewesen sei, zu schaffen gemacht. Jetzt sei er mit schnellen Schritten durch das Zimmer gegangen, wie ein Dieb sei er hinter dem Rücken des Mädchens durch das Zimmer gehuscht und ans Fenster getreten. Während er, das Gesicht an die kalte Scheibe gepreßt, auf die dunkle Straße hinuntergeschaut habe, sei ihm immerfort der Gedanke durch den Kopf gegangen, daß er die Zimmertür nicht abgeschlossen, sondern offengelassen habe. Warum hast du offengelassen, habe er gedacht, du hättest zumachen müssen, habe er sich vorgeworfen, und die Unruhe habe ihn schließlich gezwungen, zur Tür zurückzugehen, um sie zu schließen. Auf dem Weg dorthin habe er das Bild der Straße vor Augen gehabt, wo sich das Nieseln in einen schweren Regen verwandelt gehabt hatte. Die Finsternis habe sich mit dem Regen zu einer einzigen schwarzen Masse verbunden. Die gegenüberliegenden Häuser seien kaum zu erkennen gewesen. Das Geräusch der am Boden aufschlagenden Tropfen, das er bislang nicht wahrgenommen habe, sei ihm nun schmerzlich zu Bewußtsein gekommen. Als er die Tür ins Schloß gedrückt habe, sei ihm unwillkürlich das Wort »So!« entfahren. Das sei das erste Wort gewesen, das er seit dem Verlassen der Wirtsstube gesprochen habe, und das Mädchen habe daraufhin zu lachen begonnen. Es sei kein lautes, nein, im Gegenteil, ein ganz leises, unterdrücktes Lachen gewesen, und doch habe es ihm in den Ohren gedröhnt. Sein Kopf sei heiß, sein Mund sei heiß und trocken geworden, und langsam, unendlich langsam habe er sich dann umgedreht. Da sei das Mädchen wieder in der Mitte des Zimmers gestanden, auf dem roten, abgetretenen Läufer, und habe mit den Händen ihr Kleid, ihr grünes Kleid glattgestrichen. »Gefällt Ihnen das Zimmer?« habe sie ihn gefragt, und er habe nach langer Pause bloß Ja gesagt und Ja und Ja Ja. Dabei habe er das Mädchen angeschaut, nein, angestarrt, er habe sich nicht helfen können, und es habe auch nichts genützt, daß er gedacht habe, so darfst du nicht schauen! Reglos sei er dagestanden, und sein Herz sei ein schwerer Klumpen in seiner Brust gewesen, und den Regen draußen habe er gegen das Fenster schlagen hören. Als das Mädchen dann zum Bett gegangen sei und die karierte Überwurfdecke zurückgeschlagen habe, unter seinen Augen, direkt unter seinen Augen, da habe er zum letzten Mal versucht, wieder zur Besinnung zu kommen. Sie ist ein Kind, habe er gedacht, sie ist ja noch ein Kind, und dieser Gedanke sei allein schon dadurch paralysiert worden, daß er auf ihren hellen, zum Dunkel des Haares kontrastierenden Nacken gestarrt habe. Plötzlich sei eine große Wärme in ihm aufgestiegen, er habe sich schwach und hilflos gefühlt, habe sich vorgebeugt, weit vorgebeugt und seine Hände um ihre

Hüften gelegt. Sie habe sich nicht gerührt, habe nichts gesagt, nur weiter das Leintuch gespannt und geglättet. Dieses
Erdulden der Berührung habe ihn vollends seiner Beherr-
schung beraubt. Das Zimmer sei ihm mit einem Mal viel zu
niedrig gewesen, viel zu eng wie auch seine Kleider, wie auch
sein Kopf. Er habe geglaubt, warmes Wasser an seinem Gesicht herabrinnen zu spüren. Es sei nicht in hastiger Gier,
sondern mit der Schwerelosigkeit einer an Ohnmacht gren-
zenden Müdigkeit geschehen, daß er das Mädchen zu sich
herumgedreht und mit seinen Armen umschlungen habe. Da
sei ihr Atem an seinem Hals gewesen, klein und warm, und
laut und drohend habe er jetzt wieder das Schlagen des Re-
gens gehört. Auch sei ihm die Wirtin in den Sinn gekommen,
und er habe Angst vor ihr empfunden wie vor der ganzen
Welt. Du bist wahnsinnig, du bist ja verrückt, habe er gedacht und doch nicht von der Umarmung abgelassen; um so
weniger, als sich das Mädchen nicht gewehrt, sondern sich an
ihn angeschmiegt habe. Als er ihre Berührung nicht erwidert
habe, habe sie leise zu lachen begonnen, sie habe ihn ausge-
lacht, ja, so habe er es empfunden. Eine kalte Ruhe habe sich
daraufhin, von seinem Kopf ausgehend, in ihm ausgebreitet,
er habe seine Arme von den Schultern des Mädchens gelöst,
mit einer schnellen Bewegung das Licht ausgedreht und gesagt, sie solle sich ausziehen. Dann habe er gehört, wie sie
sich im Dunkeln ausgezogen, sich Stück für Stück ihrer Kleider entledigt habe, und auch er habe sich entkleidet. Ein wenig habe ihn zu frösteln begonnen, es sei nämlich, entgegen
seiner früheren Wahrnehmung, im Zimmer kalt, eiskalt gewesen. Das Mädchen sei zu seinem Erstaunen vor ihm ins
Bett gestiegen, ganz selbstverständlich habe sie die Decke
heraufgezogen und auch ihn, als er gefolgt sei, damit be-
deckt. Als sie nun eng aneinandergepreßt in der Finsternis
gelegen seien, habe er plötzlich mit lauter Stimme gefragt, ob
ihr denn von ihrer Mutter, der Wirtin, das alles angeschafft
worden sei. Dieser Verdacht sei schlagartig in ihm aufgestiegen, weil er aus der Dunkelheit heraus das fette Gesicht der

Wirtin auftauchen zu sehen geglaubt habe. Nein, nein, habe das Mädchen geantwortet und sich an ihn gedrückt. Da habe er den Geruch ihres Haares gerochen und den Druck ihrer Fingernägel an seiner Hüfte gespürt, da sei er nicht länger groß gewesen und sie nicht länger klein, sie seien einig gewesen, er könne es nicht anders ausdrücken, kein Kampf, keine Angst, kein Hindernis. So mochte eine lange Zeit vergangen sein, er wisse es nicht. Er habe weder geschlafen, noch sei er wach gewesen, er habe sie bloß neben sich gespürt und gedacht, daß er jetzt gut aufgehoben sei, und obwohl er sie begehrt habe, sei er reglos gelegen wie ein Stein im Wasser, und manchmal habe er vermeint zu fliegen oder zu schwimmen durch ein nachgiebiges, duftendes Element. Er sei glücklich gewesen, doch stärker als die Empfindung des Glücks sei die Angst vor dem Verlust dieses Glückes gewesen. Obwohl er sich bewußt gewesen sei, daß das, was eben geschah, nur einmal geschehen könne, nur diese eine Nacht, und daß Worte wie Liebe oder Dauer unzutreffend und sinnlos, vollkommen sinnlos waren, sei ihm doch die Firma in den Sinn gekommen und die Baustelle am Gerrbach und die Tatsache, daß er unweigerlich wieder versetzt, abkommandiert werden würde und Gerungs über kurz oder lang werde verlassen müssen. Er habe all die Orte und Baustellen vor sich gesehen, die vergangenen, an denen er gewesen war, durch die er getrieben worden war, und die zukünftigen, an denen er sein würde, durch die er gehetzt werden würde als ein Mensch ohne Gewicht, ohne Ziel, als ein atmendes Irgendwas. Da habe er sich in seiner Furcht an das Mädchen gepreßt, draußen sei der Regen durch die Finsternis gestürzt, und er habe zu spüren vermeint, daß auch sie sich enger an ihn drücke, beide seien sie Angst gewesen, nichts als eine einzige Angst.

Irgendwann müsse er dann doch richtig eingeschlafen sein, denn er erinnere sich deutlich daran, daß er durch eine noch im Schlaf wahrgenommene Bewegung neben sich wach geworden sei. Als er die Augen aufgeschlagen habe, sei das

Mädchen in dem trüb durch das Fenster einsickernden Morgenlicht reglos vor dem Bett gestanden. »Was tust du?« habe er gefragt, tatsächlich habe er »du« gesagt, und er sei ganz arglos gewesen. Doch noch ehe sie geantwortet habe, habe er schon gewußt, daß sie sich anziehen wollte, daß sie sich anziehen und fortgehen wollte aus dem Zimmer. Da sei die Angst, die er im Schlaf verloren habe, mit einem Schlag wieder über ihn gekommen, es sei nichts Vernünftiges in ihm gewesen, nur ein Nicht und ein Nein. Er sei aus dem Bett gesprungen, habe im Halbdunkel seine Hose gesucht, wahrscheinlich habe er sich anziehen, mit dem Mädchen fortgehen wollen, genau wisse er das nicht. Zufällig sei seine Hand in die Hosentasche geglitten. Zuerst habe er die Geldbörse in die Hand bekommen, und in einer momentanen Eingebung habe er dem noch immer reglos dastehenden Mädchen Geld hingehalten, mehrere Scheine. Doch sie habe bloß den Kopf geschüttelt, und die Traurigkeit, die aus dieser Geste gesprochen habe, habe ihn bestürzt. Er habe das Geld wieder in die Börse, die Börse wieder in den Hosensack gestopft, wo er sein Taschenmesser ertastet und hervorgezogen, absichtslos hervorgeholt habe, wie ja alles, was gefolgt sei, das Aufklappen des Messers, das Zustechen, das Herausziehen und das Zustechen, das Zustechen, das, was jetzt Mord genannt und ihm als solcher vorgehalten werde, ohne Absicht geschehen, bewußtlos geschehen und ihm erst als Wirklichkeit erschienen sei, als er das Mädchen vor sich auf dem Boden habe liegen sehen. Er habe sich abgewandt. Er habe zu weinen begonnen. Es sei ein stilles, friedliches Weinen gewesen. Er habe sich angekleidet. Er sei aus dem Haus getreten, er sei durch die Straßen gelaufen, durch die noch morgendlich leeren Straßen von Gerungs, bis er den Gendarmerieposten gefunden und sich den Gendarmen mit den Worten gestellt habe, ja, ich bin schuldig, ich bekenne mich schuldig, ich nehme alles auf mich.

Paula

Früher habe ich noch die gymnastischen Übungen gemacht, die dafür gemacht sind, damit man einen flachen und
harten Bauch bekommt und behält. Dann fühlte ich eine
Schwangerschaft herannahen und gab daher diese wichtigen
Übungen, die ich mir aus einer Zeitschrift herausgeschnitten
hatte, wieder auf. Ich war wie gemacht dafür, Mutter zu werden, war ich doch ein ganzer Mensch. Man sagt ja, eine
Schwangerschaft erfordert einen ganzen Menschen. Vielleicht war es ein Fehler, daß ich mit den Übungen aufgehört
habe, als ich mich Mutter werden fühlte, denn mit den
Übungen darf man nicht aufhören, wenn man sich Mutter
werden fühlt: dann erst recht. Sonst ist man statt eines ganzen
Menschen nur mehr ein halber oder geteilter. Vielleicht hat
das auch dazu beigetragen, daß ich mich langsam meinem
Manne zu entfremden begann, was in einer Ehekrise seinen
Ausdruck fand. Ich fürchte, ich habe mich vernachlässigt, als
ich neues Leben in mir wachsen fühlte. Man darf sich nicht so
sehr auf das wachsende Leben in einem selbst konzentrieren,
man muß auch dem Manne ein Augenmerk zuwenden, weil
sich dieser sonst plötzlich vernachlässigt fühlt. Er darf nicht
glauben, jetzt spielt er die zweite Geige statt der ersten. Das
neue Leben in mir wuchs also und wuchs, ich aber verfiel
äußerlich immer mehr, direkt proportional dem wachsenden
neuen Leben. Dazu die schwere Hausarbeit, die das neue Leben zwar nicht am Wachsen hinderte, mich aber von meiner
täglichen Mindestpflege immer ferner und ferner hielt: Ich
war zwar erst knapp 16, aber je mehr das neue Leben in mir
wurde, desto mehr Haare und Zähne fielen mir aus dem
Kopf, was nicht unbedingt nötig gewesen wäre, wenn ich die
kosmetischen Tricks angewendet hätte, die man anwenden

muß, um Haare und Zähne bei sich behalten zu können. Ich war nicht schlecht entstellt! Ich hatte bisher immer versucht, meinen Verstand, zum Beispiel durch Fernsehsendungen, auf dem laufenden zu halten. Jetzt mußte ich jedoch gerade zur Fernsehzeit immer öfter meinen Gatten aus dem Gasthaus nach Hause holen, er war zur Zeit des Hauptabendprogramms immer schon völlig betrunken. Der Gang vom Gasthaus nach Hause war ein schwerer Gang, oft fielen wir gemeinsam über Hindernisse oder er schlug mich in eine Höhlung im Boden mit der Faust hinein. Dennoch war ich froh, ihn heil und ganz nach Hause gebracht zu haben. Hätte er sich nämlich erst später angesoffen, so hätte ich ihn in der Frühe zum Arbeitsgang nicht mehr aus dem Bett bekommen. So aber schaffte er es immer gerade noch, diesen schweren Gang anzutreten. Auch ich würde bald meinen schweren Gang ins Krankenhaus antreten müssen, um die Geburt zu vollziehen. Während der Zeit, in der ich mich Mutter werden fühlte, begann also die Entfremdung zu meinem Manne, die sich bald rapide ausbreitete und alle Bereiche des täglichen Lebens umfaßte. Denn mein einziges Kapital, mein früher schlanker und daher sowohl kosmetisch wie kleidungsmäßig leicht zu behandelnder Körper sagte mir jetzt leider den Dienst auf. Das heißt, mit der Schlankheit war es jetzt aus. Das Wichtigste ist nämlich immer, daß überhaupt eine Basis da ist, auf die man aufbauen kann, in meinem Fall war mein schlanker Körper diese Basis, die jetzt weg war. Bald begann mein Mann mich bald hierhin und bald dorthin zu treten. Manchmal hatte ich Glück, und er fand eine Stelle, die weniger schmerzte, so die Oberschenkel oder den Hintern, manchmal jedoch hatte ich Unglück, und er traf eine Stelle, die mehr schmerzte, weit mehr, den Bauch beispielsweise. Selbst während meiner Schwangerschaft war ihm mein Bauch offenbar nichts Heiliges, was er doch sein sollte, sondern etwas Unheiliges, das man treten durfte. Dennoch konnte die Schwangerschaft erhalten bleiben. Hier steht, daß man die gymnastischen Übungen unter allen Umständen aufrechterhalten muß. Die andren Umstände waren für mich aber eine solch schwere Belastung, daß die Übungen auf der Strecke bleiben mußten. Was zwischen Mann und Frau wichtig ist, ist die gegenseitige Achtung. Mein Mann konnte diese leider für mich nicht mehr aufbringen, weil ich mich körperlich so gehen ließ. Ich weiß, ich hätte mich gegen diesen inneren Drang, der mir ständig sagte: lasse dich fallen, zur Wehr setzen müssen, hätte dagegen ankämpfen müssen, vielleicht, wer weiß, hätte ich sogar gesiegt, und der Drang, mich fallenzulassen, wäre unterlegen. Aber da fühlte ich plötzlich eine Panik in mir aufsteigen, die mir sagte: kosmetische Pflege, selbst wenn es nur die allermindeste Grundpflege ist, kostet Geld. Dieses Geld vertrank mein Mann. Kaum, daß mein Mann gehört hatte, daß ich mich Mutter werden fühlte, ging er schon ins Wirtshaus und kam nicht mehr heraus, außer, um mich zu schlagen und zu treten. Manchmal gab er mir auch zu bedenken, daß wir platzlich viel zu beschränkt für Kinder wären, weil wir doch nur dieses eine kleine Zimmer im Hause meiner Eltern bewohnten. Am liebsten wäre ihm gewesen, ich hätte mich in Luft aufgelöst oder wäre mit dem noch ungeborenen Leben verstorben, nur damit ich und das ungeborene Leben keinen Platz einnehmen. Obwohl mein schlanker Körper früher weniger Raum eingenommen hatte als weniger schlanke Körper, war das jetzt zu Ende, und ich nahm von Tag zu Tag mehr Raum ein, je mehr ich mich Mutter werden fühlte. Zuerst sagte mein Mann: eines Tages werde ich nicht mehr zur Tür hereinkommen, wenn ich todmüde von der Arbeit heimkomme, wenn du und dein Bankert noch mehr Platz verbraucht, dann wieder versuchte er durch die obengenannten radikalen Methoden, meinen Bauchumfang auf das normale und natürliche Maß zu reduzieren. Es ist ein großes Glück, wenn man sich Mutter werden fühlt, ich aber fühlte nur die Schläge meines Gatten auf meinen nun ungeschmeidigen und daher zu wenig wendigen Leib herniederhageln. Es ist eine Zeit der inneren und äußeren Vorbereitung für eine Frau. Ich bin eine Frau. Ich war

aber fast immer unvorbereitet, wenn die Schläge kamen, obwohl ich sie stündlich erwartete. Manchmal, wenn ich
ausnahmsweise versuchte, in meinen Kopf ein wenig Abwechslung und Zerstreuung vom täglichen Einerlei hinein-
zubringen, indem ich mir etwas im Fernsehen anschaute,
holte er mich gleich wieder von der Abwechslung und Zerstreuung weg, führte mich aus dem Wohnzimmer meiner Eltern in unser Zimmerchen und schlug mir dort manchmal
sogar auf den Kopf, der doch wendig bleiben sollte, was ihm
langsam ebenso schwerfiel wie meinem Körper. Ich glaube,
mein Gatte wünschte insgeheim, daß das Ungeborene auch
ein Ungeborenes bliebe und niemals ein Geborenes würde,
was ihm eines schönen Tages beinahe auch gelungen wäre.
Wenn man mir nicht im Spitale Leib und Seele zusammen-
gehalten und das Ungeborene daran festgebunden hätte, wer
weiß, vielleicht wären heute mein Leib und meine Seele
schon getrennt voneinander. Beides wurde jedoch errettet.
Es war eine schöne Zeit, gutes Essen, oft Fleisch, dennoch
holte mich mein Gatte wieder aus dem Spitale heraus, weil
ich die Hausarbeit zu verrichten hätte, wer verrichtet sie denn
sonst? So war denn auch diese schöne Zeit wieder zu Ende,
ich erinnere mich noch heute gerne daran. Doch mein Gatte
wünschte mich an seiner Seite zu haben, wo die Frau hinge-
hört. Ich nahm also wieder meine täglichen Pflichten an seiner Seite auf. Jetzt ging es ja wieder mit ein wenig frischeren
Kräften vorwärts, das werdende Leben in meinem Bauch
war wieder für einige Zeit saniert. Im Spitale hatte ich einige
neue Haarschnitte in einer Illustrierten gesehen, Haarschnitte, welche ich aber leider an mir nicht ausführen lassen
konnte. Hätte ich es doch getan! Daß ich es nicht tat, war
sicher ein Fehler, der sich sogleich an mir rächte, indem ich
für meinen Mann immer unansehnlicher wurde, das werdende Leben fraß mir quasi die Haare vom Kopf, ein neuer
Kurzhaarschnitt hätte vielleicht retten können, was noch zu
retten war, was nicht mehr viel war, aber diesen Traum
mußte ich austräumen, noch bevor er richtig angeträumt

war. So blieb denn alles beim alten. Mein Gatte wäre vielleicht mit einer neu kurzgeschnittenen Frau zufrieden gewesen, noch zufriedener aber war er mit einem oder mehreren
Litern Alkohol in sich. Trotzdem quälte mich noch immer
der Gedanke, daß ich kosmetisch und gymnastisch mehr
hätte vorsorgen können für den Fall, der jetzt eintrat, nämlich mein körperlicher Verfall, der sich unter andrem auch
in Wasser in den Beinen äußerte, welches mir das Gehen
zu einer langwierigen und zeitraubenden Angelegenheit
machte. Es ist ganz natürlich und ungefährlich, daß Frauen,
die werdende Mütter sind, Wasser in den Beinen haben, es
pflegt nach der Geburt spurlos zu verschwinden. Dies ist eins
von den wenigen Dingen, die keine Spuren in einem Menschen hinterlassen. Das Wasser verschwand wirklich spurlos,
und das Kind war ein gesundes Kind, später sollte ihm noch
ein zweites nachfolgen.

Hatte ich mich früher nach kosmetischer Pflege und mehr
Zeit für Gymnastik gesehnt, so sehnte ich mich nun unbe-
greiflicherweise nach einem besseren Leben, von dem ich annahm, daß es für mich besser geeignet wäre als ein schlechte-
res. Sicher war es ein Fehler von mir anzunehmen, ich hätte
ein Anrecht auf ein solches, vielleicht war alles, worauf ich
ein Anrecht hatte die Tatsache, daß ich gesunde Kinder hatte.
Es gibt welche, die das nicht von sich behaupten können.
Und auch ich, die Mutter, war gesund. Das war ein Glück,
von dem viele behaupten, es wäre ein unverdientes Glück,
weil unter diesen vielen auch solche sind, die ungesunde
bis kranke Kinder ihr eigen nennen. Auch mein Gatte war
den Umständen entsprechend gesund. Die Umstände waren
dagegen beinahe ungesund in diesem einen kleinen Zimmer,
in dem vier Personen lebten, eigentlich nur drei, denn
Kinder unter 14 Jahren sind halbe Personen, so sagt es der
Gesetzgeber, wenn es sich darum handelt, wie viele Personen in einem Personenkraftwagen fahren dürfen. Vielleicht war es mein Fehler, daß ich diese Lebensumstände in
lebenswerte verwandeln wollte, in lebenswerte Umstände

meine ich. Es hätte mir genügen müssen, daß wir alle satt zu essen hatten, wofür mein Gatte aufkam, nachdem er einen nicht unwesentlichen Teil seines Wochenlohnes für alkoholische Zwecke abgezweigt hatte. Ich sehe auch ein, daß die Lebensumstände meines Gatten ebenfalls nicht die angenehmsten waren, hatte er doch, außer den unangenehmen Lebensumständen daheim, die wir mit ihm teilten, auch noch die unangenehme und schwere Arbeit im Wald zu vollbringen. Immerhin wohnten wir nur zu dritt, wenn nicht zu zweit, in dem kleinen Raume, während er draußen eifrig am Bäumefällen war. So wenig, wie es mich aber befriedigte, zu dritt in einem kleinen Raume zu leben, so wenig befriedigte es mich, zu viert in demselben kleinen Raume zu leben und außerdem immer von der spannendsten Stelle im Fernsehen weggeprügelt zu werden, teils wegen Nichtigkeiten, teils jedoch wegen, wie ich zugeben muß, wichtigen Eheverfehlungen wie einem wegen des »Kommissar« ungewaschen gebliebenen Geschirr. Wo mein Mann recht hatte, hatte er recht. Haushalt und Kinder dürfen nicht unter den Auswirkungen des »Kommissar« leiden. Wenn Haushalt und Kinder nicht unter dem »Kommissar« litten, litten sie in zunehmendem Maße leider unter einer gereizten und oft auch mürrischen Mutter, nämlich unter mir, die ich mir einbildete, unter einer unerträglichen Belastung zu stehen, die vor allem nervlich in Erscheinung trat, die aber in Wirklichkeit sicher eine erträgliche gewesen ist, Beweis: ich habe sie ertragen. Und das sogar mehrere Jahre! Das wiederum beweist, daß es doch letzten Endes meine Schuld gewesen sein muß. Nachdem ich auf die tägliche Gymnastik für Bauch und Hüften sowie auf Lippenstift und Lidschatten verzichten mußte, hätte ich dafür einen weniger vergänglichen, einen bleibenden Ersatz, nämlich meinen Gatten, die Kinder sowie den Gesamthaushalt suchen und finden müssen. Ich hatte meinen Gatten, die Kinder sowie den Haushalt zwar gesucht und gefunden, sie waren mir aber auf die Dauer kein Ersatz. Also blieb in mir eine gewisse Oberflächlichkeit erhalten, obwohl mein Leben doch wahrhaftig genug Tiefe hatte, so hinterließen z. B. die Schläge, die auf mich niederprasselten, doch oftmals ein tiefes Gefühl des Hasses gegen den Schläger in mir, der Geschlagenen. Anschließend beging ich dann den, wie ich glaube, entscheidenden Fehler, Geld als die Lösung dieser Probleme zu sehen, was niemals eine wirkliche Lösung sein kann, da man die entscheidenden Dinge im Leben, wie allgemein bekannt ist, durch Geld nicht erkaufen kann, Gesundheit zum Beispiel, wie ich schon ausgeführt habe. Statt dessen wollte ich immer mehr und gewaltsam erkaufen. Etwas, das man mit Gewalt erreichen will, geht oftmals schief. Etwas, das man aber mit Geld erkaufen kann, kann man auch kaufen, vorausgesetzt, daß man dieses Geld überhaupt sein eigen nennt. Geld bewegt die Welt. Das ist eine einfache Rechnung. Vielleicht war es wirklich meine Schuld, aber die Prostitution für Geld, die ich schließlich zu vollführen als meinen einzigen Ausweg sah, brachte mir wirklich soviel ein, daß ich mir dafür ein sorgenfreies Leben hätte leisten können, besonders in unsrer Gegend, wo das Angebot an Prostituierten so gut wie nicht vorhanden ist. Oder sagen wir besser, hätte mir soviel eingebracht, wenn nicht unrecht Gut nicht gedeihen würde. Das durch Prostitution erworbene Geld war nämlich dieses unrechte Gut, das auch in meinem Falle nicht gedieh. Das alles merkte ich spätestens an dem Tag, an dem alles herauskam, daß nämlich dieses Gut, das ich da so eifrig erwarb, ein unrechtes und nicht gedeihungsfähiges war. Ich hatte es erworben mit Hilfe meines kosmetisch ungepflegten, leider, möchte ich sagen, beinahe verwahrlosten Körpers, der dennoch immerhin ein weiblicher genannt zu werden verdiente, dessen wenige Haare noch immer ungeschnitten, dessen abgebrochene Fingernägel noch immer unlackiert, dessen Absätze immer noch schiefgetreten und nicht erneuert waren, und so weiter. Ich hatte es erworben, obwohl kaum noch etwas Reizvolles an mir zu finden war, nicht einmal mit einer Lupe, und dennoch genügten offenbar die wenigen typisch weiblichen Merkmale und Kennzeichen,

um einen schwunghaften kleinen Handel damit aufzuziehen.
Doch gerade in dem Moment, da ich daran gehen konnte,
mich wieder ein wenig herzurichten, war es auch schon wieder zu Ende mit der Hege und Pflege, denn da hatte sich
schon die Tatsache, daß unrecht Gut nicht gedeiht, als zutref-
fend herausgestellt. Durch einen blöden Zufall. Meine Kinder und meinen Gatten war ich dann auch rasch los, schneller
als ich schauen konnte. Gerade jetzt, wo ich wieder etwas
gehegtere Weiblichkeit für ihn in petto gehabt hätte. Ausgerechnet jetzt, wo ich wieder damit beginnen konnte, mich zu
attraktivieren, mußte das passieren. Das unrecht erworbene
Gut schrumpfte in der Folge noch rascher zusammen als
das rechtmäßig Erworbene, wie mir scheint, und zwar
schrumpfte es während der Zeit nach der Scheidung, als ich
mir eine Stelle suchen mußte, die ich dann auch fand. Freilich, Kapital, das ruht und nicht arbeitet, ist schnell zu Ende.
Ich selbst mußte arbeiten, durfte nicht ruhen. Es war vielleicht auch ein gewisser Fehler von mir, daß ich nicht mit
dem unrecht Erwerben weitermachte, was eine leichte, wenn
auch ziemlich ekelhafte Erwerbstätigkeit darstellt, dennoch
wollte ich, wenn ich schon keine Familie mehr mein eigen
nannte, doch wenigstens Güter rechtmäßig erwerben. Es
war vielleicht ein Fehler, daß ich die Prostitution sausen ließ
und mich der Fabriktätigkeit zuwandte, bei ersterem wäre
sicher mehr zu holen gewesen, aber es hatte mir schon einmal
kein Glück gebracht, und so wird es mir vielleicht auch ein
zweitesmal kein Glück bringen, vor allem, wo ich doch darauf hoffen kann, daß ich bei meinem Aussehen bald einen
Freund haben werde, der vielleicht beruflich eine saubere Tätigkeit ausführt und keinen Tropfen Alkohol anrührt. Dann
wird sich vielleicht die Investition, die darin besteht, daß ich
eine rechtmäßige Tätigkeit ausübe, nämlich eine Fabrik-
arbeit, rentieren, nämlich in einer neuerlichen Ehe und
neuerlichen Kindern. Diese Chance will ich mir nicht durch
neuerliches Erwerben von unrechtem Gut vermasseln. Es
kann nämlich leicht zu einer schlechten Gewohnheit werden,

Unglück zu haben oder Unrecht zu tun, was dasselbe ist. Ich möchte nun auch bald zu den Leuten gehören, die gewohnheitsmäßig und sogar rechtmäßig Glück haben, wie der Besitzer dieser Fabrik zum Beispiel, um nur einen zu nennen, dieser Fabrik, in der ich hier mein Brot und meine Kosmetika verdiene. Letztere stellen ein sogenanntes EXTRA dar, das mir jedoch sehr gelegen kommt, gehört es doch zu den rechtmäßigen Investitionen, die darauf zielen, eine neue Ehe und einen neuen Hausstand mit einem neuen, frischen und unverbrauchten Menschen zu gründen. Auf diese Weise werde ich zwar nicht viele Güter erwerben können, doch werden diese wenigen Güter auch gedeihen. Auf die andre und unanständige Weise würde ich zwar viel mehr Güter erwerben können, sie würden aber in meiner Hand nur Unglück bringen und keineswegs gedeihen. Unglück habe ich genug gehabt. Jetzt will ich einen Aufstieg nehmen. Ich habe aus meinen Fehlern der Vergangenheit gelernt, was eine Leistung ist. Einmal ist es schon mein Fehler gewesen, ein zweites Mal soll es nicht mein Fehler werden. Da muß alles streng legal zugehen.

Frau Pischinger und die Landluft

Insel der Besinnung, immergrün wie ein Tannenbaum im Lied und allerletzte Rettung im tausendäugigen Gewühl der Großstadt, Endziel verhaltener Seufzer, aber ab acht Uhr abends ohne Gnad' und Barmherzigkeit gesperrt, das sind unsere viktorianischen Knusperhäuschen, die weltberühmten blechernen Etablissements Wiens. Und in einem jener ungezählten Anstandsörter übt Frau Aloisa Pischinger geb. Blasl als Direktrice ihren verantwortungsvollen Posten aus. Seit fast dreißig Jahren steht die ehrliche alte Dame nun im Dienst. Unerschütterlich, korrekt, unumschränkt befehlsgewaltig und mit einem natürlichen Sinn für alles menschlich Fehlbare.

»Frau Pischinger«, hub mein Freund Bren im Ton eines Volkstribunen an und brachte seinen neuen amerikanischen Tarnzeichenstift in Bereitstellung, »warum sperren Sie denn grad' um die Zeit schon zu, wo die meisten Leut' erst Zeit kriegen, Ihr Lokal mit Muße aufzusuchen? Schaun S', wann Sie bis Mitternacht offen hätten, ich bin überzeugt, Sie würden Ihre Einnahmen verdreifachen . . .«

Er schob unauffällig wie ein Kieberer die blütenweiße Manschette seines Noniron-Hemdes aus dem Rockärmel, um darauf Frau Pischinger nach der Natur zu porträtieren, denn sie durfte auf keinen Fall was übernasern, die Gute.

»Ja, glaum S' denn, Hea Dokta, i mecht goa kaa Freizeit? Mia san do in an demogratischen Schdod, und waun de Leid zu miar einawoin, miassn sa se s hoed eidäun! Es is olas nua de Mocht da Gewonheid . . .«

An der Wand hing ein ausgesticktes Deckerl:

Nett und rein muß das Stockerl sein!

Am Stockerl stand ein Spirituskocher und darauf brutzelten

ganz appetitlich Rindsnierndeln. Es war alles blitzsauber hier. Zwar lag genug kaltes Karbol in der Luft, allein, die Rindsnierndeln übersetzten die Sprache des Karbols wiederum in heimische. Der listenreiche Bren wollte eben wieder eine Frage an Frau Aloisia stellen, als es plötzlich scharf wie in einer altväterlichen Milchhandlung schellte... Twang, twang...

»Tschuidign S', Hea Dokta, a Kundschoft!«

Wie eine königliche Leibwache versperrte Frau Pischinger geb. Blasl dem eintretenden Gentleman den Weg ins Elysium. Ein Ausländer aus Hindustan...

»Tag, da Hea! 85 Groschen in vuaraus, bittschen...«

Der gequält blickende Herr drückte, das Wechselgeld vergessend, Frau Aloisia einen Fümferschmee in die Hand, drängte stumm verzweifelt an ihr vorbei und wollte in einer der weißgekachelten Kabinen verschwinden.

»Haltaus«, entfuhr es entrüstet Frau Pischinger, »das is des Damenapteil. Da, visavii, gehörn S' eine!«

Meister Bren veränderte mit dem unsichtbaren Zeichenstift ein besonderes Detail, eine Nuance Barschheit, die den Mund umblitzt...

»Wos how i Ina gsogt, Hea Dokta? Gnädich haum's de Maunsbüda. Ohne z'frogn ins foesche Opdäu, kan Schenira, fost diarekt opsichtlich dan s maunche!«

»Sagn S' gnä Frau«, mischte ich mich jetzt ein, »halten Sie's denn daherin überhaupt aus? Keine Sonn, kein Himmel, keine frische Luft. Wie in einem Bergwerk kommt mir da alles vor... Was sagt denn Ihner Hausarzt eigentlich dazu?«

»Seng S'«, sagte Frau Pischinger, »grad mein Hausarzt hat mi da herbracht...«

»Aber gengan S', gnä Frau, wieso das?«

Der menschliche Bren legte Frau Pischinger einen rührenden Zug unters linke Auge. »I hob früa z' vüü graukt wia r i no jünga woa. No, und do hod ma domoes da Dokta Perl den Rot gem, i soit Laundluft einnehma, mei Lüngerl hoetat's

sunst ned aus. Wissn S', zu de Gscheadn how i oes Uaweane-
rin ned woin und so how i hoet de Schdö doda audredn. Wie
S' seng, hod's ma guad dau. I kuntat mi ned beglogn, bis auf
de Leit natialich, de wos ni a Eindäulung haum. Und mei
Beischl is gsund . . .«
Der listige Bren ließ, um bei Frau Pischinger nicht in Verdacht zu geraten, seine fertige Zeichnung hurtig im Ärmel
verschwinden, denn hätt' sie gewußt, daß sie umsonst Mo-
dell gestanden, so würde es wohl mehr gekostet haben als 85
Groschen & 15 Groschen obligaten Schmattes!
»Auf Widaschaun, de Hean«, rief Frau Aloisia Pischinger
geb. Blasl, da wir ihr nettes, stilles Häuslein verließen,
»kommen S' bald wida, aber teiln S' Iner's ein! Se san doch
gebüdete Mentschn, da kamma sich schon zammnema,
wamma will . . .«
Ein lauer Wind trägt aus dem Volksgarten die Düfte verblüh-
ter Rosen herüber; aber Rauch und Benzindampf vernebeln
Pallas Athenen. Landluft! Jawohl, Landluft ist es, was wir zu
unsrer Regeneration bräuchten. Nicht nur Frau Aloisia Pischinger, geb. Blasl, obgleich sie ihr von Herzen vergönnt
sei . . .

HELMUT QUALTINGER

Die Ahndlvertilgung

EINE STIMME AUS DEM RADIO   Aus Hörerkreisen erhalte ich seit einigen Wochen unzählige Briefe, in denen sich Landwirte darüber beschweren, daß sich in letzter Zeit der Staat immer mehr in die natürliche Vertilgung der Ahndln einmischt. So wurden biedere Landleute, die diesen gesunden Prozeß beschleunigen wollten, verhaftet und in mehreren Fällen sogar verurteilt. Um diesen ungerechtfertigten Nachstellungen zu entgehen, sollte sich der Bauer an folgende Vertilgungsmethoden halten, die sich bereits in weitesten Kreisen der Landbevölkerung durchgesetzt haben. Was macht der Landwirt in der grünen Steiermark? Er verwendet die Jauchegrube, die den Schädling außerdem der Volkswirtschaft zuführt. Die Bauern im sonnigen Kärnten bedienen sich primitiverer Methoden. Sie benützen Hacken, die zwar zweckentsprechend sind, aber das Ahndl unter Umständen vor dem Vorhaben warnen können. Aus dem schönen Burgenland kommt die Methode des Häuseranzündens, die nur leider zu oft mit erheblichem Sachschaden verbunden ist. Hier empfiehlt es sich, das Unternehmen mit einer Versicherungsaktion zu koppeln. Man kann natürlich – wie auf den herrlichen Matten des Tauernmassivs – seinen Vorfahren in den Stall sperren und ihm die Nahrung verweigern, was jedoch nicht in allen Fällen wirkt, da derselbe dann zuweilen beim Vieh mitfrißt. Was macht der Tiroler in so einem Fall? Der Tiroler ist lustig, der Tiroler ist froh, er hat stets Arsen, im Volksmund »Hüttrach« genannt, in seiner blitzsauberen Küche vorrätig und erspart sich dadurch unnötige Arbeit. Im Salzkammergut, da kann man gut lustig sein, weil es so viele Seen gibt, in denen die ganze ältere Verwandtschaft Platz hat. Niederösterreich, das Land des herrlichen Weines, hat große

Mengen von Kupfervitriol bereit, um den Vorfahren die entsprechende Behandlung teilwerden zu lassen. Und Oberösterreich, die Heimat des Führers, bringt einen Most hervor, der allein imstande ist, auch dem härtesten Großvater das Handwerk zu legen. Ich hoffe, dieser kleine Überblick hat Ihnen wertvolle Anregungen gegeben. Ich verabschiede mich und melde mich morgen wieder mit einem Vortrag über das Thema »Die Blutschande und ihre Bedeutung für ein gesundes Landleben«.

Sarajewo 1914

im Frühsommer einige Nummern der ›Neuen Freien Presse‹
vom Mai und Juni 1914 in der Nationalbibliothek ausheben
zu lassen, um sie dann im Lesesaal als Stoß Tageszeitungen
vom Kellner auf den Kaffeehaustisch gelegt zu bekommen –
sobald man (damit die allein schon in der altmodischen
Druckschrift gespiegelte zeitliche Distanz abgeschwächt
wird) solchen Neuigkeiten, auf welche man auch im Lokal-
teil von jüngsten Ausgaben der heutigen Tageszeitung ›Die
Presse‹ stoßen könnte (zum Beispiel der Ernennung eines
Staatsbeamten zum Hofrat oder einem Pferderennen in der
Freudenau), in der einen und anderen Nummer blätternd,
einige Aufmerksamkeit geschenkt hat, sich den Artikeln
über außenpolitische Aktivitäten Österreichs (wenn diesen
schon der heutzutage bzw. ansonsten der amerikanischen
oder sowjetischen Haltung in dieser und jener Frage vorbe-
haltene Platz eingeräumt wird) in der Absicht zuwenden,
Fernsicht und Nahsicht zur Überschneidung zu bringen:
vor dem Bericht, daß der Staatsbesuch des Thronfolgers
Franz Ferdinand in Serbien Gestalt annehme (wobei einem
zwischen den Zeilen all das aufsteigt, was jeder Österreicher
von Sarajewo weiß), sich der unsinnigen Verwunderung,
daß eine so angesehene Zeitung, wie es die ›Neue Freie
Presse‹ gewesen ist, Franz Ferdinands Mission nach all dem
Geschehenen so optimistisch kommentieren kann, ohne daß
einen Tag später der Chefredakteur unter ›Berichtigung‹ für
das peinliche Versehen / die unerklärliche Auslassung die über
so viel Pietätlosigkeit entrüsteten Leser um Entschuldigung
bitten und von einem Tag auf den anderen auf die Mitarbeit
eines verdienten, plötzlich an Gedächtnisstörungen laborie-
renden Redakteurs verzichten muß, so intensiv hingeben, bis

man mit nun schon ganz echter Verwunderung die Verwunderung erlebt, daß die Vorgeschichte des Ersten Weltkrieges
nicht schon immer seine Vorgeschichte gewesen ist bzw. daß
die dann Geschichte gewordenen Ereignisse eine Zeitlang
mit ganz anderen, wenn auch von diplomatischer Seite skeptisch beurteilten Erwartungen verbundene Zukunft gewesen
sind, so daß sich aus der in dem Zeitungsbericht nur mehr
durch wenige Wörter wie »Reise« oder »Besuch« (welche
Wörter, was getrennt ist, ja erst recht aneinanderrücken) ver-
zögerten Verbindung zwischen den Eigennamen »Franz Ferdinand« und »Sarajewo« selbst in einem mit Substantiven
wie »Unruhen« oder »Feindseligkeiten« ausgestatteten Kon-
text die verbale Kettenreaktion »Ultimatum« – »Kriegserklärung« einmal noch nicht ergeben mußte/noch nicht ergeben konnte, bzw. da es, solange Franz Ferdinand potentieller
Leser der ›Neuen Freien Presse‹ war, noch keinen geben
konnte, der schreibend oder lesend die Reizwörter »Franz
Ferdinand« – »Sarajewo« mit einer Assoziation wie »Attentat« beantwortet hätte –
und wenn man sich dann doch noch einmal über diese Verwunderung wundert, da sich ihr das Wissen, wie alles weiter-
gegangen ist, in dem kindlichen Schauer: »ja sieht denn der
König und der Kasperl das Krokodil noch immer nicht!« ent-
gegenstellt, genügt es, sich dadurch zu desorientieren, daß
man nach der gerade gelesenen Nummer greift und so das
Unheil, das seinen Weg nehmen will, in Verzug geraten (und
dadurch eine neue Dimension gewinnen) läßt, um dann vor
den den Zweck der Reise betreffenden Nachrichten dank
dem Befremden: »mir ist, wie wenn ich, was ich eben erst
lese, in einem Traum schon gelesen hätte!« in den Sommer
1914 zurückzufallen, nämlich in den Morgen, an welchem
(wie man sich sagt) der eben gelesene Artikel bereits in der
(kurz überflogenen) Nachtausgabe gedruckt war, und dann
von Zeile zu Zeile von immer deutlicheren Vorahnungen befallen zu werden:
sobald feststeht, daß die Frau des Thronfolgers, Sophie von

Hohenberg, diesen nach Sarajewo begleiten wird (»ja lernt denn dieses Land aus der Geschichte nicht einmal dann, wenn eine bestimmte politische Konstellation so vollkommen gleich wiederkehrt, daß mit großer Wahrscheinlichkeit, sofern nicht den damaligen Schritten konträre Schritte unternommen werden, das gleiche Unglück oder ähnlich Tragisches geschehen wird!«), überlegen, ob man nicht schnell einen Leserbrief an die »Neue Freie Presse« schreiben solle des Inhaltes, welcher Wahnsinn die geplante Unternehmung sei, aber das sein lassen, da eine solche Behauptung begründet werden müßte, aber jede, und sei es noch so deutliche Warnung vor einem drohenden Attentat, ja der bevorstehenden Ermordung des Thronfolgers und seiner Gattin, falls sie überhaupt publiziert würde, vom Hof nicht ernst genommen werden würde (wie mir der serbische Gesandte in Wien bestätigen könnte) und vom Thronfolger, besorgt, sich öffentlich lächerlich zu machen, nicht befolgt werden dürfte,

und daher lieber gleich (d. h., bevor einen die Vermutung lähmt, Kassandra werde in jeder Gestalt verlacht) dem Thronfolger unter Berufung auf prominente Historiker expreß zu schreiben und zur Beglaubigung eine aus einem Geschichtsbuch herausgerissene Seite beizulegen erwägen,

vor der Meldung, daß die Abreise des Thronfolgers unmittelbar bevorstehe (»unsere Diplomaten müssen doch schwachsinnig sein, unser Außenminister völlig unfähig, wenn selbst ich Laie, den die angeblich keineswegs überraschende Entwicklung in Angola im Fünfundsiebziger Jahr überrascht hat...!«), als einer der ersten argwöhnen, daß man den Thronfolger in ein längst absehbar gewordenes Unglück rennen lassen oder sogar hetzen wolle, damit es mit seiner eigenständigen Politik vorbei sei, und davonstürzen, um von dem Telephonautomaten vor der Nationalbibliothek Franz Ferdinand anzurufen oder um lieber gleich in den anderen Trakt der Hofburg zu laufen und ihn anzuflehen, er solle um Gottes willen in Wien bleiben und dem alten Kaiser das

Götzzitat sagen, dies sei er, wenn ihm schon sein eigenes Leben und das seiner noch immer nicht hoffähig befundenen Gemahlin so wenig bedeute, den soundsovielen Toten des Ersten Weltkrieges schuldig, oder ob er (schließlich sei längst nachgewiesen, daß das bald überfällige österreichische Ultimatum an Serbien unakzeptable, ja provokante Forderungen enthalten habe) sich eines Tages auch als indirekter Anlaß für einen zum Beispiel in Versailles, St. Germain oder derglei-chen Schlössern geschlossenen Friedensvertrag unschuldig-mitschuldig wissen wolle an dem, was unter anderem zu 1933 bzw. 1938 führen könnte bzw. geführt haben wird,
vor dem Burgtor sich aber erinnern, daß Franz Ferdinand ja im Belvedere gewohnt habe und, da man in der Hauptver-kehrszeit dort zu spät ankommen würde, eine Woche lang keine Zeitungen zu lesen keine Nachrichten zu hören be-schließen.

Przemyśl

Ein mitteleuropäisches Lehrstück

Am Allerheiligentag des Jahres 1918, zwei Wochen bevor
Ludwik Uiberall an einer Schußwunde verblutete, begann
auf dem Ringplatz von Przemyśl das Goldene Zeitalter. So
jedenfalls verhieß es ein Advokat, der unter den Zedern des
Ringplatzes am Abend dieses milden Novembertages vor
Fackelträgern und großem Volk eine Rede hielt. In Przemyśl
kannte man Herman Lieberman, den Redner, als den Führer
der Sozialdemokratischen Partei Galiziens und als einen höf-
lichen Mann, der jeden Vormittag im Grand Café Stieber die
Zeitung las, in der Bahnhofsrestauration Kohn zu Mittag
speiste und vor Jahren vergeblich versucht hatte, Helene Ro-
senbaum aus dem Gizowski-Haus zu heiraten. Aber die Leidenschaft, mit der der Herr Advokat an diesem Abend
sprach, war den meisten seiner Zuhörer fremd. Ein Goldenes
Zeitalter! Schön, sehr schön hatte der Beginn dieser Anspra-
che geklungen. Der Herr Advokat hatte die Worte eines rö-
mischen Dichters, Verse, lange Verse, von einem immer wieder glattgestrichenen Zettel abgelesen und gesagt, so oder
zumindest so ähnlich müßte es nun auch in Galizien werden:
»Im Goldenen Zeitalter gab es keine Helme und kein
Schwert. Ohne Soldaten zu brauchen, lebten die Völker
sorglos und in sanfter Ruhe dahin...«
Die Freie Republik Przemyśl, rief Lieberman dann und hob
die Arme wie ein Kapellmeister, der nicht mit dem Takt-
stock, sondern mit der leeren Faust das Zeichen zum Einsatz
gibt – die Freie Republik Przemyśl, deren Gründung hier und
heute mit solchem Jubel begangen werde, habe die österrei-
chisch-ungarische Herrschaft abgeschüttelt, um endlich in
die Welt zu setzen, was in Wien und Budapest immer wieder
versprochen, hoffnungslos zerredet und in den Ländern Mit-

teleuropas, den Ländern der sogenannten Krone, niemals verwirklicht worden sei: ein friedliches Miteinander freier, gleichberechtigter Völker in einem vielstimmigen und demokratischen Staat. Die Polen, Ukrainer und Juden der Stadt, selbst die kroatischen, ungarischen oder böhmischen Soldaten der aufgelösten kaiserlichen und königlichen Garnison, würden in dieser Republik eine gute, vor allem aber eine gemeinsame Zukunft finden, und . . .

Der Advokat machte eine kurze, atemlose Pause, ließ die Arme sinken und sagte dann langsam, mehr zu sich selbst als zur plötzlich unruhig gewordenen Menge: Und später vielleicht eine Heimat.

Die vielstimmige Heimat, die Völkerfamilie, blühende Donauländer und das Erbe des habsburgischen Untergangs, alles in allem: das freie Mitteleuropa. Lieberman rührte an die Bilder einer alten Sehnsucht, mit denen auch viele Redner der österreichisch-ungarischen Vergangenheit ihre Reden verziert hatten und mit denen noch viele Redner und Schreiber der mitteleuropäischen Zukunft ihre Reden und Schriften verzieren würden. Aber nicht diese Bilder hatten die Menge plötzlich unruhig werden lassen, sondern bloß einige ukrainische Fuhrknechte, die zwei Fackelträger gegen die Toreinfahrt des Branntweiners Fedkowicz gedrängt hatten und ihnen dort das Feuer zu entreißen versuchten. Ob die Fuhrknechte betrunken waren oder vom utopischen Glanz der Rede Liebermans geblendet, war aus der Höhe des Rednerpultes nicht zu erkennen. Lieberman tat, was viele Redner tun, wenn sich das Volk endlich bewegt. Er wartete ab. Die Fuhrknechte zogen sich schließlich vor der aufmerksam und böse werdenden Übermacht der Fackelträger in den tiefen Schatten eines Arkadenganges zurück. In einer Lache vor dem Tor des Branntweiners verlöschte ein Pechstumpen. Stoßweise, wie den Beginn einer Litanei von Verwünschungen, schrie eine helle Männerstimme die ersten Takte eines ukrainischen Liedes aus dem Dunkel der Arkaden: *Schtsche ne wmerla Ukraina* . . . Noch ist die Ukraine nicht gestorben! Die

Hochrufe der Republikaner von Przemyśl machten aber auch diesen Störversuch rasch unhörbar.

»Genossen, Mitbürger, Freunde!« wiederholte Lieberman, nun wieder laut und sicher, die gewohnte Ordnung der Anreden, die er auch im Grand Café Stieber jedesmal gebrauchte, wenn er aus der gedämpften Privatheit der demokratischen Herrenrunde des *Roten Tisches* unvermutet ausbrach und sich mit erhobener Stimme an das große Kaffeehauspublikum wandte. Allmählich erstarb das Geschrei auf dem Ringplatz. Der Lärm der Begeisterung wich einer trägen Ruhe, die sich um das Rednerpult ausbreitete wie die Flüssigkeit um ein im jähen Wechsel von Hitze und Kälte zersprungenes Gefäß.

»Genossen, Mitbürger, Freunde! Die Monarchie hätte zum Herzen Europas werden können, aber sie hat ihre Chance verloren und vertan. Die Monarchie hat ihre slawische Majorität verleugnet und an die Stelle einer friedlichen Gemeinsamkeit der Völker nur die schäbige Pyramide der Nationen gesetzt, an deren Spitze das sogenannte Staatsvolk thronte – die Deutschen. Die Monarchie, Genossen, hat nicht erkannt, daß keines der mitteleuropäischen Völker stark genug ist, um ein anderes zu beherrschen; hat nicht erkannt, daß aus diesem Grund allein schon die politische Vernunft die Versöhnung und die Gleichberechtigung dieser Völker gebot. Und so mußte die Monarchie zugrundegehen wie jedes Reich, das sich der Einsicht in die Notwendigkeit der Zeit verschließt. Nun ist es an uns, Genossen, aus den Trümmern dieses Reiches ein neues Mitteleuropa zusammenzufügen, das den Krieg als die Folge dieser unseligen Hierarchie der Nationen erlebt hat und das nun auch ohne den Zwang einer Dynastie zu seiner Einheit finden wird. Und Przemyśl, Genossen, Mitbürger und Freunde, wird das Vorbild und erste Beispiel einer solchen Völkergemeinschaft sein . . .«

Mit halblauten Zwischenrufen wie *Der Lieberman plauscht wieder* oder *Ach, Lieberman,* hatte Jaroslav Souček, der tschechische Arzt des Garnisonsspitals, solche und ähnliche Reden des Sozialdemokraten im Grand Café Stieber gelegentlich vom Billardtisch aus unterbrochen und dann quer durch die von drei Kristallustern geschmückte Weite des Raumes kurze Gegenreden gehalten, ohne allerdings der Einladung Liebermans Folge zu leisten, seine Einwände doch im Kreis der Demokraten vorzutragen. Souček sprach grundsätzlich aus der von silberblauen Schwaden verhangenen Ferne des Billardtisches und schien dadurch seltsam entrückt.

»Die mitteleuropäischen Völker wollen doch weder einen dynastischen noch einen demokratischen Vielvölkerstaat«, hatte der tschechische Arzt erst letzte Woche, an einem verregneten Montagvormittag, gesagt – »sondern sie wollen schlicht und einfach ihre eigenen, autonomen, blöden kleinen Nationalstaaten, ihre eigenen scheppernden Industrien, korrupten Parlamente und lächerlich kostümierten Armeen. Schauen Sie sich doch um, Herr Lieberman, was sehen Sie? Sie sehen Mitteleuropa – ein Bestiarium: Die Tschechen fluchen auf die Slowaken, auf die Polen, auf die Deutschen; die Polen auf die Litauer und Ukrainer; die Slowaken auf die Ungarn; die Ungarn auf die Rumänen; die Kroaten auf die Slowenen, Serben und Italiener; die Serben auf die Albaner und Montenegriner; die Slowenen auf die Italiener und Bosniaken, und immer so fort, und die Deutschen fluchen auf die Slawen insgesamt, alle Feindschaften gelten natürlich auch umgekehrt und werden von allen Beteiligten mit immer neuen und immer hirnloseren Vorurteilen gepflegt. Gemeinsam ist den Angehörigen dieser famosen Völkerfamilie doch nur, daß sie bei jeder günstigen Gelegenheit über die Juden herfallen. Der Pogrom ist aber auch schon die einzige Unternehmung, zu der sich die Familie gemeinsam bereitfindet. Ein friedliches Miteinander? Einige von diesen fahnenschwenkenden und ihre Hymnen grölenden Haufen haben ihren Nationalcharakter doch eben erst entdeckt und nun nichts Eiligeres zu tun, als diesen Muff unter der Käseglocke eines eigenen Staates bis zum nächsten Krieg, bis zur nächsten Judenhetze, bis zum nächsten Raubzug zu bewahren.

Blind bleiben sie dabei füreinander; blind und blöd. Die Nation! Ach, Lieberman, was für eine Blödheit. Aber vorläufig bleibt es eben modern, diese Blödheit hochzuhalten und mit ihr den Glauben an eine eigene, besonders ruhmreiche Geschichte, den Glauben an einen ganz besonders genial gewundenen eigenen Weg von der Affenhorde zum bissigen Nationalstaat. In jenem Europa, von dem Sie reden, Verehrtester, liegt Böhmen am Meer und Triest im Gebirge. Ihre Reden sind nicht auf der Höhe der Zeit. Und die Zeit, Herr Demokrat, ist gewiß nicht auf der Höhe ihrer Reden.«

Spitalsarzt Souček hatte an diesem Montagvormittag seinen Ausfall mit einem plötzlichen Stoß seines Queues beendet, war ganz in sein Spiel zurückgesunken und keiner Antwort des protestierenden *Roten Tisches* mehr zugänglich gewesen. Wie das Opfer einer großen Verbrennung überragte Herman Lieberman an seinem Rednerpult das flackernde, rauchende Feld der Pechfackeln. Von Souček würde an diesem Abend kein Zwischenruf kommen. Der Arzt war vor einigen Tagen mit seiner Einheit abgerückt und hatte seine Kameraden vergeblich daran zu hindern versucht, alle tragbaren Einrichtungen des Garnisonsspitals mit sich zu schleppen. Schwerbeladen, singend und im Marschtritt waren die Tschechen aus dem Chaos der Zeit ihrem eigenen Staat entgegengezogen.

»Wir haben uns hier versammelt«, schrie Lieberman in die Wildnis aus Flammen, Gestalten, Gesichtern und springenden Schatten, »um zu bezeugen, daß Mitteleuropa nur durch die Einheit seiner Völker davor bewahrt werden kann, zum Manövergelände fremder Armeen und Interessen zu verkommen. Die Freie Republik Przemyśl, das Lehrstück der Völkergemeinschaft, lebe hoch!«

Vivat und *Hurra* tobte es von unten zurück. Fackelträger schwenkten ihre Lichter über den Köpfen oder schrieben Feuerkreise und Spiralen in die Luft. Triumphal und im falschen Takt, so, als ob ein längst erwartetes Zeichen nun doch übersehen worden wäre und das Versäumte nun mit gesteigertem Tempo nachgeholt werden müßte, setzte eine Blechkapelle ein. Schmal ragten die Zedern des Ringplatzes aus dem Jubel in den dunklen Himmel Galiziens.

Gewiß – die abendliche Feierlichkeit dieses Allerheiligentages kann auch anders verlaufen sein: Vielleicht wurde die Republik ohne Blechmusik ausgerufen, vielleicht standen auch die Zedern des Ringplatzes damals schon nicht mehr, hieß der tschechische Arzt nicht Souček, sondern Palacký oder anders, und vielleicht waren es auch keine Fuhrknechte, sondern uniformierte Mitglieder der *Sitsch,* der paramilitärischen ukrainischen Feuerwehr gewesen, die mit den Fackelträgern handgemein geworden waren. Gleichwie, Tatsache bleibt, daß die vom Sozialdemokraten Herman Lieberman mit allem Pathos ausgerufene Freie Republik Przemyśl die Nacht vom Allerheiligen- auf den Allerseelentag des Jahres 1918 nicht überstand. Denn noch vor Anbruch des ersten Tages dieser Republik drängten aus allen Dörfern ukrainische Bauern, Landarbeiter und Handwerker in die Stadt – Nationalisten aus Wirotschko und Jaksmanytschi, aus Posdjatsch, Stanyslawtschyk und Kormanytschi, die, von einem zweiten Advokaten namens Doktor Zahajkiewicz angeführt, bewaffnet und unbewaffnet über Przemyśl herfielen und gegen den Vielvölkerstaat des Advokaten Lieberman Einspruch erhoben: Przemyśl sei immer ukrainisch gewesen. Przemyśl werde immer ukrainisch bleiben.

Die Ukrainer besetzten also das Rathaus, die Bezirkshauptmannschaft, das ausgeräumte Garnisonsspital, den Bahnhof samt Restauration und stellten die erst am Vorabend gebildete Regierungskommission der Freien Republik – vier versöhnlerische Ukrainer, vier Polen und Lajb Landau, den Führer der jüdischen Partei, unter Hausarrest. Auch der Name der Freien Republik wurde getilgt und durch *Peremyschl* ersetzt.

»Ausgerechnet Doktor Zahajkiewicz!« hieß es auf einem Flugblatt, das später im Grand Café Stieber beschlagnahmt werden sollte, ». . . Zahajkiewicz, der sich schon auf Kostümfesten und folkloristischen Umzügen stets als ukrainischer Hetman zu verkleiden beliebte – ausgerechnet dieser

Karnevalsnarr führt nun die ukrainische Horde gegen die Stadt...«

Das Ende des Kampfes um Przemyśl war absehbar wie das Ende aller Kämpfe um die Utopie: Selbstverständlich duldeten die Polen nicht, daß Przemyśl unter ukrainische Herrschaft kam. *Peremyschl!* Allein der Klang war barbarisch. Diese verfluchten Ukrainer. Das waren doch nur ruthenische Bauerntölpel, Lemken und Bojken, die sich einen nationalen Namen und eine Fahne zugelegt hatten und jedem, der ihnen das Wort nur deutlich und lange genug vorsagte, *Ukraina* nachgrunzten. Aber Przemyśl war immer polnisch gewesen. Und Przemyśl würde immer polnisch bleiben.

Nach zwei Wochen ukrainischer Herrschaft, wachsender Verwirrung und täglichen Schlägereien zwischen den nationalen Lagern drangen polnische Truppen unter dem Kommando eines Generals namens Rój in die Stadt ein, prügelten die Tölpel in ihre Dörfer zurück und stellten den Advokaten Zahajkiewicz unter Hausarrest. Auf der Szajbówka-Heide und am Franz-Josephs-Kai am Ufer des San fielen auch Schüsse. Aber zu Tode kam nur ein Mann. Das Protokoll der Eroberer überlieferte seinen Namen: Es war der *Pole mosaischen Bekenntnisses Ludwik Uiberall,* den ein Bauer aus Balytschi, der sein mit Flußsand beladenes Ochsengespann über eine Schotterbank an den Franz-Josephs-Kai heranführte, nach zwei kurz aufeinanderfolgenden Schüssen auf das Gesicht fallen sah.

ILSE AICHINGER

Kleist, Moos, Fasane

Ich erinnere mich der Küche meiner Großmutter. Sie war schmal und hell und lief quer auf die Bahnlinie zu. An ihren guten Tagen setzte sie sich auch darüber hinaus fort, in den stillen, östlichen Himmel hinein. An ihren schlechten Tagen zog sie sich in sich selbst zurück. Sie war überhaupt eine unverheiratete Küche, etwas wie eine wunderbare Jungfer, der die Seligpreisungen der Bibel galten. Abgeblättert und still, aber nicht zu schlagen.

Wenn Besuch kam, vier oder fünf alte Damen mit langen Jacken und merkwürdigen Hüten, so blieb die Freude in der Küche. Da offenbar nicht genug Freude da war, um mehr Räume zu füllen, so sammelte sie sich in der Küche und erfüllte sie ganz. Meine Großmutter kam dann auch oft heraus und machte sich draußen zu schaffen. »Geht nur hinein«, sagte sie zu den andern, »ich komme gleich nach!« Sie holte Milch und Kuchen und Zucker, sie suchte in der Kredenz nach einer größeren Schüssel. Heute glaube ich, sie kam, um die Freude zu suchen, die doch bei einem Besuch von vier oder fünf alten Freundinnen irgendwo geblieben sein mußte. Und da war sie dann auch. Leicht zu finden, wenn man es wußte.

Es ließ sich gut planen in der Küche, ob es Kinobesuche, Konzertreisen oder ein Weg hinaufzu war gegen das Waffenarsenal, das am Ende der Gärten stand. Die Küche kam allen Plänen entgegen, ihr Licht schmeichelte ihnen und ließ sie wachsen. Fuhr dann unten ein Güterzug vorbei und der Rauch drang plötzlich herein und füllte die Augen, so war es, als wäre man heimgekehrt aus vielen Erdteilen, als kennte man die Freuden der Welt und brauchte sie nicht mehr. Es war dann schon am besten, gegen das Arsenal hinaufzugehen wie einer, der heimkehrt; oder gegen die Kleistgasse zu, die vielleicht deshalb so hieß, weil nichts darin an Kleist erinnerte oder weil niemand, der dort wohnte, etwas von ihm wußte. Und das wäre ja Grund genug. Daß Kleist mit Fasanen zusammenhing, mit Moos und mit der Bahn, wer hätte es sich träumen lassen, wenn nicht er selber und die Kinder dieser Gegend, die in der Moosgasse wohnten, in der Fasangasse, in der rechten und linken Bahngasse. Auch eine kleine Bahngasse gab es, die Bahn bewegte alles. Sie rührte die staubigen Muscheln in der Lade meines Großvaters, als wäre sie die See, und sie brachte die ziegelroten, nie benützten Mokkatassen zum Klirren, als wären sie eine größere Gesellschaft. Sie rüttelte an Betten und Flaschen, an den Spiegeln und den Marmorplatten auf den Nachtkästen. Sie rührte die Trauer auf und ließ sie glänzen. Auf ähnliche Weise wie die Küche war sie mächtig und armselig, und wenn man an manchen Tagen die Teller und Gläser in den Schränken schüttern und klirren hörte, so hätte man meinen können, ein altes Liebespaar unterhielte sich gelassen miteinander. Die Bahn tat der Küche die Ehre an, die sie verdiente.

Beugte man sich aus dem Fenster, wenn kein Zug vorbeifuhr, so konnte man links hinter dem Marienkloster, einem Heim für Dienstmädchen, das oft frisch gestrichen wurde, die Dächer der Botschaften herüberdämmern sehen, den Westen. Dort war alles grün und rund, die Rätsel hell dazwischen, erleuchtete Fenster am frühen Abend. Nach rechts zu führte schwarz der Kleiststeg über die Bahnlinie, eckig und kaum betreten, aber nicht weniger verheißungsvoll als die grünen Dächer. Und die Frau, die langsam seine Treppen hinaufstieg, wenn die Besuchsstunde im Krankenhaus zu Ende war, kam aus den Geheimnissen und ging in sie zurück wie die Kinderschwester mit dem kleinen weißen Wagen, die jenseits der Kreuzung auftauchte, sich umsah und wieder im Westen verschwand. Es war eine kleine Kreuzung zwischen den Himmelsrichtungen, und manchmal stand ein Polizist darauf, der bald wieder ging, denn hier war nicht viel zu tun.

Kein Land war hier zu Ende, keine Stadt, und nicht einmal ein Bezirk. Aber die Hügel fielen nieder und die Steppe begann, ein Atemzug lief aus und ein anderer erhob sich. Wie verlassen wäre der Osten ohne den Westen gewesen, wie leer der Westen ohne den Osten. Die Kräfte der Kindheit hielten die Welt zusammen. Und die Küche meiner Großmutter lag mitten darinnen. Wie man sich des Lichts der Träume auch am Tage noch erinnert, erinnere ich mich ihres Lichtes heute, wenn es mir als ein Streifen Sonne auf einem fremden Meer erscheint.

Ich erinnere mich des Nachmittagsunterrichts. Einmal jede Woche Turnen, Handarbeit oder Gesang, drei Dinge, die nur, solange die Schule dauerte, zusammenhingen wie noch viel früher Kleist mit Moos und Fasanen. Vier Uhr nachmittags. Auf dem Weg die steinernen Tiere an den Portalen der alten Häuser schon in leichten Nebel gehüllt, das Schulhaus selbst, das man zu Mittag erst verlassen hatte, als wären dreißig Jahre vergangen, gesprungen, verloren, liebebedürftig, die Lehrer ziviler, hilfloser, und selbst, wenn sie die Stimmen erhoben, ihrer Konturen nicht mehr so sicher, die Klosterfrauen verlassener, kühner, den Vögeln ähnlicher als am Vormittag. Kein Wunder, wenn man – starb eine von ihnen – am Nachmittag von ihrem Tode hörte. Die gläserne Kabine der Pförtnerin schon leer und spiegelnd, die Türen der Klassenzimmer lockerer in den Angeln, die Dienstmädchen mit Eimer und Besen gehen rasch vorbei. Die Türen zur Klausur verschlossen wie immer. Aber war nicht das Schulhaus selbst am Nachmittag Klausur geworden, die man betrat, die Welt zu Welten zerfallen, die Klausur der Erwachsenen? Am Vormittag war es leicht gewesen, ein Kind zu bleiben. Aber ein Kind zu werden, wie die Bibel es wollte, das war Sache des Nachmittags.
Beim Verlesen der Namen ergab es sich auch meistens, daß einige fehlten, und die übrigen schienen, obwohl es Pflicht war, freiwillig gekommen. Sie brachten mit den Bällen, die

sie noch in Netzen über den Schultern trugen, die Parkluft mit, die Nachmittagsluft, die Luft der Elternhäuser, sie bewegten sich freier: Ruth und Ellen Seitz mit den karierten Röcken, ich erinnere mich ihrer.

Zuweilen begegnete man dann auf den Gängen einer Gruppe von Halbinternen, man stieß sich an und flüsterte miteinander, aber die andern hatten den Übergang sachter vollzogen, sie hatten die letzte Schulglocke um zwei oder drei noch gehört, sie waren unter Aufsicht gestanden den Mittag über, es war kein Sprung in ihrem Tag. Sie hatten das Vormittagslicht noch in den Augen, von dem wir jetzt wußten, wie zerbrechlich es war. Und wenn auch von dem Unsinn, den sie trieben, und von ihrem Gelächter ein leichter Widerschein auf unsern Gesichtern blieb, so störten wir unsere eignen Stunden dann doch kaum. Es war uns wohl, als müßten wir selbst zusammenhalten, was sonst zerfiel, die zarten Grenzen unserer Welt: Turnen, Handarbeit und Gesang.

War der Unterricht zu Ende, so verschwanden die Lehrer leicht und schattengleich, fast enttäuschend rasch, Dämmerung füllte von unten herauf die kleinen und großen Höfe, und durch das geöffnete Schultor drang der Geruch von Rauch mit Maroni herein. Drüben, in der Auslage des Bäckerladens schienen die Mohnbeugel um ein weniges mehr als Mohnbeugel, um eine entscheidende Spur sich selbst voraus.

Am nächsten Morgen war alles wie sonst, das Feuer knisterte im Kanonenofen und verband sich mit den aufgeschlagenen Texten, mit Cäsar und Tacitus zu einer Macht, der nicht zu widersprechen und in die nicht einzudringen war. Nur daneben blieb schwerer zu entziffern, zweifels- und geheimnisvoller, ein Folgestern und dennoch nicht wegzudenken, der Nachmittag bestehen. Vielleicht hat er zuletzt die Sprünge im Bild der Erinnerung geschaffen, die es uns süß machen.

Ich erinnere mich des Beerensuchens auf dem Lande, irgendwo im Oberösterreichischen, wo wir den Sommer verbrachten. Der Schlag ist heute längst zugewachsen, aber damals schien es uns, als bliebe er immer. So wie es uns im Grunde schien, daß wir immer Kinder sein würden.

Um Mittag gingen wir weg, unsere Blechkannen schlugen aneinander oder flogen ein Stück voraus, unsere Stimmen drangen noch eine Weile über die heißen Wiesen gegen die Waldränder vor, ehe sie still wurden. Hinter uns blieben die grünen, kühlen Flure der Bauernhäuser, die nach alten Kalendern rochen, nach Geschichten von Schneegestöbern, von Herbsten und Räubern, nach säuerlichem Brot und den Milchtöpfen in den Kellern, vor uns zogen die runden, bewaldeten Hügel, einer immer kleiner und ferner als der andere, den Tälern zu; wahrscheinlich waren es sieben. Die jungen Tiere im Pferch bewegten die Stäbe, weit unten im Westen fuhr der Mittagszug von Linz nach Salzburg, und manchmal pfiff er herauf. Es war uns aber eher, als pfiffe die Sonne oder ein Igel im Gras. Und wenn wir auch manchmal darüber nachdachten, wer da unten fuhr, Herren in blauen Röcken mit Silberknöpfen und Damen in Gott weiß welchen Kleidern, so hörten wir doch bald wieder damit auf. Die Hitze umfing uns, der Mittag, der lange, unzerbrechliche Sommer. Daß wir selber dort gefahren waren und wieder dort fahren würden, dachten wir nicht mehr. Ja, wir gedachten nicht einmal mehr des Sees, der auf der andern Seite des Berges in der Ferne flimmerte und auf dem die Segel still standen wie die Wälder und Villen an seinen Ufern, aber vielleicht gedachte der See unser und diente uns. So wie der Zug uns diente mit seinem Rollen und Pfeifen, und der Flieger, der kurz vor drei eine Schleife über den Berg zog und hinter den Spitzen der Tannen verschwand. Wäre er nicht erschienen, so hätte er nicht verschwinden können, und damit, daß er verschwand, diente er uns.

Die Haselnüsse an den Sträuchern waren jung, als wären auch sie es für immer, und die Wurzeln der Disteln schmeckten süß. Wir waren an den Schlag gelangt, der sich in der Sonne vor uns auftat, und verteilten uns rasch. Baumränder und Vögel hoch oben, Morgen- und Abendfarben, wir brauchten nun nicht mehr nach ihnen auszuschauen, sie hatten sich in den Beeren gesammelt und wir sammelten die Beeren, Tag und Nacht sammelten wir in die verbeulten Kannen, den Mittagsgeruch der Marktplätze tief unten, die Höhe und die Breite der leeren Schulhäuser, die Tiefe der tiefsten Stellen aller Seen im Umkreis. Und wenn wir nach einer Weile in die Kannen schauten, so ersetzte uns der rosige Schatten darin alle Kühle, er war mächtig wie ein Traum und breitete sich über uns aus. Die Welt war darin geordnet wie auf den Tafelbildern der verlassenen Kirchen in den Tälern, Spinnen und Heilige hatten Platz darauf, und alle vertrugen sich. Quer durch den unteren Teil des Schlages lief seiner ganzen Länge nach ein Weg, der kaum jemals begangen wurde; kam aber doch einmal jemand daher, eine alte Frau mit einer Henkeltasche oder ein Mann, dessen Stock kurz aufschlug, so waren sie beim zweiten Mal Aufschauen schon wieder verschwunden, hatten sich hinwegbegeben in ihre Gehöfte oder Austraghäuser, in ihre Stuben und Schicksale, und auch davon blieb der Schatten in den Kannen und wurde immer rosiger und schwerer. Färbte ihn nicht die Ahnung entfernten Schmerzes, von der Kinder leben, ohne es zu wissen?

Waren wir wieder zu Hause und sahen durch die dunkelgefaßten Fenster der guten Stube, in der wir schliefen, den Mond über den Gebirgsrand heraufkommen und sein gelbes Licht in den Glasschränken spiegeln, so war der Mittag für uns noch lange nicht vorbei, er blieb beim nächtlichen Scharren der Tiere, beim Rascheln der Blätter draußen, die die Sternbilder zu bewegen schienen, bei dem Auftappen der Katzen in den Scheunen und unten im Gras. Sie alle waren jetzt Gegenspieler und Bewahrer der heißen, stillen Stunde, Hohlformen, die sie füllte. Das Beerensuchen hatte sie aus der Zeit gehoben, schon damals mitten in den Raum der Erinnerung hinein. Die Beeren begannen in unseren Träumen Muster zu bilden, sie verschoben sich lautlos und ohne sich zu berühren gegeneinander, jedes Muster war ein Glück, das dunkelste entsprach dem hellsten, so schliefen wir ein.

Es sind dann viele Jahre gekommen, in denen es kein Beerensuchen mehr für uns gab, keine guten Stuben und keine Hügel mehr. Aber der Geruch der Beeren, der schon in dieser ersten Nacht durch die Ritzen der Kellertür und die hölzernen Treppen hinaufdrang, in die sich verwirrenden Gedanken hinein, die dem Schlaf vorangehen, hielt auch der Wirrnis und dem Schrecken einer viel längeren Nacht stand. Manchmal habe ich die Hoffnung, daß er auch diejenigen zuletzt umgab, die diese Nacht nicht überlebt haben. Daß die Dunkelheit, die sie nach allen Schrecken aufnahm, dem wunderbaren Schatten in den Kannen ähnlich ist.

Erinnerung begreift sich nicht zu Ende. Aber vielleicht, daß die Beeren ein geheimes Verhältnis zu ihr haben, das so offenbar und so undurchsichtig vor uns liegt wie sie selber mit dem Blau und Rot ihrer Kinderfarben, eingebettet in den warmen Schatten, in die Unaufhörlichkeit der frühen Zeit.

INGEBORG BACHMANN

Besichtigung einer alten Stadt

Weil Malina und ich Wien sehen wollen, das wir uns noch nie
angeschaut haben, machen wir eine Fahrt mit dem AUSTRO-
BUS. Dem Fremdenführer hängt eine Beethovenmaske um
den Hals, und während wir, nach den Gesichtspunkten eines
uns unbekannten Reisebüros, ein ganz neues Wien erleben,
bemüht sich der Fremdenführer, englisch für die Amerikaner
zu sprechen, nur uns beide sieht er mißtrauisch an, obwohl
wir uns als Mr. und Mrs. Malina angemeldet haben, um mit
echten Ausländern mitzudürfen. Der Fremdenführer wird
schon mit allen möglichen Fremden durch Wien gefahren
sein, Brasilianern, Pakistani und Japanern, denn sonst könnte
er sich nicht diese gewagten Abschweifungen erlauben und
an den seltsamsten Orten halten lassen. Denn zum Beispiel
läßt der Mann fürs erste nur anhalten an vielen Brunnen, alle
dürfen aussteigen und trinken aus dem Genienbrunnen, dem
Danubiusbrunnen, im Stadtpark sogar aus der »Befreiung
der Quelle«. Der Fremdenführer erklärt, das Wiener Hoch-
leitungswasser, the most famous water in the world, müsse
jeder einmal getrunken haben. Ohne Halt geht es an vielen
graugrünen Barockkuppeln vorbei, die Karlskirche wird
ausgelassen, die Nationalbibliothek unterschlagen, Erzherzog Karl, der Sieger, der Löwe von Aspern, wird vertauscht
mit Kaiser Maximilian I. in der Martinswand, den ein Engel
herausgeführt hat, nach seiner Verirrung, aus einer Tiroler
Wand, und den heute der Fremdenführer kurzerhand auf ein
Pferd nach Wien gesetzt hat. Vor einer Konditorei in der Inneren Stadt wird zu Malinas und meiner Verblüffung ange-
halten, die Amerikaner haben fünf Minuten Zeit, um sich
Mozartkugeln zu kaufen, the most famous Austrian choco-
lates, ad gloriam and in memoriam of the most famous com-

224

poser of all the times, und während die Amerikaner folgsam
in eine trockene Imitation der Salzburger Mozartkugeln hin-
einbeißen, kreisen wir einmal um die Pestsäule, to remember
the most famous and dreadful illness in the world which was
stopped with the Austrian forces and prayers of Emperor
Leopold I. Wir fahren rasch an der Staatsoper vorbei, where
are happening the greatest singing successes and singing acci-
dents in the world, und besonders rasch geht es am Burgthea-
ter vorbei, where are happening every evening the oldest and
most famous dramas and murderings in Europa. Vor der
Universität geht dem Fremdenführer der Atem aus, er erklärt sie eilig zum oldest museum of the world und deutet
erleichtert auf die Votivkirche, which was built to remember
the salvation from the first turkish danger and the beaten
turks left us the best coffee and the famous viennese breakfast
Kipfel, to remember. Er flüstert mit dem Fahrer, mit dem er
im Bund ist, und es wird aus der Stadt hinausgefahren. Denn
wegen einer Einsturzgefahr müßten wir den Stephansdom
vermeiden, die Pummerin sei gerade ausgeliehen nach Amerika und werde auf einer Wanderausstellung gezeigt, das Rie-
senrad sei leider in einer der größten deutschen Firmen, zum
Umbau, um vergrößert zu werden für die künftigen, immer
größer werdenden Ansprüche. Der liebe Gott wird im Vor-
überfahren gezeigt, er hat eine Ruhebank im Lainzer Tiergar-
ten. In Schönbrunn wird endlich eine Rast gemacht, und
scheu bewundern alle den Doppelgänger des Friedenskaisers,
der sein 70jähriges Regierungsjubiläum hinter sich hat und
einsam, würdevoll, spazieren geht im Park. Er hat es nicht
gewollt. Es ist ihm nichts erspart geblieben. Der Fremdenführer blättert in seinem Notizblock, er hat endlich die Stelle
gefunden: An meine Völker! Der Fremdenführer sieht hilfe-
suchend zu Malina und mir, er hat schon einen Verdacht,
denn er weiß offenbar nicht, wie er die drei Worte übersetzen
soll. Aber Malina schaut den Mann unbewegt an. Der Fremdenführer fragt: is something wrong, Sir? Malina lächelt und
antwortet in seinem besten Englisch: oh, no, it's extremely

interesting, I'm interested in history, I love culture, I adore such old countries like yours. Der Fremdenführer verliert einen Verdacht, er rettet sich in einen anderen Satz. Wednesday of July 29th 1914 the Emperor of the most famous Empire in the world spoke to his nineteen peoples and declared that in the most earnest hour of the greatest decision of our time before the Almighty, he is conscious. Eine kleine Miss ruft: Gosh! sie will nicht glauben, daß ein so kleines Land einmal ein großes Land war, sie war auf eine Operette gefaßt, auf Grinzing, auf die schöne blaue Donau. Unser Fremdenführer weist die hübsche kleine Amerikanerin zurecht: this was the biggest country which ever existed in the world and it gave a famous word, in this country the sun never goes down. Malina sagt hilfreich: the sun never set.

Aber bald wird es wieder friedvoll, ein Anarchist hat Frau Romy Schneider getötet, in Korfu und in Miramar tagen Konferenzteilnehmer zahlloser Konferenzen, Madeira nimmt einen Aufschwung durch Kreuzfahrten. Der Fremdenführer lenkt ins Gemütvolle, er leistet sich einen Walzertraum, der weiße Flieder blüht wieder und auch im Prater blühen wieder die Bäume, der Kronprinz Rudolf lernt Madame Catherine Deneuve kennen, die gottlob im AUSTROBUS jeder kennt. In Mayerling stehen wir im Regen herum, der strengste Nonnenorden wacht über einem kleinen Waschtisch, der gezeigt werden darf, es sind keine Blutflecken zu sehen, denn der Trakt mit dem Zimmer ist, auf allerhöchsten Befehl, vor einem halben Jahrhundert niedergerissen worden und durch eine Kapelle ersetzt. Nur eine Nonne darf mit uns sprechen, alle anderen Nonnen beten für sie, bitten für sie. Die Nacht bricht herein. Wir haben für unser Geld noch nicht alles bekommen, Vienna by night steht uns noch bevor. Im ersten Lokal treten die Zigeunerbarone und die Csárdásfürstinnen auf und werden begeistert beklatscht, es gibt zwei Gläser Wein für jeden, im zweiten Lokal lungern die langhaarigen Bettelstudenten herum und die Vogelhändler gehen jodelnd von Tisch zu Tisch, es gibt ein Glas deutschen Sekt für jeden, die Amerikaner kommen mehr und mehr in Stimmung, wir ziehen durch die Innere Stadt, von einem Land des Lächelns ins andere, ein älterer Amerikaner belästigt im Übermut die lustige Witwe. Um fünf Uhr früh sitzen wir alle vor einer Gulaschsuppe, auch der Fahrer vom AUSTROBUS ist mit von der Partie. Der Fremdenführer schenkt versöhnt der kleinen Miss die Beethovenmaske, und alle singen Die Geschichten aus dem Wiener Wald mit, der Fremdenführer und der Fahrer versuchen sich allein im Wiener Blut. Endlich stellt sich heraus, daß nur der Fahrer wirklich eine prächtige Stimme hat, und alle wollen, daß er etwas allein singt, für ihn gibt es kein Halten. Wien, Wien, nur du allein! Malina ist am Ende seiner Kräfte, ich fühle es von ihm auf mich übergehen, er schiebt dem Fahrer ein Trinkgeld zu, der mir zuzwinkert und mich jetzt als einziger durchschaut hat, er läßt mich nicht aus den Augen, kümmert sich keinen Deut um die junge Amerikanerin, und singt zu Malina hin: Grüß mir die lachenden, reizenden Frauen im schööönen Wien! Your husband doesn't like music? fragt der Fremdenführer aufmerksam, und ich sage verwirrt: not so late, not so early in the morning. Malina fängt mit dem älteren Amerikaner übereifrig zu reden an, er gibt vor, an einer Universität im Mittelwesten europäische Geschichte zu dozieren, er sei überrascht von seinem ersten Aufenthalt in Wien, es gebe hier so vieles zu bemerken, was noch niemals bemerkt worden ist, auch wie hier allerorten das Abendland schon gerettet wird, hier allein gebe es noch diese sagenhafte Tradition, Apollo, Thalia, Eos, Urania, dem Phönix, ja, sogar dem Kosmos sind hier Kinos gewidmet, Eden ist sogar ein Nachtlokal, für Diana wird mit einer leichten Damenfilterzigarette wieder geworben, Memphis wird von einer Konkurrenzfirma ins Gedächtnis gerufen. Ich denke an unsere Apostolischen Kaiser und flüstere Malina zu: ich glaube, der Mann hat sich einfach nicht getraut zu sagen, daß sie zu Semmeln verbacken und in Schmarren zerrissen worden sind. Der Amerikaner, der sich zu Missouri bekennt, prostet Malina zu, in dem er einen feinen guy erkennt, der seine Beobachtungen und sein Wissen übers große Wasser in die Wildnis tragen wird.

Gestärkt von der Gulaschsuppe und den Liedern, erinnert der Fremdenführer daran, daß es noch nicht in die Betten, sondern unbarmherzig weitergehe, denn es ist bereits heller Tag.

Ladies and Gentlemen! Our trip will finish in the Kapuzinergruft. Die Amerikaner sehen einander fragend und enttäuscht an. Einige wären lieber in den Prater gegangen, aber am Morgen gibt es keinen Prater und auch keinen Heurigen, und wir halten schon vor der Kapuzinerkirche und müssen fröstelnd und übernächtig hinunter in die Gruft. Here you can see the most famous collection in the world, the hearts of all the habsburgian emperors and empresses, archdukes and archduchesses. Eine betrunkene alte Amerikanerin fängt zu lachen an, die kleine Miss läßt die Beethovenmaske fallen und schreit: Gosh! Wir möchten alle heraus aus den Grüften, der ältere Amerikaner, dem noch die lustige Witwe gefallen hat, muß sich übergeben. Der Fremdenführer findet es einen Skandal und flucht, aber nicht mehr auf englisch, die Ausländer seien eben alle nur auf ein Vergnügen aus, von Kultur keine Ahnung, Ehrfurcht überhaupt keine, es wäre sein Beruf einfach der undankbarste Beruf von der Welt, für ihn wirklich kein Vergnügen, diese Barbaren haufenweise durch die Wiener Tage und Wiener Nächte zu führen. Er treibt seine Herde zurück in den Bus. Malina und ich steigen nicht ein, wir bedanken uns und behaupten, wir hätten nur ein paar Schritte zu unserem Hotel, und gehen schweigend, eingehängt, eng aneinander gedrängt zum nächsten Taxistand. Im Taxi sprechen wir kein Wort. Malina ist am Einschlafen, und zu Hause, in der Ungargasse sage ich: das war doch deine Idee. Malina sagt erschöpft: ich bitte schon sehr, das war wieder einmal deine Idee.

ANDRÉ HELLER

Der Spaziergang vom 16. September

Von etwas Schönem muß ich erzählen: dem Brand der
Hauptpost am Maximiliansplatz. Die Vögel saßen erstarrt in
den Bäumen, während die Hunde wie auf der Schlachtbank
heulten und an den Leinen und Ketten zerrten, daß ich ver-
meinte, die Tollwut sei ausgebrochen. Sirenen und Verstän-
digungsrufe der Feuerwehrmänner, die berstenden Fenster
und Balken bildeten mit dem Klirren der mauerabschlagen-
den Hacken und Schaufeln, dem Zischen der sich unter dem
Wasserdruck aufbäumenden Schläuche ein rasendes Orche-
ster, worin sich die zahllosen kleinen Explosionen der Pakete
und Kartons mischten. Telegramme und Luftpostbriefe ver-
wandelten sich knisternd zu Asche, die Handschriften auf
den Korrespondenzkarten trieben Buchstabe für Buchstabe
als Ruß zwischen die staatlichen Formulare. Über den
Schreibpulten der hölzernen Schalter zuckten kleine bengali-
sche Irrlichter, die Gummiarabikum-Flaschen entstammten.
Aus den Stempelkissen löste sich Dampf, als kochten die Farben; ein Millionenschatz Briefmarken verglühte in hohen
Stichflammen, die heftiger Südwind begünstigte. Hoch über
dem Gebäude wölbte sich eine Architektur aus blauroten
Funken, unterbrochen von wallenden Rauchfahnen, die
weitum künstliche Nacht verbreiteten.
Der Grund des Feuers aber fraß die im Keller, außerhalb des
Tresors, zum Zählen vorbereiteten Banknoten der Postsparkasse. Durch das als Kamin wirkende Stiegenhaus reisten
Lire, Francs und Dollar, Pengö, D-Mark und Schwedenkro-
nen in Gebiete oberhalb der Portemonnaies, um als Aschen-
regen auf Neugierige zu fallen, die in konzentrischen Kreisen
den Ort des Unglücks umstanden.
Ich verspürte Ergriffenheit wie im Mai 1955, als Leopold Figl

vom Balkon des Belvederes aus »Österreich ist frei!« rief.
Und ich bemerkte, daß »frei« aus den gleichen Buchstaben
wie »rief« gebildet wird, ebenso wie »reif«.
(Fenja und Menja fielen mir ein, die beiden Riesenjungfrauen
und Zauberinnen. Der dänische König Frothi hat sie dereinst
dem schwedischen Fjölnir abgekauft, um sie die unmäßigen
Mühlsteine der Grottamühle drehen zu lassen. Diese Mühlsteine hatten die Eigenschaft, alles herbeizumahlen, was der
Müller verlangte. So befahl Frothi den Riesinnen, Gold, Frieden und Glück zu mahlen, und gestattete ihnen, dabei nur so
lange auszuruhen, als der Kuckuck schwieg oder ein Ster-
benswörtchen geflüstert werden konnte.)
Ich hätte sie Wörter mahlen lassen. Nie dagewesene leuch-
tende Wörter, und im Mastkorb eines Windjammers wäre
Leopold Figl gestanden mit Sätzen wie: »Österreich ist reif«,
»Österreich ist frei«, »Österreich ist rief«. Vasco da Gama
und Captain Cook hätten da keine Rolle gespielt, aber ein
Selbstmörder, der zum Fortgehen mit Kreide auf die Türe
schrieb: Wie soll ich auf mich bauen, wenn ich aus Sand
bin?

BARBARA FRISCHMUTH

Mein und Musils Nachbar

Ich würde gern in der Salmgasse wohnen. Die Salmgasse ist
eine verwunschene Gasse, J-förmig und im dritten Wiener
Gemeindebezirk. Besonders im unteren Drittel, im J-Bogen,
gibt es ein paar schönbrunnergelbe Häuser, massiv gebaut
und mit ganz schlichten Fassaden. Aber dahinter . . .
Neulich stand eines der Tore offen – die Maurer, die den Ver-
putz erneuerten, gingen aus und ein – und ich trat in den In-
nenhof. Glasveranden, Bäume, ein Garten, schmiedeeiserne
Balkons, mit einem Wort: fast alles, was man mitten in der
Stadt nicht vermutet.
Seither wohne ich im Geist in der Salmgasse, und wenn es
sich irgendwie einrichten läßt, mache ich den Umweg durch
das J bis zur nächsten Straßenbahnhaltestelle. Um die Ecke,
in der Rasumofskygasse, hat übrigens Musil viele Jahre lang
gewohnt, und der Garten, in dem Agathe und Ulrich . . . aber
so genau will ich es gar nicht wissen.
Ich wohne also in diesem Haus in der Salmgasse, Eingang
Siegelgasse, wenn möglich ganz oben, hinter einer der Glasveranden, und schaue in den Garten hinunter. Es hat geschneit, ernsthaft geschneit, viel zu früh in diesem Jahr, und
der Schnee klebt an den noch belaubten Bäumen. Ein Plastik-
dreirad steht zwischen den Rosenbüschen und leuchtet
nur mehr seitlich rot, eine komplementäre österreichische
Flagge, weiß-rot-weiß.
Dann sehe ich unseren Nachbarn, wie er gerade im Stiegen-
aufgang verschwindet. Er trägt einen dicken Gehrock, der mit
Maulwurfspelz gefüttert ist. Maulwurf, hat er gesagt, ist der
kleinste gemeinsame Nenner, auf den Maßarbeit und Effekt
sich bringen lassen. Er sollte auch einen Hund haben. Welchen
Hund wünschst du dir zum Nachbarn? frage ich meinen Sohn,

231

was unnötig ist, denn ich weiß, daß er Bernhardiner sagen wird. Einen Bernhardiner, sagt mein Sohn. Wie stellst du dir das denn vor mit dem Stiegensteigen, in so einem Haus ist doch kein Lift? Dafür ist die Wohnung groß, sagt mein Sohn, aber ich kann so einen riesigen Hund in der Geschichte nicht brauchen, also fort mit ihm, aufs Land, in die Berge, nach St. Gotthard von mir aus. Vielleicht hat er einen berühmten Stammbaum und muß zwecks Wiederaufzucht seiner besonderen Blutlinie in einen entlegenen Zwinger.

Ich bin ihm immer wieder begegnet, unserem Nachbarn. Er war der einzige von den Hausbewohnern, der, als wir einzogen, an unsere Tür klopfte und fragte, haben Sie nicht Lust, auf einen Kaffee zu mir zu kommen? Wunderbar, sagte ich, aber bleiben Sie gleich da, ich habe den Kaffee noch auf dem Tisch stehen.

Er ist alt, ziemlich alt, aber sehr stattlich. Ich habe den Verdacht, er schläft mit einer Bartbinde.

Wohnen Sie schon lang in diesem Haus? Ich frage mit Absicht, weil ich irgendwann einmal auf Musil hinausmöchte. Er nickt. Mit einer gewissen, etwa achtjährigen Unterbrechung . . . Ich verstehe, sage ich. Und wo waren Sie in der Emigration? Ich habe, sagt er und streckt die Hände aus – man merkt es mir Gott sei Dank nicht mehr an – drei Wochen lang am Panama-Kanal geschaufelt. Dann hatte ich mein erstes Café. In Panama? Und dann eines in New York. Er lacht, und da erinnert er mich ganz deutlich an jenen ehemaligen Eintänzer und späteren Besitzer eines Pratercafés, mit dem ich früher öfter Trick-Track gespielt habe und der mir seines Witzes wegen unvergeßlich bleiben wird.

Ich hoffe, ich störe Sie nicht, sagt er, wenn ich nachts nach Hause komme, und ich komme manchmal sehr spät nach Hause. Oh, sage ich, Sie treiben es aber, und er dreht zufrieden lächelnd seinen Siegelring. Neugierig bin ich natürlich schon auf seine Wohnung, also sage ich, nächstes Mal komme ich dann zu Ihnen rüber. Am besten dienstags, sagt er, dienstags habe ich Ruhetag.

Meinem Sohn werde ich vorerst wohl nichts von unserem Nachbarn erzählen. Der wünscht sich sonst sicher irgendsoeinen jungen Menschen, der womöglich Fußball mit ihm spielt.

Von der Salmgasse hätte ich es natürlich noch näher ins Café Zartl. Manchmal frühstücke ich dort und schaue in die WELT-WOCHE, die FAZ und die steirischen Tageszeitungen, bloß den SPIEGEL haben die nicht abonniert. Wen aber sehe ich da hereinkommen? Unseren Nachbarn (muß sein, von wegen der Geschichte). Auf einen Augenblick, sagt er und beginnt mir hinter der vorgehaltenen Hand Dinge zu erzählen. Dinge, sage ich Ihnen . . . Er sei letztens wieder einmal in der Nationalbibliothek gewesen – beachtliches Bauwerk, imponierend und sicher teuer in der Erhaltung – und habe einen Blick in den aufliegenden Finanzschuldenbericht 1979 der österreichischen Postsparkasse, ein kleines grünes Heft, getan. Monströs, allein die Auslandsverschuldung, monströs, vom Budgetdefizit ganz zu schweigen. Dieses Land ist bankrott, flüstert mein Nachbar mir ins Ohr, und daher, na, Sie wissen schon, die Panzerlieferung konnte gerade noch verhindert werden, aber die abertausend Gewehre in den Nahen Osten . . . Und da muß ich plötzlich an den Taxifahrer denken, mit dem ich gestern im Schrittempo durch den Schneematsch fuhr und der mich fragte, und wer hat dagegen protestiert?

An den Schnurrbartspitzen unseres Nachbarn hängen noch Schneeflocken, die langsam zu Regentropfen werden. Bevor ich Sie den Weltnachrichten überlasse, was sagen Sie dazu? und der Nachbar deutet mit dem Daumen hinter sich in Richtung Schneetreiben. Europa wird langsam zufrieren, aber was soll's, wir sind das vorrangige Zielgebiet aller Mittelstreckenraketen, die Großmächte kümmern sich einen Dreck um die kleinen Länder.

Die Wohnung wollte ich mir auf jeden Fall anschauen, symmetrisch zur meinen, in die andere Richtung, vielleicht etwas weniger Sonne, dafür im Sommer kühler. Als hätte ich was geahnt von den vielen Büchern!

Vorsicht, sagt der Nachbar, daß Ihnen nichts auf die Füße fällt. Und mit einem gekonnten Griff zieht er aus einem der vielen turmhohen Stapel von Büchern das eine, gemeinte, hervor, wie ein orientalischer Gelehrter. Glauben Sie, ich lasse noch einmal einen Tischler in mein Refugium? sagt der Nachbar. Es ist Platz genug, man muß sich nur auskennen, und er geht mir voraus auf den rundbögig angeordneten Gehwegen, die sich von der Deckenlampe aus wie ein französischer Park ausnehmen müssen.

Kommen Sie, sagt der Nachbar und schaufelt einen ledernen Ohrenstuhl frei, dann serviert er mir Kaffee mit Cognac und zwinkert. Das trinken die alten Damen in den Budapester Cafés, Sie wissen schon, diese Stuhlwärmerinnen, die einen halben Tag lang an einem Glas Wein nippen, aber Cognac, den trinken sie schon.

Mein Hobby ist die Ortsnamenforschung, sagt der Nachbar und breitet verschiedene Karten – selbstgezeichnete, versteht sich – auf seinen Knien aus. Die Ortsnamenforschung ist eine der wesentlichen Quellen zur Geschichte; ich habe es leicht, ich bin mehrsprachig aufgewachsen. Wenn man sich anschaut, was da noch immer aus mangelnder Sprachkenntnis herumgepfuscht wird, das fängt bei der Bibel an und geht weiter, Ende nie ... Und da ist er mir zum Verwechseln ähnlich mit jenem bereits verstorbenen trotzkistischen Arzt, einem alten Bekannten aus meiner früheren Jugend, der lange in Palästina war – noch vor Israel – und der im Alter ein wildes Pamphlet gegen die Evangelien als Geschichtsquelle schrieb.

Aber, sagt der Nachbar, ohne die angrenzenden Wissenschaften ist auch die Ortsnamenforschung einsam wie ein Weiler im Wald. Und im Grunde gehört so ziemlich alles zur angrenzenden Wissenschaft, selbst die Literatur. Da ist mein Stichwort gefallen. Ob er sich nicht an jenen Mann mit den buschigen Brauen und den grünen Augen erinnern könne. Wieso grüne Augen? Das nehme ich eben an. Aha, sagt er, Sie meinen den Kettenraucher? Na ja, begabter Mensch gewesen, aber total erfolglos. Ich murmle etwas vom hundertsten Geburtstag. Was? ruft der Nachbar, das gibt es ja gar nicht. War der denn älter als ich?

Zigarette? fragt der Nachbar. Er selbst raucht eine Virginia. Manchmal riecht es hier wie in einer Selchkammer, sagt er kichernd, aber als Junggeselle habe ich in allem Hausrecht, und wenn ich möchte, kann ich die vollen Aschenbecher stehenlassen. Sie waren nie verheiratet? Ach, lassen wir das, sagt der Nachbar. Zwei gescheiterte Versuche, die eine war Armenierin, die andere Tatarin. So friste ich als doppelter Scheidungswitwer genüßlich mein Dasein. Darauf prosten wir uns zu und sind für kurze Zeit ein Herz und eine Seele, da ich die Geschichte ohnehin nur von einer der beiden Damen hätte hören mögen.

Langsam werde ich meinen Sohn ja doch über unseren Nachbarn aufklären müssen. Und umgekehrt. Aha, sagt der Nachbar, der Kleine also mit der großen Schultasche. Kann er schon Schach spielen? Ich zögere. Wenn Sie vielleicht die Güte hätten... Ist er begabt? Ich zucke mit den Achseln. Wenn er begabt ist, bringe ich es ihm bei. Ansonsten wird Domino gespielt.

Begabt, sage ich, was heißt schon begabt? Wichtig ist, wie es einem beigebracht wird. Mitnichten, schnaubt unser Nachbar, und ich sehe, wie er zornig wird, und ob er begabt ist, entscheide ich. Und da sehe ich meinen alten Lehrer vor mir, der das ganze Jahr lang chinesische Völkerkunde las und der immer so zuvorkommend und hilfsbereit war, bis ihn die Wut packte und man fürchten mußte, es treffe ihn augenblicklich und auf der Stelle der Schlag.

Da beruhigt sich der Nachbar aber schon wieder. Ich glaube nämlich Müttern nie etwas, sagt er und richtet seinen langen Fransenschal.

Küß die Hand, sagt er, als ich das Buch, in dem ich geblättert habe, wieder an seinen Platz lege. Und dann küßt er mir die Hand und fragt, tanzt man denn überhaupt noch Tango? Und während ich verwundert die Melodie höre, bewegt er sich schon in Riesenschritten mit mir durchs lange Vorzimmer, und eine undeutliche Erinnerung sagt mir, daß ich vor vielen, vielen Jahren in einem Café in Wrocław so mit einem alten Herrn Tango getanzt habe.

Könntest du mir nicht endlich was zu essen machen? fragt mein Sohn, der Kleine mit der großen Schultasche. Und danach möchte ich, daß jemand mit mir eislaufen geht.

Eislaufen kannst du noch den ganzen Winter, sage ich, aber heute zeig ich dir endlich die Salmgasse.

ALOIS BRANDSTETTER

Der Ehrenbürger

Entweder zwei oder keiner. Die Schwarzen schlagen einen
vor, und die Roten schlagen einen vor. Die Schwarzen sagen,
daß der Rote nach ihrer schwarzen Meinung die Ehrenbürgerwürde an und für sich nicht verdient, aber wenn die Roten
dem Schwarzen ihre Zustimmung geben, der nach deren roter Meinung die Ehrenbürgerwürde an und für sich nicht
verdient, dann wollen sie, die Schwarzen, auch dem Roten
ihre Zustimmung nicht verweigern. Wir haben es also mit
zwei Gruppen, A und B, zu tun, sowie mit zwei Individuen,
X und Y oder besser klein a und klein b, wobei die Gruppe A
für a und nicht gegen b, und die Gruppe B für b und nicht
gegen a votiert, ein klassischer Fall von Kompromiß, und
wer enthält sich der Stimme?
In Gottes Namen, sagen die Schwarzen, müssen wir die
schwarze Krot halt schlücken, sagen die Roten. Jetzt wird ein
Roter in Gottes Namen Ehrenbürger, und eine schwarze
Krot wird geschlückt, und die Urkunden werden in Auftrag
gegeben.
Wir wollen nicht übertreiben, sagt der Bürgermeister, Pergament muß es grad nicht sein, es gibt heute sehr schöne
Imitationen.
In Anerkennung *seiner/ihrer* hervorragenden Verdienste um
die Gemeinde *Name* werden hiermit *Herrn/Frau, Vorname,
Zuname* Recht und Würde eines Ehrenbürgers verliehen, ge-
zeichnet am *Datum* der Bürgermeister, bitte Unzutreffendes
streichen. Und bitte den Namen nicht wieder falsch schreiben, sagt der Bürgermeister am Telefon zum Herrn Graphiker. Klein a heißt Schäufele mit ä und nicht Scheufele mit e.
Ein falsch geschriebener Name macht kein Bild, sagt der
Bürgermeister, und wir hätten gern einen Rahmen herum.

Was letzteren betrifft, sagt der Bürgermeister, so möchten wir uns auch hier wie beim Pergament zurückhalten. Wir wollen uns keinen schweren Rahmen leisten, sondern das Bild nur mit einer schmalen Leiste rahmen. Das schmälert die Leistungen der ausgezeichneten Herren in keinster Weise. Die Rechnung bitte ans Gemeindeamt.

Es war einmal ein Landeshauptmann, der war so bescheiden, daß er keine der vielen Ehrenbürgerschaften, die man ihm gern verliehen hätte, annahm. Und gerade weil er so bescheiden war, hätten ihn alle Gemeinden gern zu ihrem Ehrenbürger ernannt. So ein bescheidener Mann, sagten alle Menschen im Land. Der Herr Landeshauptmann fühlt sich sehr geehrt, sagte der Sekretär des Landeshauptmannes zu den Bürgermeistern. Aber er kann die Ehre leider nicht annehmen, zu viel der Ehre für einen bescheidenen Ehrenmann wie den Herrn Landeshauptmann. Da aber nun der Landeshauptmann nicht nur ein bescheidener Mann, sondern auch ein kluger Politiker war, wußte er, daß das Ehrenbürgerernennen ein starkes und natürliches Bedürfnis draußen in den Städten und Gemeinden ist, das in irgendeiner Form unbedingt befriedigt werden muß. Und weil er das wußte, so lenkte er die Ehrenbürgerwürden auf einen Herrn seiner Umgebung, seinen Stellvertreter, den Straßenbaureferenten im Amt der Landesregierung Theodor Schäufele.

Ein kleiner sprachwissenschaftlicher Exkurs aus gegebenem Anlaß: Unter Vizes und Stellvertretern findet man überraschend oft Männer, die auf Namen wie Schäufele hören. Philologisch gesprochen, handelt es sich dabei um Diminutive, Verkleinerungsformen also. Als Namen für Landeshauptleute findet jedermann passend: Obermeier, Hochgatterer, Überreiter, auch Glockner oder Ortler. Dies sind Namen, die der Sprachwissenschaftler als Augmentative bezeichnet. Der Schäufele soll unbedingt loyal und am besten einen halben Kopf kleiner sein als sein Herr und immer einen kurzen Schritt hinter dem Hauptmann stehen. Aber auch so ist es gut geordnet: Der Hauptmann klein, drahtig, cholerisch, impulsiv und ein wenig nervös, sein Stellvertreter aber groß, kräftig, arglos und gutmütig. Es gibt Landeshauptleute, die wären besser ihre Stellvertreter. Manchmal ist der Bonus des Landeshauptmannes sein Vize.

Zurück, zurück zu unserem Ehrenbürgermärchen. Der Herr Landeshauptmann war bescheiden, aber sein Schäufele war noch viel bescheidener, der war so bescheiden, daß er auch Würde und Bürde so vieler Ehrenbürgerschaften als Ersatzmann für seinen hohen Herrn auf sich nahm. Der Herr Landeshauptmann nannte Schäufele anerkennend und belobigend seinen Ehrenretter. Ehre gebührt Gott, dem Herrn, und Herrn Schäufele allein, sagte der Landeshauptmann zu seinem Sekretär. Mancher Bürgermeister war natürlich schon ein wenig enttäuscht.

Ich suche für die enttäuschten Bürgermeister einen poetischen Vergleich, und es fallen mir gleich die folgenden zwei, einer weiter herbeigeholt als der andere, ein: Es ging den Bürgermeistern wie früher oft Brautwerbern und Heiratslustigen, die ihr Auge auf ein schönes, junges Mädchen geworfen hatten und daraufhin beim Vater desselben um die Hand desselben anhielten, von diesem aber abge- und auf die ältere Schwester der Schönen, eine Unschöne, verwiesen wurden. Zweiter Vergleich, noch kühner: Ein Jäger zieht aus, einen Hirschen zu erlegen, erlegt aber nichts, sondern überfährt auf der Rückfahrt versehentlich einen kleinen Hasen. Vor allem den letzten, wirklich lieblosen Vergleich mit dem leblosen Hasen verbiete ich mir im Hinblick auf Theodor Schäufele, meinen tertius comparationis, selbst, pfui.

Als Straßenbaureferent konnte sich Schäufele, unterwegs zu den Ehrenbürgerernennungen, gleich ein wenig nach dem Fortschritt des Straßenbaus draußen im Land umsehen. So verband er das Nutzlose mit dem Unangenehmen. Bei den Ehrenbürgerfeiern hielt er jahrein, jahraus die gleiche humorvolle, feinsinnige und hintergründige Rede. Überhaupt stand in allen seinen Reden das Hintergründige sehr im Vordergrund. Schäufele sehen und schmunzeln war eins. Seine

Dankansprachen begannen wie folgt: Ich danke der Gemeinde *Name* im schönen *Name*-Tale, ihrem Bürgermeister *Vorname, Familienname* und den Gemeinderäten sowie der gesamten Bevölkerung für die mir erwiesene hohe Auszeichnung. Dann überbrachte er die Grüße des Herrn Landeshauptmannes. Und am Schluß versprach er, auch in Zukunft, ja in Zukunft noch mehr als alles in seiner Macht als Landeshauptmannstellvertreter Stehende für das Straßenwesen in der Gemeinde *Name* im schönen *Name*-Tale zu tun. Ich möchte mich, sagte Schäufele, der Ehrenbürgerwürde der Gemeinde *Name* würdig erweisen. Dann Fotos, klein a neben klein b, und die ganze Gemeinde steht dahinter. Freibier und eine schöne Musik. Zum Abschluß ergreift dann noch einmal der Bürgermeister fest das Wort.

Theodor Schäufele verunglückte samt Chauffeur und Dienstwagen auf der Fahrt zu seiner siebzehnten Ehrenbürgererernennung, tödlich. Der Chauffeur war wegen einer Verspätung besonders schnell gefahren und hatte eine Warnung und Geschwindigkeitsbeschränkung vor einer Baustelle nicht beachtet, niemand weiß genau, wie es zuging. Das zertrümmerte Auto lag jedenfalls neben einer großen Tafel mit der Aufschrift: Hier baut die Republik Österreich. Ein Ende wie aus dem Bilderbuch für den rastlos und unermüdlich tätigen und ehrenrührigen Landeshauptmannstellvertreter Theodor Schäufele, und ein Ehrengrab.

Ehrenbürgerschaften kann ein Mensch viele bekommen, auch Ehrendoktorate, aber Ehrengrab kann er natürlich nur eins beziehen. Es sei denn, wir finden wieder zu dem guten alten kirchlichen Brauch des Reliquienkultes zurück und nehmen unsere großen Toten post mortem auseinander und verteilen sie. Der Kopf liegt naturgemäß in Wien, und wo ruht das Gegenteil?

Nachbemerkung

»Man handelt in diesem Land – und mitunter bis zu den höchsten Graden der Leidenschaft und ihren Folgen – immer anders, als man dachte, oder dachte anders, als man handelte.« Als Spiegelung einer ganzen Epoche und deren Gefühlslage vor ihrem Untergang konstatiert diese Betrachtung aus Robert Musils Roman ›Der Mann ohne Eigenschaften‹ (1930) eine spezifisch österreichische »Leidenschaft«.

Schon früher, 1914, bescheinigte Karl Kraus in seiner zuvorkommend sarkastischen Art Österreich ein »gemütliches Siechtum«, als er das kulturelle und politische Klima der alten Donau-Monarchie in seiner Zeitschrift ›Die Fackel‹ kommentierte.

In Thomas Bernhards Stück ›Heldenplatz‹ von 1988 schließlich bemerkt eine der Figuren: »Die Österreicher sind vom Unglück Besessene, der Österreicher ist von Natur aus unglücklich – und ist er einmal glücklich, schämt er sich dessen und versteckt sein Glück in seiner Verzweiflung.«

Literarische Betrachtungen österreichischer Autoren zu ihrem Land – seien sie verständnisvoll, spöttisch oder sarkastisch, seien sie als politische oder historische Reflexionen zu verstehen – weisen mit Vorliebe auf eine pessimistische Unentschlossenheit und widersprüchliche Gefühle als unverwechselbar österreichische Eigenschaften.

Auch in der vorliegenden Sammlung schreiben österreichische Autoren über ihr Land. Zwischen Realität und Fiktion, aus der Erinnerung oder der Distanz der Ferne erzählen sie Geschichten aus der Geschichte, erinnern an die Vergangenheit oder beschreiben gegenwärtige Verhältnisse.

Die zeitgenössische Literatur Österreichs ist vielfältig und bunt; widerspenstig, konservativ, pessimistisch, impressionistisch, progressiv und aggressiv, jung und anarchistisch, expressiv und depressiv, realistisch, traditionalistisch und avantgardistisch. Und ganz in der Wiener Kaffeehaustradition – das Kaffeehaus seit jeher ein literarischer Kristallisationspunkt – gibt es die vielen schreibenden Einzelgänger, die sich bisweilen in literarischen Gruppen treffen: zur Zeit der Jahrhundertwende, als sich die artifizielle impressionistische Literatur, zu der Hermann Bahr, Hugo von Hofmannsthal, Arthur Schnitzler und Peter Altenberg zählen, im Kreis des ›Jungen Wien‹ zusammenfand, oder die ›Wiener Gruppe‹ – ›Kern‹ der österreichischen Avantgarde nach 1945 –, die Konrad Bayer, Oswald Wiener und H. C. Artmann gründeten, oder das wiederum in den sechziger Jahren aus ihr hervorgegangene ›Forum Stadtpark‹, eine lockere Gruppierung, sprachanalytisch interessiert, experimentierfreudig, in der Politisierungsphase der siebziger Jahre gesellschaftskritisch progressiv, Ende der siebziger Jahre sich zur ›Neuen Subjektivität‹ und ›Neuen Innerlichkeit‹ hin orientierend, eine literarische Gruppierung, zu deren Geschichte u. a. die Namen Peter Handke, Michael Scharang, Barbara Frischmuth, Elfriede Jelinek, in weiterem Umkreis Peter Rosei, gehören.

Während des Nationalsozialismus war ein Großteil der bedeutendsten österreichischen Autoren im Exil; Stefan Zweig und Joseph Roth, Elias Canetti, Hermann Broch, Robert Musil, die wichtigsten Vertreter des analytischen Romans, auch Franz Theodor Csokor und Franz Werfel, deren literarische Anfänge der expressionistischen Bewegung verpflichtet waren.

Eine radikale Abrechnung der jungen Autoren mit den älteren, wie sie 1945 in der Bundesrepublik Deutschland (etwa in der ›Gruppe 47‹) stattfand, blieb aus. Die junge österreichische Avantgarde der fünfziger Jahre – vom Kulturbetrieb erst Jahre später wahrgenommen – fand gerade in der älteren Generation ihre Förderer, wie etwa im Falle Heimito von Doderers, dem Repräsentanten des österreichischen Nachkriegsromans, der die ›Wiener Gruppe‹ protegierte.

Vergangenheitsbewältigung und Trauerarbeit leistete Helmut Qualtinger mit seinen satirischen Sketches, Erich Fried, ins Exil verbannt, mit seiner skeptisch streitbaren Lyrik, Ilse Aichinger und Ingeborg Bachmann in einer den aktuellen Stilvorstellungen der Nüchternheit und Knappheit gegenläufigen Poesie. Daneben gewann seit den sechziger Jahren als Reaktion auf ein mythisiertes Heimatbild die kritische Darstellung der Provinz immer mehr an Bedeutung. Aus verschiedenen literarischen Ansätzen entwickelte sich eine ausgesprochene ›Anti-Heimatliteratur‹, der u. a. die Prosa Gerhard Fritschs und Thomas Bernhards zuzurechnen ist, seit den siebziger Jahren eine für den gesamten deutschsprachigen Raum innovative Regionalliteratur, zu der die autobiographischen Romane Franz Innerhofers, Josef Winklers und Brandstetters ›Heimatsatiren‹ gehören.

Die vorliegende Anthologie, wiewohl eine persönliche Auswahl, versteht sich als ein Querschnitt durch achtzig Jahre österreichischer Prosa verschiedener literarischer Schattierungen, als ein Lesebuch, in dem man Vertrautes wiederfinden und Vergessenes oder kaum Bekanntes neu entdecken kann. Neben bereits klassischen Erzählungen wie Schnitzlers ›Die Toten schweigen‹ oder Hofmannsthals ›Lucidor‹ enthält sie weniger bekannte, doch nicht minder eindrucksvolle Texte wie George Saikos expressionistisches Erstlingswerk ›Das letzte Ziel‹, Franz Werfels ›Weißenstein, der Weltverbesserer‹ oder Elfriede Jelineks ›Paula‹.

Mancher Leser mag diesen oder jenen Autor vermissen, doch wird er dafür andere hier aufgenommen finden, die in Vergessenheit geraten sind, wie den marxistischen Satiriker Jura Soyfer, der den Ständestaat der ersten Republik und den Nationalsozialismus bekämpfte, und Franz Theodor Csokor, der als der Repräsentant des österreichischen Bühnenexpressionismus gilt, oder andere Autoren, die eine sehr späte Rezeption erfahren haben, wie Marlen Haushofer, die ihren Geschichten über das entfremdete, eingeschränkte Leben von Frauen in den fünfziger Jahren schrieb und erst seit

Anfang der achtziger Jahre die ihr gebührende Beachtung findet.

Die Erzählungen beweisen, daß auch für die junge schreibende Generation der zweiten Republik die politischen Ereignisse der ehemaligen Monarchie Österreich noch von Interesse sind: Jutta Schutting recherchiert in alten Zeitungsmeldungen zum Ersten Weltkrieg, um dessen eigentliche Ursachen zu ergründen, Christoph Ransmayr, der jüngste der hier versammelten Autoren, zeichnet ein humoristisches Bild vom Chaos kurz nach dem Zusammenbruch des Vielvölkerstaates. Robert Musil stellt ironische Betrachtungen zur eigenen Zeit an: Zweifel befallen ihn, ob die Rettung der Kultur durch die Psychoanalyse noch möglich sei, während Peter Altenberg sich angesichts des »großen Wirrwarrs in der Welt« über die Unsinnigkeit einiger Kunstdebatten (›Ornamentdebatte der Jahrhundertwende‹) nur noch wundern mag. Den aufkommenden Faschismus in Österreich um das Jahr 1930 zeigt Horváths satirische Fahrt durch Österreichs Bergwelt, während André Hellers melancholische Vision an den Tag der Unterzeichnung des österreichischen Staatsvertrags von 1955 erinnert.

Immer wieder ist Wien Ort der Handlung, ist die Hauptstadt Folie für Geschichte und Gegenwart. Vor der Kulisse der Wiener Jahrhundertwende erzählt Schnitzler ein erotisches Abenteuer zwischen Verschwiegenheit und Tod, und Hofmannsthals einfallsreiche Komödie gibt den Blick frei für das gesellschaftliche Leben des Wiener Großbürgertums dieser Zeit. Aichinger dagegen erinnert an Plätze und Straßen ihrer Heimatstadt kurz vor der Einnahme Österreichs durch Hitler: »Erinnerung begreift sich nicht zuende, sie hält stand vor dem Schrecken einer viel längeren Nacht«; während Bachmanns heitere und amüsante Betrachtung über die (kunst)historischen Verirrungen eines Reiseleiters im heutigen Wien illustriert, wie gerade die prunkvollen historischen Fassaden der modernen Stadt erkennen lassen, »daß ein so kleines Land einmal ein so großes war«. Wien ist nach wie vor nicht nur politisches, sondern auch literarisches Zentrum Österreichs. Viele Autoren lebten und leben hier, die wichtigsten Verbände und Institutionen haben hier ihren Sitz, die meisten Literaturpreise werden hier vergeben. Wien, das vermitteln auch die Geschichten, ist und bleibt gesellschaftlicher und kultureller Mittelpunkt eines Landes, das in diesem Jahrhundert zweimal unterging, sieben Jahre als Staat nicht existierte und zweimal neu gegründet wurde.

Ein anderes Thema, das häufig gestaltet wird, ist die Einsamkeit des einzelnen in einer entfremdeten Welt. »Gehetzt als ein Mensch ohne Gewicht, ohne Ziel«, so treibt der verstörte Protagonist in Roseis Erzählung durch die Einsamkeit der Kleinstädte, bis ein Mord seinen ›Weg‹ beendet. Und wie in dieser Erzählung zeigen sich vielfach in der Kälte der Natur, der Trostlosigkeit der Provinz und der Monotonie von Arbeit und Alltag Sinnlosigkeit und gesellschaftliche Isolation. »Eine tiefe Kerbe war gezogen zwischen ihm und der Welt«, auch Saikos Bild von der Vereinsamung des Menschen, der »steingewordenen Trostlosigkeit«, macht dies deutlich.

Neben der Einsamkeit spielt schließlich der Tod eine wesentliche Rolle. Schon sprichwörtlich ist das Verhältnis der österreichischen Kunst zum Tod: Sigmund Freud brachte es auf die Formel vom »eros thanatos« (›Todestrieb‹). In den Erzählungen begegnet man dem Tod immer wieder, und immer erscheint er in anderer Gestalt: bösartig bei Qualtinger, zynisch und grausam bei Fried, als nahezu fröhlicher Zufall bei Brandstetter und friedvoll bei Haushofer.

Doch bei aller Verschiedenheit der Erzählungen in Tenor, Stimmung und Thema fallen schließlich zwei Aspekte ins Auge, die immer präsent sind. Seit Hofmannsthals ›Chandos-Brief‹ gilt der Sprachzweifel als geradezu charakteristisches Motiv der österreichischen Literatur; und wirklich zeigen auch die hier versammelten Erzählungen ein ausgeprägtes Sprachbewußtsein. Ob Sprache als Instrument sozialer und politischer Verhältnisse entlarvt wird, wie bei Jelinek, ob eine besondere Sprachsensitivität spürbar ist, wie bei

Ransmayr, oder nur die Lust am skurrilen Spiel mit Worten, wie bei Herzmanovsky-Orlando oder Heller – den österreichischen Autoren ist das »alte Haus der Sprache« (Karl Kraus) wohlbekannt. Musil und Bachmann arbeiteten über Wittgenstein, und auch die Sprachtheorien der ›Wiener Gruppe‹, die Diskussionen des ›Forum Stadtpark‹ sind ohne seine Sprachphilosophie kaum denkbar. Hofmannsthals Sprachkrise lebt in den Texten von Aichinger und Bachmann fort, und vor Artmann und Qualtinger hatten schon Horváth und Soyfer den Dialekt als Mittel der Satire eingesetzt.

Und ungeachtet der verschiedenen literarischen Ansätze und unterschiedlicher Weltbilder sind die Erzählungen von jener spezifischen, unverkennbar österreichischen Haltung zur Wirklichkeit geprägt. Polgars Umkehrung von Leben und Sterben, die Polarität von Liebe und Haß bei Zweig – das Verhältnis von Eros und Tod war schließlich das beherrschende Thema der Epoche –, Hofmannsthals Spiel mit Gegensätzen bis hin zu Brandstetters spöttischem Monolog mit ungeahntem Ausgang: In allen spiegelt sich jene Ambivalenz des Denkens und Fühlens, jene umfassende Dualität des Seins, wie sie für die österreichische Mentalität typisch sind. Auch das unglücklichste Ende hat hier noch etwas von Fröhlichkeit, die Trauer entläßt uns nicht ohne ein Lachen, und auch hinter der Verzweiflung darf man dem Glück begegnen.

Jutta Freund

Zu den Autoren

ILSE AICHINGER

geb. am 1. 11. 1921 in Wien. Nach der Einnahme Österreichs durch Hitler 1938 wurde sie als Halbjüdin zum Studium nicht zugelassen. Erst nach 1945 begann sie in Wien das Studium der Medizin, das sie allerdings nach fünf Semestern abbrach, um ihren ersten Roman ›Die größere Hoffnung‹ (1948) fertigzustellen. 1950 verließ sie ihre Heimatstadt und arbeitete in Frankfurt am Main im Lektorat des S. Fischer Verlags, dann an der Hochschule für Gestaltung in Ulm. 1963 übersiedelte sie gemeinsam mit ihrem Mann, Günter Eich, nach Bayrisch Gmain. Seit 1984 lebt sie wieder in Frankfurt.

Ilse Aichinger erhielt u. a. 1952 den Preis der Gruppe 47 und 1983 den Franz-Kafka-Preis. Die Erzählung *Kleist, Moos, Fasane* wurde erstmals 1965 in ›Atlas. Zusammengestellt von deutschen Autoren‹ veröffentlicht.

PETER ALTENBERG

(Ps. für Richard Engländer) wurde am 9. 3. 1859 in Wien als Sohn eines wohlhabenden Kaufmanns geboren. In Stuttgart absolvierte er eine Buchhändlerlehre. Nach Wien zurückgekehrt, versuchte er sich als freier Schriftsteller; sein Hauptaufenthaltsort wurden die Wiener Kaffeehäuser. Durch Vermittlung von Karl Kraus erschien 1896 seine erste und bekannteste Skizzensammlung ›Wie ich es sehe‹. Er starb in Wien am 8. 1. 1919.

Seine geistvollen impressionistischen Aphorismen, die sich, ähnlich denen Alfred Polgars, mit den Alltäglichkeiten des Lebens befassen, nannte die zeitgenössische Kritik »Telegrammstil der Seele«. Lange Zeit in Vergessenheit geraten, erfährt Altenbergs Œuvre seit den sechziger Jahren neue Aufmerksamkeit.

Plauderei ist erstmals 1925 in dem von Alfred Polgar herausgegebenen Band ›Der Nachlaß‹ erschienen.

HANS CARL ARTMANN

in Wien-Breitensee am 12. 6. 1921 geboren. Nach dem Krieg Studium der vergleichenden Sprachwissenschaft in Wien. Seit 1954 reiste Artmann durch Europa und lebte je nach Stimmung 1961 in Stockholm, später in West-Berlin, Lund, Malmö, 1972 in Salzburg. Schon immer fasziniert von Fremdsprachen (er übersetzt viel), von Sprache überhaupt, Grammatik, Barockdichtung, adaptiert und bearbeitet er in seinen Texten die verschiedensten literarischen Traditionen, vom Alt-Wiener Volkstheater bis zur Trivialliteratur. Er war die Zentralfigur der ›Wiener Gruppe‹ und wurde durch seinen Gedichtband ›Med ana schwoazzn dintn‹ 1958 berühmt. Darin ist Dialekt verfremdet als Lyriksprache gebraucht. H. C. Artmann erhielt u. a. 1974 den Großen Österreichischen Staatspreis.

Frau Pischinger und die Landluft gehörte zu einer Reihe von Kurzgeschichten, die der Autor 1959/60 unter dem Titel ›Von der Wiener Seite‹ für den ›Neuen Kurier‹ verfaßte.

INGEBORG BACHMANN

wurde am 25. 6. 1926 in Klagenfurt geboren. 1944 Abitur. Sie studierte Philosophie, Germanistik und Psychologie in Innsbruck, Graz und Wien. 1950 promovierte sie mit einer Arbeit zur Heidegger-Rezeption. 1950/51 Reisen nach Paris und London. 1953 erhielt sie für ihren ersten Gedichtband ›Die gestundete Zeit‹ den Preis der Gruppe 47. Nach der Publikation ihres zweiten Lyrikbandes, ›Anrufung des Großen Bären‹ (1956), erfolgte ein abrupter Abbruch ihrer lyrischen Produktion; sie schrieb nun Hörspiele und Prosa. 1959 erhielt sie als erste die neubegründete Gastdozentur für Poetik an der Universität Frankfurt. Ab 1965 lebte sie in Rom; dort starb sie am 17. 10. 1973 an den Folgen eines Brandunfalls. Ingeborg Bachmann erhielt viele Preise, darunter 1958 den Hörspielpreis der Kriegsblinden und den Georg-Büchner-Preis 1964.

Die Erzählung *Besichtigung einer alten Stadt* war ursprünglich als Anfangskapitel zu ›Von letzten Dingen‹, dem dritten Teil des ›Malina‹-Romans, gedacht. Als eigenständige Geschichte erschien sie erstmals in ›Text + Kritik‹ 1971.

ALOIS BRANDSTETTER

geb. am 5. 12. 1938 in Pichl, Oberösterreich, als Sohn eines Müllers. Nach dem Studium der Germanistik und Geschichte in Wien Promotion mit einer laut- und bedeutungskundlichen Untersuchung. Schon als Dreiundzwanzigjähriger wurde er an der Universität Saarbrücken wissenschaftlicher Assistent für Altgermanistik. 1970 Habilitation, 1971/72 Gastprofessur an der Universität Salzburg. Seit 1974 Professor an der Universität für Bildungswesen in Klagenfurt. Brandstetter lebt in Klagenfurt und Pichl.

Seine Prosa (z. B. die Romane ›Die Abtei‹, 1977, ›Die Mühle‹, 1981) sind sprachlich virtuose Monologe, meist satirische ›Schwadronaden‹ eines Außenseiters über Provinzialismus, Vorurteile und gesellschaftliche Mißstände.

Brandstetter erhielt u. a. 1984 den Wilhelm-Raabe-Preis.

FRANZ THEODOR CSOKOR

der am 6. 9. 1885 in Wien als Sohn eines Arztes geboren wurde, begann 1905 das Studium der Kunstgeschichte, war danach Dramaturg u. a. in Petersburg, Offizier im Ersten Weltkrieg, anschließend von 1922 bis 1928 Dramaturg und Regisseur am Raimund- und am Volkstheater in Wien; protestierte 1933 gegen die Bücherverbrennung, woraufhin seine Werke in Deutschland verboten wurden. Nach der Einnahme Österreichs durch Hitler 1938 emigrierte Csokor nach Polen, 1939 nach Rumänien, 1941 nach Jugoslawien; 1946 kehrte er nach Österreich zurück.

Csokor gilt als der Repräsentant des österreichischen Bühnenexpressionismus. Nach 1945 sind seine Werke zuneh-
mend religiös gefärbt; er verarbeitete nun vorwiegend antike
Stoffe. Seine Stücke, insbesondere jedoch seine Prosa, u. a.
im Band ›Drei Schaufeln Erde‹ (1965) enthalten, sind in
Vergessenheit geraten. Franz Theodor Csokor starb am
5. 1. 1969 in Wien. Neben anderen Auszeichnungen erhielt er
1936 für sein Drama ›Dritter November 1918‹ den Grillpar-
zer-Preis.

HEIMITO VON DODERER

am 5. 9. 1896 als Sohn eines Baumeisters in Weidlingau bei
Wien geboren; Jurastudium. Später Kriegsdienst, 1916 Ge-
fangenschaft, vier Jahre in Sibirien; abenteuerliche Flucht
nach Wien. Dort ab 1920 Studium der Geschichte. Promotion 1925; danach freier Schriftsteller. Konvertierte 1940 zum
Katholizismus. Teilnahme am Zweiten Weltkrieg, Rückkehr
aus englischer Kriegsgefangenschaft erst 1946. Neben seiner
schriftstellerischen Tätigkeit schloß er seine Ausbildung am
Institut für österreichische Geschichtsforschung ab. Doderer
starb am 23. 12. 1966 in Wien. Sein Konzept vom »totalen«,
»universalen« Roman, mit dem er im Gegensatz zu Autoren
wie Musil und Broch an der Erzählbarkeit aller Wirklich-
keitserfahrung festhielt, suchte Doderer in seinen Romanen
zu verwirklichen. Darstellungen der Wiener Großstadt und
ihrer Gesellschaft in episch barocker Form. In vielen Kurzgeschichten kommt seine Neigung zum Grotesken zum Ausdruck.
Doderer erhielt u. a. 1958 den Großen Staatspreis der Republik Österreich für Dichtkunst. Die Kurzgeschichte *Der Untergang einer Hausmeisterfamilie zu Wien im Jahre 1857* entstand
1957.´

ERICH FRIED

der am 6. 5. 1921 in Wien geboren wurde, mußte 1938 wegen
seiner jüdischen Abkunft mit seiner Mutter aus Österreich

fliehen. Seitdem in London. Zuerst Arbeiter, Chemiker, Bibliothekar, ab 1952 Mitarbeit bei der BBC. Seit 1958 publizierte er u. a. Gedichtbände, aber auch Prosa, einen Roman; er übersetzte u. a. Shakespeare und Dylan Thomas. Gebürtiger Österreicher, lebte er bis zu seinem Tod in London und publizierte vor allem in der BRD. Seit seinem Gedichtband ›und vietnam und‹ (1966) hat ihn sein entschiedenes politisches Engagement immer wieder in heftige Kontroversen verwickelt. Die traumatische Erfahrung als verfolgter Jude und seine Heimatlosigkeit waren Frieds Leitthemen; deshalb wurde *Fräulein Gröschel* für diese Sammlung ausgewählt, wenn hier auch vom Nationalsozialismus in Deutschland die Rede ist und offenbleibt, wo sich die erwähnte Kindheit des Protagonisten abspielt. Erich Fried starb am 22. 11. 1988 in Baden-Baden. Er erhielt viele Auszeichnungen, darunter die Ossietzky-Medaille und den Georg-Büchner-Preis 1987.

BARBARA FRISCHMUTH
geb. am 5. 7. 1941 in Altaussee, Steiermark. Studierte Türkisch und Ungarisch an der Universität Graz. 1961 Stipendium für Erzurum (Türkei), 1963 für Debrecen (Ungarn). Seit 1962 Mitglied des Grazer ›Forum Stadtpark‹; von 1964 bis 1967 Studium der Orientalistik in Wien. Seither lebt sie als freie Schriftstellerin und Übersetzerin in Wien und Altaussee. Bekannt wurde sie mit ihrer ersten Erzählung ›Die Klosterschule‹ (1968), in der sie die Sprache der Obrigkeit, hier der des Klosters, als Mittel gesellschaftlicher Unterdrükkung und der Beschränkung weiblicher Entwicklungsmöglichkeiten aufzeigt. Ein Hauptthema der Autorin ist die gesellschaftliche Standortbestimmung der Frauen; ihr anfänglich abstrakter sprachkritischer Ansatz ist einer ›realistischeren‹ Schreibweise gewichen.
Barbara Frischmuth erhielt u. a. 1974 den Anton-Wildgans-Preis.

MARLEN HAUSHOFER

(geb. Frauendorfer) wurde am 11. 4. 1920 in Frauenstein, Oberösterreich, geboren. Internatsschule. Studierte Germanistik in Wien und Graz. Nach der Heirat Umzug nach Steyr, Oberösterreich. Sie starb am 21. 3. 1970. Zu Lebzeiten kaum bekannt, erlebt Marlen Haushofer seit Anfang der achtziger Jahre mit ihren Werken (u. a. die Romane ›Die Wand‹, 1963, und ›Himmel, der nirgendwo endet‹, 1966) eine verspätete Rezeption. Thema ihrer Romane und Erzählungen ist oft das entfremdete Leben von Frauen, die von gesellschaftlichen Handlungsmöglichkeiten abgeschnitten sind. Marlen Haushofer erhielt 1968 den Österreichischen Staatspreis für Literatur.

Die Erzählung *Die Magd* entstand in den fünfziger Jahren und wurde erstmals 1956 in dem Erzählband ›Die Vergißmeinnichtquelle‹ publiziert.

ANDRÉ HELLER

(eig. Franz), geb. am 22. 3. 1946. 1968 die erste Schallplatte, seither Liedermacher, Selbstdarsteller, Regisseur, Poet. 1976 Gründung des ›Zirkus Roncalli‹, 1981 poetisches Varieté ›Flic Flac‹, 1983 ›Theater des Feuers‹, 1985 Revue ›Begnadete Körper‹, 1987 ›Luna Luna‹. In seinen melancholisch-näselnd vorgetragenen, oft dialektgefärbten Texten spielen Sehnsucht, Einsamkeit, Traum und natürlich Wien die Hauptrollen.

FRITZ VON HERZMANOVSKY–ORLANDO

wurde am 30. 4. 1877 in Wien geboren. Er lebte von 1917 an in Meran. Wegen eines Lungenleidens gab er den Beruf des Architekten auf und widmete sich seinen Ambitionen als Graphiker und Schriftsteller. Er starb am 27. 5. 1954 in Meran. Sein einziges zu Lebzeiten erschienenes größeres Werk ist der Roman ›Der Gaulschreck im Rosennetz‹ (1928). Für den Autor typisch ist seine Lust zu fabulieren, sein Interesse an absonderlichen Geschichten und skurrilen, oft traumhaft verfremdeten Anekdoten, in denen seine starke Beziehung zur alten Donau-Monarchie zum Ausdruck kommen.

HUGO VON HOFMANNSTHAL
wurde am 1. 2. 1874 in Wien geboren. Zuerst Studium der Juristerei, dann der Romanistik; Promotion 1898. 1901 Habilitation. Lebte von da an als freier Schriftsteller in Rodaun bei Wien. Schon mit siebzehn Jahren erste Veröffentlichungen. Seine Jugendwerke, Lyrik, lyrische Dramen (z. B. ›Der Tor und der Tod‹, 1893) – elegische Aussagen über Tod und Vergänglichkeit – zeigen den Einfluß D'Annunzios und Georges. Um 1900 Distanzierung vom Ästhetizismus seiner frühen Jahre; Dramen und Essays. Beschäftigung mit Nietzsche, Bachofen, Freud. Neuinterpretation traditioneller Stilformen des Theaters, etwa des österreichischen Barocktheaters (›Das Große Salzburger Welttheater‹, 1923). Wichtig war seine Zusammenarbeit mit Richard Strauss, für den er dreizehn Textbücher (u. a. ›Elektra‹, 1904) schrieb, ebenso die Begegnung mit Max Reinhard. Hofmannsthal starb am 15. 7. 1929 in Rodaun.
Die Erzählung *Lucidor* ist in Buchform erstmals 1919 erschienen; 1909 als Lustspiel begonnen, diente sie als Vorbild für das spätere Libretto zur Oper ›Arabella‹.

ÖDÖN VON HORVÁTH
wurde am 9. 12. 1901 in Fiume als Sohn eines ungarischen Diplomaten geboren. Er wuchs in Belgrad, Budapest, München und Preßburg auf. Studium der Philosophie und Germanistik in München. Seit 1922 freier Schriftsteller; lebte in München und Berlin, nach 1933 in Wien; emigrierte 1938 in die Schweiz. Wurde bei einem Aufenthalt in Paris am 1. 6. 1938 von einem umstürzenden Baum erschlagen. Horváths Werke, u. a. siebzehn Bühnenstücke (›Geschichten aus dem Wiener Wald‹, 1931) und drei Romane (darunter ›Der ewige Spießer‹, 1930), beschreiben die kleinbürgerliche

Mentalität und Ideologie bis hin zu ihren faschistischen Aus-
wüchsen. Seine Satire entlarvt ihre Dummheit und deren Ursache gerade in der Sprache des sogenannten Bildungsjar-
gons. Auf Vorschlag Zuckmayers erhielt Horváth 1931 den
Kleist-Preis.
Die Erzählung *Der Grenzübertritt* fand als skizzenhafte Epi-
sode Eingang in den Roman ›Der ewige Spießer‹.

ELFRIEDE JELINEK
wurde am 20. 10. 1946 in Mürzzuschlag, Steiermark, geboren, wuchs in Wien auf und studierte dort Kunstgeschichte,
Theaterwissenschaft und Musik. 1972 Aufenthalt in Berlin,
1973 in Rom. Lebt als freie Autorin in Wien und München;
schreibt Romane und Bühnenstücke. ›Die Liebhaberinnen‹
(1975) war ihr erster Roman in ›realistischer‹ Schreibweise.
Bis dahin hatte sie sprachanalytisch experimentell gearbeitet.
Ihre Satire karikiert und persifliert Sprachschablonen, um
falsche Glücksvorstellungen und gesellschaftliches Scheitern
vor allem von Frauen sichtbar zu machen. Die Autorin erhielt u. a. den Heinrich-Böll-Preis 1986.
Die Erzählung *Paula* ist thematisch Kernstück des Romans
›Die Liebhaberinnen‹ und wie dieser 1975 entstanden.

ROBERT MUSIL
geb. am 6. 11. 1880 in Klagenfurt; sein Vater war Ordinarius
an der Technischen Universität in Brünn. Zögling einer Mili-
tärerziehungsanstalt. Studium des Maschinenbaus an der
Hochschule in Brünn, ab 1903 Studium der Philosophie in
Berlin, 1908 Promotion. Von 1911 bis 1914 Bibliothekar in
Wien; Offizier im Ersten Weltkrieg; ab 1922 freier Schriftsteller in Wien und Berlin. 1935 Teilnahme am antifaschistischen
Schriftstellerkongreß in Paris; 1938 Emigration in die
Schweiz. Musil starb am 15. 4. 1942 in Genf. In seinem Ro-
man ›Der Mann ohne Eigenschaften‹ (1. Bd. 1930) zeigt er
am Beispiel Österreichs die allgemeine soziale und politische
Lage des Vorkriegseuropa; mit den Mitteln der Satire ent-

larvt Musil darin nahezu alle zeitgenössischen Ideologien; die Darstellung einliniger Handlungsfolgen war für ihn nicht mehr akzeptabel, und er versuchte in seinem Roman eine formale Entsprechung für die Unüberschaubarkeit der Wirklichkeit zu finden.

Der bedrohte Oedipus, gleichzeitig mit dem ›Mann ohne Eigenschaften‹ entstanden, erschien erstmals 1936 unter dem Titel ›Unfreundliche Betrachtungen‹ in Musils ›Nachlaß zu Lebzeiten‹. Der Autor erhielt neben anderen Auszeichnungen 1923 den Kleist-Preis.

ALFRED POLGAR

wurde am 17. 10. 1873 als Sohn eines Komponisten und Klavierbauers in Wien geboren, absolvierte die Klavierbauerlehre, wurde jedoch Journalist und Theaterkritiker; ab 1925 Mitarbeiter bei der ›Weltbühne‹ und dem ›Tagebuch‹ in Berlin; 1933 Rückkehr nach Wien. 1938 emigrierte er über die Schweiz und Frankreich nach Amerika, wurde amerikanischer Staatsbürger und kehrte 1947 in die Schweiz zurück. Gesammelte Kritiken, u. a. in ›Ja und Nein‹ (1926). Schrieb hauptsächlich Kurzprosa, Skizzen, Kurzgeschichten, Erzählungen, gesammelt unter dem Titel ›An den Rand geschrieben‹ (1925), der schon das Prinzip dieser Prosa kennzeichnet: Beiläufigkeit als Methode, das Alltägliche als Thema. Auffallend ist die prägnante, pointiert feuilletonistische Sprache, mit der Polgar seine oft sozialkritischen Zeitdiagnosen gibt. Am 24. 4. 1955 starb er in Zürich.

Die Erzählung *Einsamkeit* ist erstmals 1905 im ›Simplicissimus‹ erschienen; erste Buchveröffentlichung in ›Hiob‹ 1912.

HELMUT QUALTINGER

am 8. 10. 1928 in Wien geboren. Abgebrochenes Medizinstudium, danach Kabarett mit Bronner und Merz: ›Brettl vorm Kopf‹ und ›Hackl im Kreuz‹. Mit seinem satirischen Theaterstück ›Der Herr Karl‹ (1961, mit Karl Merz), das die Bös-

artigkeit und verharmloste faschistoide Haltung eines Klein-
bürgers im Nachkriegsösterreich entlarvt, hat Qualtinger
das literarische Klima in Österreich entscheidend mitge-
prägt. Später vor allem Schauspieler, Vortragender, insbesondere der Texte von Karl Kraus. Seine Sketches und Stücke
stehen in der Tradition von Karl Kraus und dem kritischen
Volksstück von Nestroy und Horváth. Qualtinger starb am
29. 9. 1986 in Wien.

CHRISTOPH RANSMAYR

geb. am 20. 3. 1954 in Wels, Oberösterreich, studierte Philosophie. Mehrere Jahre Kulturredakteur. Seit 1982 freier
Autor in Wien; Mitarbeit bei verschiedenen Zeitschriften,
vor allem bei ›Transatlantik‹. 1984 erschien Ransmayrs erster
Roman ›Die Schrecken des Eises und der Finsternis‹; mit seinem zweiten, ›Die letzte Welt‹, gelang ihm 1988 ein außeror-
dentlicher Erfolg. 1984 erhielt Ransmayr das Elias-Canetti-
Stipendium.

PETER ROSEI

wurde am 17. 6. 1946 in Wien geboren; Jurastudium in Wien;
Promotion 1968. Von 1969 bis 1970 Sekretär des Wiener Ma-
lers Ernst Fuchs, danach Leiter eines kleinen Wiener Schul-
buchverlags. Seit 1972 freier Autor in Wien. Reisen, Bewegung, ›Wege‹ (so der Titel einer Erzählungssammlung von
Rosei aus dem Jahr 1974) bezeichnen ein wichtiges Struktur-
merkmal in Roseis Prosa. Nach seinem Roman ›Bei schwe-
bendem Verfahren‹ (1973) stellte ihn die Kritik in die Nachfolge Kafkas. Die Entfremdung des modernen Menschen ist
ein Hauptthema Roseis; die Trostlosigkeit der Kleinstädte,
zielloses Gehen und Wandern sind Bilder dafür. Gleichnis-
haft beschreibt er Einsamkeit in einer präzisen, fast teilnahmslos wirkenden Sprache. Peter Rosei hat unter anderem
1973 den Rauriser Literaturpreis erhalten.
Die Versetzung entstand 1973 und wurde erstmals 1977 publiziert.

GEORGE SAIKO

geb. am 5. 2. 1892 in Seestadl, Nordböhmen, als Sohn wohlhabender Eltern. Studium der Philosophie und Psychologie, danach Archäologie und Kunstgeschichte in Wien; Promotion. Reisen nach Italien, England, Frankreich. 1939 Dienstverpflichtung an die graphische Sammlung der ›Albertina‹; Schreibverbot. Seit 1950 lebte er als freier Autor in Wien. 1948 erschien sein erstes größeres Werk, der 1938 entstandene Roman ›Auf dem Floß‹. Seine Darstellung von triebhaften und irrationalen Handlungen ist stark von der Psychoanalyse Freuds geprägt. In seinen beiden Romanen setzt Saiko sich mit der politischen Vergangenheit seines Landes auseinander. Kritiker ordneten seine Prosa, die Irrationales ins bildhaft Reale zu rücken versucht, dem magischen Realismus zu. Saiko starb am 23. 12. 1962 in Rekawinkel, Niederösterreich. Er erhielt 1962 den Großen Österreichischen Staatspreis für Literatur.

Das letzte Ziel ist George Saikos Erstlingswerk und wurde 1913 erstmals in der expressionistischen Zeitschrift ›Der Brenner‹ veröffentlicht.

ARTHUR SCHNITZLER

als Sohn eines Professors der Medizin am 15. 5. 1862 in Wien geboren, studierte Medizin. Nach dem Studium Assistenzarzt an der Poliklinik, dann Arztpraxis in Wien, bis er sich mehr und mehr seinen literarischen Arbeiten widmete. Befreundet mit Hofmannsthal und Freud. Er starb am 21. 10. 1931 als einer der bedeutendsten österreichischen Erzähler und Dramatiker der Gegenwart in Wien.

Die Erzählung *Die Toten schweigen* erschien erstmals 1897 in ›Cosmopolis‹; erste Buchausgabe: ›Die Frau des Weisen‹ (1898).

JUTTA SCHUTTING,

die am 25. 10. 1937 in Amstetten, Niederösterreich, geboren wurde, machte zunächst eine Ausbildung als Fotografin; danach Studium der Geschichte und Germanistik, 1964 Promotion. Ab 1965 lehrte sie an einer technischen Lehranstalt in Wien. Machte sich zunächst als Lyrikerin einen Namen; ihr erster Prosaband ›Baum in O‹ erschien 1973. Seither lebt sie als freie Autorin in Wien. Schutting schreibt oft von scheinbar alltäglichen Dingen, hinter denen Gefahren und Ängste lauern und die zu irritierenden Fragen Anlaß geben.

U. a. erhielt Jutta Schutting 1984 den Anton-Wildgans-Preis.

JURA SOYFER

geb. am 8. 12. 1912 in Charkow als Sohn eines jüdischen Großindustriellen. 1920 Flucht der Familie aus Rußland. 1931 in Wien Abitur; schon als Schüler Marxist. Seine Sonntagsrubrik ›Zwischenrufe links‹ erschien regelmäßig in der ›Arbeiterzeitung‹. 1933 Mitarbeit bei den Kabaretts ›Literatur am Naschmarkt‹ und ›Der liebe Augustin‹. 1934 Eintritt in die Kommunistische Partei; der Roman ›So starb eine Partei‹ entstand; 1936 u. a. die Stücke ›Der Lechner Edi schaut ins Paradies‹, ›Weltuntergang‹. Soyfers satirische Parabeln waren direkte Angriffe auf den deutschen Faschismus und den österreichischen Ständestaat. Durch eine Verwechslung kam Soyfer in Untersuchungshaft. Er starb am 16. 2. 1939 im KZ Buchenwald. Erst 1980 erschien sein bis dahin verstreut publiziertes Werk in einer Gesamtausgabe.

Zauber der Roulette wurde erstmals 1937 in ›Der Wiener Tag‹ unter dem Pseudonym Fritz Feder veröffentlicht.

FRANZ TUMLER

geb. am 16. 1. 1912 als Sohn eines Lehrers in Gries bei Bozen; aufgewachsen in Oberösterreich. Von 1930 bis 1938 Volksschullehrer. Seit 1945 freier Schriftsteller, lebt hauptsächlich in West-Berlin. Für Tumler typisch ist die Mischung aus erzählender und beschreibender Prosa. Im späteren Werk (vor allem seit ›Aufschreibung aus Trient‹, 1965) wählte er für die Gestaltung von Geschichte, Landschaft, politischer Vergangenheit ein mehrschichtiges differenziertes Erzählverfahren, in dem die Reflexion über das Erzählen stärker hervortritt. Tumler gilt als Begründer der jungen Südtiroler Literatur.

FRANZ WERFEL

Dramatiker, Lyriker, Romancier, Essayist, wurde am 10. 9. 1890 als Sohn eines wohlhabenden Kaufmanns in Prag geboren, studierte in Prag, Leipzig, Hamburg. 1910 Volontariat in einer Hamburger Speditionsfirma, 1911 bis 1914 Lektor im Kurt Wolff Verlag in Leipzig. Teilnahme am Ersten Weltkrieg. Lebte in Wien, Heirat mit Alma Mahler. 1938 Emigration, abenteuerliche Flucht von Frankreich über Spanien nach Amerika. Werfel starb am 26. 8. 1945 in Beverly Hills. Er begann mit ekstatischen Gedichten (z. B. ›Der Weltfreund‹, 1911) und wurde einer der Wortführer des Expressionismus. Sein erstes episches Werk war 1920 die Novelle ›Nicht der Mörder, sondern der Ermordete ist schuldig‹. Mit einigen seiner Romane, u. a. ›Das Lied der Bernadette‹, 1941, erreichte er Millionenauflagen.
Weißenstein, der Weltverbesserer, vermutlich 1939 entstanden, wurde zum ersten Mal 1942 in englischer Sprache als ›Weissenstein the World Reformer‹ in ›Free World‹ III, herausgebracht.

STEFAN ZWEIG

wurde am 28. 11. 1881 in Wien als Sohn eines wohlhabenden jüdischen Industriellen geboren. Studierte Germanistik und Romanistik in Wien und Berlin; während des Ersten Weltkriegs in der Schweiz; Aufführung seines Antikriegsstücks ›Jeremias‹ (1917). Seit 1912 in Salzburg, ab 1935 zweiter Wohnsitz in England, wohin er 1938 ganz übersiedelte. 1940 emigrierte er in die USA, von da nach Brasilien. Am 22. 2. 1942 schied er gemeinsam mit seiner Frau in Petropolis aus dem Leben. Zweig war einer der erfolgreichsten Autoren seiner Zeit; am bekanntesten wurde er als Biograph (›Drei Meister: Balzac-Dickens-Dostojewski‹, 1920) und Erzähler.

Seine Prosa, thematisch verwandt mit Schnitzlers Werk, setzt sich immer wieder mit individuellen Konfliktsituationen auseinander, wobei die erotische Komponente eine wichtige Rolle spielt.

Die Erzählung *Leporella* erschien erstmals in ›Kleine Chronik‹ 1912.

Quellennachweise

ILSE AICHINGER, Kleist, Moos, Fasane, aus: Kleist, Moos, Fasane © S. Fischer Verlag GmbH, Frankfurt/Main 1987

PETER ALTENBERG, Plauderei, aus: Gesammelte Werke © S. Fischer Verlag GmbH, Frankfurt/Main 1987

HANS CARL ARTMANN, Frau Pischinger und die Landluft, aus: Im Schatten der Burenwurst © Residenz Verlag, Salzburg und Wien 1983

INGEBORG BACHMANN, Besichtigung einer alten Stadt, aus: Werke in vier Bänden © R. Piper & Co. Verlag, München 1978

ALOIS BRANDSTETTER, Der Ehrenbürger, aus: Der Leumund des Löwen © Residenz Verlag, Salzburg und Wien 1976

FRANZ THEODOR CSOKOR, Die Hündin, aus: Der zweite Hahnenschrei © Paul Zsolnay Verlag, Wien Hamburg 1959 und 1967

HEIMITO VON DODERER, Untergang einer Hausmeisterfamilie zu Wien im Jahre 1857, aus: Die Erzählungen © Biederstein Verlag, München 1972

ERICH FRIED, Fräulein Gröschel, aus: Kinder und Narren. Prosa. © Carl Hanser Verlag, München Wien 1965

BARBARA FRISCHMUTH, Mein und Musils Nachbar, aus: Traumgrenze © Residenz Verlag, Salzburg und Wien 1983

MARLEN HAUSHOFER, Die Magd, aus: Begegnung mit dem Fremden © Claassen Verlag GmbH, Düsseldorf 1985

ANDRÉ HELLER, Der Spaziergang vom 16. September, aus: Auf und Davon © Hoffmann und Campe Verlag, Hamburg 1979

FRITZ V. HERZMANOVSKY-ORLANDO, Wo kommen die Wassertrompeter her? aus: Das Gesamtwerk © Albert Langen Georg Müller Verlag in der F. A. Herbig Verlagsbuchhandlung GmbH, München 1963

HUGO VON HOFMANNSTHAL, Lucidor, aus: Erzählungen. Erfundene Gespräche und Briefe, Reisen © S. Fischer Verlag GmbH, Frankfurt/Main 1979

ÖDÖN VON HORVÁTH, Der Grenzübertritt, aus: Von Spießern, Kleinbürgern und Angestellten © Suhrkamp Verlag, Frankfurt/Main 1971

Bitte umblättern:

fi 1

Arthur Schnitzler

Das erzählerische Werk in sieben Bänden

Fischer Taschenbuch Verlag

Ilse Aichinger

»Ilse Aichingers Kunst liegt darin, daß sie,
ohne jemals Symbolik zu bemühen, jedes Wort
seinen Gegenstand bezeichnen und
doch große Regionen der Transzendenz entstehen läßt.«

Wolfgang Hildesheimer

Auckland
4 Hörspiele
152 Seiten. Broschur

Besuch im Pfarrhaus
Ein Hörspiel
Drei Dialoge. 94 Seiten. Kart.

Die größere Hoffnung
Roman. Fischer Bibliothek
*315 Seiten. Geb. und
Fischer Taschenbuch
Band 1432*

Kleist, Moos, Fasane
108 Seiten. Leinen

Meine Sprache und ich
Erzählungen
*Fischer Taschenbuch
Band 2081*

schlechte Wörter
135 Seiten. Leinen

verschenkter Rat
Gedichte
*100 Seiten. Leinen und
Fischer Taschenbuch
Band 5126*

Band 5126

S. Fischer · Fischer Taschenbuch Verlag

Marlen Haushofer
Die Mansarde
Roman

Das Mansardenzimmer eines großen Hauses ist Zuflucht und Ort der Imagination für eine Frau, die sich dorthin zurückzieht, um nachzudenken, zu zeichnen und sich zu erinnern.
Die Mansarde ist auch der Ort, an dem die Vergangenheit wieder lebendig wird. Ein unheimlicher Vorgang zwingt die Frau, sich an sich selbst zu erinnern, an eine Zeit, die sie getrennt von ihrer Familie, durch eine vorübergehende Taubheit vollständig isoliert, in den Bergen verbrachte.
Erzählt wird in tagebuchähnlichen Aufzeichnungen die Geschichte einer Woche, von Sonntag zu Sonntag, ausgefüllt mit der routinierten Alltäglichkeit eines Hausfrauendaseins,

Marlen Haushofer
Die Mansarde

Roman   Fischer

Band 5459

überschattet von dem lautlosen Drama einer Ehe, in der ein altes Zerwürfnis durch Stillschweigen schon lange tabuisiert wurde.

Fischer Taschenbuch Verlag

fi 596/1

Christoph Ransmayr

Die Schrecken des Eises und der Finsternis

Im Zentrum dieses faszinierend vielschichtigen Abenteuerromans steht der authentische Bericht über das Schicksal der österreichisch-ungarischen Nordpolexpedition unter Weyprecht und Payer, die im August 1873 nördlich des 79. Breitengrads zur Entdeckung eines unter Gletschern verborgenen Archipels führte, doch dann scheiterte: die »Admiral Tegetthoff« wurde im Packeis eingeschlossen. Simultan dazu wird eine zweite, eine fiktive, Geschichte erzählt: ein Italiener namens Josef Mazzini, der sich in Wien mit Gelegenheitsjobs über Wasser hält und ansonsten Tagträumen nachhängt, begeistert sich für die Hinterlassenschaft dieser Expedition, denkt und phantasiert sie nach, bricht schließlich auf, sie in Wirklichkeit nachzuvollziehen: seine Spur verliert sich in den Eislandschaften Spitzbergens. Christoph Ransmayr hat die beiden, zeitlich mehr als 100

Christoph Ransmayr
**Die Schrecken
des Eises
und der Finsternis**
Roman ⋈ Fischer

Band 5419

Jahre auseinanderliegenden Abenteuer kunstvoll zu einer bizarren ›Chronik des Scheiterns‹ verknüpft; sie entlarvt den Entdeckerehrgeiz als Wahn, als unsinnige Jagd nach persönlichem und nationalem Ruhm: der Nordpol als »Fluchtpunkt der Eitelkeiten«.

Fischer Taschenbuch Verlag

Italien erzählt

Herausgegeben von Stefana Sabin

*»Wie mit dem Zauberstäbchen jedoch konnte ich sogleich
alle bösen Geister vertreiben, wenn ich von Italien
zu erzählen anfing.«*
Goethe

Italien erzählt – 25 Autoren, 25 Geschichten, die
Zeugnis geben von Italien
und seiner Literatur in
den letzten 50 Jahren:
von jener unverwechsel-
bar italienischen Art,
Widersprüche zwischen
Vorstellung und Wirk-
lichkeit zu lösen. Längst
anerkannte und auch hier-
zulande bekannte Auto-
ren und andere, die wohl
in Italien eingeführt, hier
aber noch zu entdecken
sind, erzählen von Liebe
und Ehe und immer wie-
der von der Familie, von
Spiel und Arbeit, von
Heimat und Fernweh –
25 verschiedene Facetten
des Phänomens Italien.
Ohne das Geheimnis zu
erklären, macht dieser
Band die Faszination be-
greiflich, die von Italien
ausgeht.

Band 9237

*Es erzählen: Dino Buzzati,
Italo Calvino, Antonio Del-
fini, Natalia Ginzburg, Primo
Levi, Giorgio Manganelli,
Elsa Morante, Cesare Pavese,
Mario Soldati, Antonio
Tabucci und viele andere.*

Fischer Taschenbuch Verlag

Hotelgeschichten

Herausgegeben von Ronald Glomb und Hans Ulrich Hirschfelder

Einer der reizvollsten und beliebtesten Schauplätze der Weltliteratur ist das Hotel: Liebesgeschichten fangen hier an, Phantastisches spielt sich ab, Kriminal- und Spionagegeschichten hören hier auf. Ob feudales Grand-Hotel mit dem Flair morbider Décadence, ob solides Haus der Mittelklasse oder zwielichtige Absteige, jedes Hotel hat seine ihm eigene Atmosphäre, ist eine Welt für sich. Wer in sie eintritt, ob für einen flüchtigen Moment oder einen Zeitraum von Tagen, von Wochen, taucht ein, in ein Leben, das geschäftiger, hektischer, distinguierter, künstlicher, konzentrierter ist als das Leben draußen, allemal schillernd und geheimnisvoll durch die hier gegebene Möglichkeit des Spiels mit der Identität.

Band 9246

Es erzählen: Peter Altenberg, Victor Auburtin, Dino Buzzati, Hermann Hesse, Erich Kästner, Kurt Kusenberg, Graham Greene, Ernest Hemingway, V.S. Naipaul, George Orwell, Raymond Queneau, Anton Tschechow, Stefan Zweig und viele andere.

Fischer Taschenbuch Verlag

Kinderleben

Dichter erzählen von Kindern

Zusammengestellt von Ursula Köhler

Die Dichter wissen es, daß Kindheit eine sehr schwierige, entsetzlich aufregende und anstrengende Lebensphase ist, bestimmt von intensiven und bedrohlich unbekannten Gefühlen, Gefühlen der Verzauberung, der Beglückung und leidenschaftlicher Anteilnahme ebenso wie von verschiedensten Ängsten, Gewissensqualen und kleinen, unendlich großen Tragödien – die fast das Leben kosten, wäre da nicht der gnädige tiefe Kinderschlaf, der über »Unordnung und frühes Leid« heilsames Vergessen breitet.
Der Band enthält Erzählungen von H. Chr. Andersen, William Heinesen, Thomas Mann, Hermann Hesse, Franz Nabl, Tibor Déry,

Band 9180

Valery Larbaud, Katherine Mansfield, Elizabeth Bowen, William Saroyan, Katherine Anne Porter, Wolfgang Borchert, Elisabeth Langgässer, Ilse Aichinger, Mark Helprin, Cristina Peri Rossi und Jamaica Kincaid.

Fischer Taschenbuch Verlag

Erzähler–Bibliothek

Joseph Conrad
Die Rückkehr
Erzählung. Band 9309

Tibor Déry
Die portugiesische
Königstochter
Zwei Erzählungen
Band 9310

Fjodor M. Dostojewski
Traum eines lächer-
lichen Menschen
Eine phantastische Erzählung
Band 9304

Ludwig Harig
Der kleine Brixius
Eine Novelle. Band 9313

Abraham B. Jehoschua
Frühsommer 1970
Erzählung. Band 9326

Franz Kafka
Ein Bericht für eine
Akademie / Forschungen
eines Hundes
Erzählungen. Band 9303

George Langelaan
Die Fliege
Eine phantastische Erzählung
Band 9314

Thomas Mann
Mario und der Zauberer
Ein tragisches Reiseerlebnis
Band 9320
Die vertauschten Köpfe
Eine indische Legende
Band 9305

Daphne Du Maurier
Der Apfelbaum
Erzählungen. Band 9307

Herman Melville
Bartleby
Erzählung. Band 9302

Vladimir Pozner
Die Verzauberten
Roman. Band 9301

William Saroyan
Tracys Tiger
Roman. Band 9325

Antoine de Saint-Exupéry
Nachtflug
Roman. Band 9316

Arthur Schnitzler
Frau Beate und ihr Sohn
Eine Novelle. Band 9318

Anna Seghers
Wiedereinführung der
Sklaverei in Guadeloupe
Band 9321

Mark Twain
Der Mann, der
Hadleyburg korrumpierte
Band 9317

Carl Zuckmayer
Der Seelenbräu
Erzählung. Band 9306

Stefan Zweig
Brennendes Geheimnis
Erzählung. Band 9311

Fischer Taschenbuch Verlag

fi 669 / 5